经管文库·管理类
前沿·学术·经典

山东省社会科学规划研究一般项目："'以教促学'新型教学模式在基础英语课堂中的运用探索"（批准号：11CWZZ06）的后期研究成果

山东省教育科学"十三五"规划课题："三方联动机制下初中英语阅读教学中学生文化意识培养研究"（编号：BCZY201908）的资助

A STUDY ON ENGLISH TEACHING STRATEGIES FROM THE PERSPECTIVE OF COGNITIVE LINGUISTICS

认知语言学视角下英语教学策略研究

李超慧 著

经济管理出版社
ECONOMY & MANAGEMENT PUBLISHING HOUSE

图书在版编目（CIP）数据

认知语言学视角下英语教学策略研究 / 李超慧著
. -- 北京：经济管理出版社，2024. 6（2025. 3重印）.
ISBN 978-7-5096-9680-4

Ⅰ. ①认… Ⅱ. ①李… Ⅲ. ①英语 - 教学研究 Ⅳ.
①H319.3

中国国家版本馆 CIP 数据核字（2024）第 083861 号

组稿编辑：杨国强
责任编辑：赵天宇
责任印制：黄章平
责任校对：蔡晓臻

出版发行：经济管理出版社
（北京市海淀区北蜂窝 8 号中雅大厦 A 座 11 层 100038）
网　　址：www.E-mp.com.cn
电　　话：（010）51915602
印　　刷：北京厚诚则铭印刷科技有限公司
经　　销：新华书店
开　　本：710 mm × 1000 mm/16
印　　张：14
字　　数：234 千字
版　　次：2024 年 6 月第 1 版　2025 年 3 月第 2 次印刷
书　　号：ISBN 978-7-5096-9680-4
定　　价：98.00 元

前言

在进入 21 世纪的大门时，人们所处的世界正在经历着前所未有的变革。变革在诸多领域中显现出来，但对语言教育，尤其是英语教学领域的影响尤为深远。认知，作为人类理解和解释世界的基础，与语言的关系密不可分。从历史的长河中可以发现，随着人类认知能力的发展，语言随之进化。语言不仅是人类表达思想和情感的工具，也是人类认知发展的一个重要推动力。

认知语言学作为一个相对年轻的学科，其核心在于探索语言作为认知过程的一部分的各种现象。它试图解释语言如何在人类大脑中形成、如何被加工和理解。不同于传统语言学的结构主义观点，认知语言学更注重语言的使用和语言使用者的心理过程。本书试图展示认知语言学如何为人们提供全新的视角，以理解和教授英语。

在全球化和区域一体化的大背景下，英语人才的需求量日益增长。不仅如此，人才还需具备高度的实用性和创新性，而传统的英语教学方法在应对这 挑战时显得力不从心。因此，英语教学改革迫在眉睫。新时期的教育工作者应思考如何将认知语言学理论应用于英语教学，以期提高教学效果和学习效率。人类认知能力的发展与语言的使用及完善密切相关，这点在英语教学领域尤为显著。随着全球化和区域一体化的推进，社会对英语教育的要求不断提升，尤其在实用性和创新性方面。因此，对英语教学模式进行改革，已成为当前教育领域的核心议题。

在撰写本书时，笔者深入研究了大量国内外文献，并力求将理论与实践相结合。书中共分为七个部分，每部分都聚焦于英语教学的不同方面，包括语法、词汇、听力、口语、阅读和写作。在每一部分中，笔者均尝试将认知语言学的理论与教学实践相融合，提出具体的教学建议和策略。本书旨在从认知语言学的视角，对英语教学的传统方法进行全面的反思和创新。在书中，笔者将详细阐述如何将认知语言学的理论和原则应用于英语教学的各个方面，从而提高教学效果，优化学习路径。本书着重介绍认知语言学的核心概念，并探讨它们如何影响学生的语言习得过程，分析一些创新的教学策略和技巧，旨在提升学生的学习动机和效率，同时激发他们对语言学习的兴趣。在英语教学领域，面对日益增长的挑战和期望，创新不再是选择，而是必然。通过将认知语言学理论融入教学实践，不仅能更好地理解语言学习的本质，还能在教学方法上进行必要的调整和更新。

本书是笔者在长期进行实际研究以及一定工作经验基础上撰写的，具有一定的实用性，以期为有关人员提供实质性的帮助与指导。由于笔者自身的精力有限，在撰写本书的过程中难免存在不足，敬请广大读者批评指正！

目　录

第一章　认知语言学概述 …… 1
第一节　认知与语言的关系 …… 1
第二节　认知语言学的基本内涵 …… 4
第三节　认知语言学的基础理论 …… 16
第二章　高校英语教学理论阐释 …… 21
第一节　高校英语教学的内涵及方式梳理 …… 21
第二节　当代高校英语教学的要素 …… 41
第三节　当代高校英语教学的基本原则 …… 50
第三章　认知语言学与英语教学解析 …… 59
第一节　认知语言学对英语教学的意义与启示 …… 59
第二节　基于认知语言学的语言习得观 …… 71
第三节　基于认知语言学的英语教学观 …… 84
第四章　认知语言学视域下的英语听力与口语教学方式转变 …… 94
第一节　英语听力与口语教学总论 …… 94
第二节　认知语言学视域下的英语听力教学方式转变 …… 127
第三节　认知语言学视域下的英语口语教学方式转变 …… 135
第五章　认知语言学理论下的英语词汇与句法教学策略创新 …… 139
第一节　英语词汇与句法教学概述 …… 139
第二节　认知语言学理论下改进英语词汇教学的策略 …… 164
第三节　认知语言学理论下创新英语句法教学的策略 …… 169

第六章　基于认知语言学的英语阅读与写作教学策略构建…………173
第一节　当代英语阅读与写作教学分析 ………………………………………173
第二节　基于认知语言学的英语阅读教学策略建设 ………………………184
第三节　基于认知语言学的英语写作教学策略构建 ………………………191
第七章　英语翻译与文化教学中的认知语言学应用策略……………197
第一节　英语翻译与文化教学研究 …………………………………………197
第二节　英语翻译教学中的认知语言学应用策略 …………………………209
第三节　英语文化教学中的认知语言学应用策略 …………………………213
参考文献…………………………………………………………………217

第一章　认知语言学概述

第一节　认知与语言的关系

一、认知与认知科学的概念

（一）认知

认知这一概念在当代学术领域中越发重要，已成为众多学科研究的核心。从哲学到心理学，再到语言学，认知的定义和研究范畴不断扩展，深化了我们对于人类理解世界的方式。在哲学领域，认知被视为人类认识客观世界的过程，此过程直接依赖于感知能力和思维能力。认识论，作为一门研究事物规律、本质、能力和结构的哲学理论，提供了对认知深层次理解的框架。在认识论中，关于认知存在几个关键性的分歧。一方面，存在着关于人类是否能够完全认识世界的讨论，涉及可知论和不可知论的对立观点；另一方面，是关于认知的本质和来源的问题，体现在经验论与唯理论的不同理论间。同时，认识论还涉及意识与物质的关系以及认知过程的本质，分别形成了唯物主义认识论和唯心主义认识论，以及辩证法和形而上学两种哲学阵营。随着“认知心理学”“认知科学”“认知语言学”等学科的发展，人们对于“认知”这一术语有了更深的理解。从哲学角度看，认知指客观世界在人脑中的反映，包括动觉图式和基本范畴两个组成部分，两个部分来源于身体与现实世界的互动，并可被直接理解。认知的独特性在于它具有动态的结构和模型，这是机器无法模拟的。

（二）认知科学

认知科学是一门跨学科的研究领域，涵盖心理学、神经科学、人工智能、哲学、语言学和人类学等领域。它的核心目的是理解和描述认知的本质——人类以及其他智能生物的信息获取、处理、储存和应用的过程。认知科学的一个重要组成部分是认知心理学，它专注于研究思维过程，包括知觉、记忆、语言理解、解决问题和决策等方面，通常涉及如何获取信息、如何处理这些信息以及如何利用它们做出判断和决策。认知神经科学则将注意力集中在大脑如何实现这些认知的过程上，通过研究大脑结构和功能来理解心智活动的神经机制，尤其是如何通过神经网络处理复杂的认知任务。在人工智能领域，认知科学的应用主要体现在模拟人类的认知过程上，尤其在学习、推理和解决问题方面，包括开发能够模拟人类大脑工作方式的算法和机器学习模型。在语言学中，认知科学关注语言如何被大脑处理，以及语言如何与我们的认知能力相互作用，包括研究语言获取、语言理解和语言产生的心理机制。哲学在认知科学中的作用主要是提供理论框架和概念分析，探讨诸如意识、知觉、思维等基本概念，以及它们如何与人们对现实世界的认识和理解相关联。从社会和文化的角度看，认知科学也研究认知过程如何被社会和文化因素所影响。例如，不同文化背景下人们如何认知世界、理解语言和符号。认知科学的一个显著特点是它的综合性和跨学科性，在这个领域内，来自不同学科背景的研究者会共同努力，以更全面地理解认知过程。

将体验哲学作为标准，可以将认知科学分成两大派，即第一代认知科学与第二代认知科学。第一代认知科学兴起于 20 世纪 50 年代，第二代认知科学兴起于 20 世纪 70 年代。两者存在着两个明显的共同点：一是都研究人类的心智，二是都认为“语言”与“认知”存在于头脑中。然而，两者之间也有诸多的不同之处（如图 1–1 所示）。

二、认知与语言的关系

众所周知，认知与语言间有着不可分割的关系，对此，认知语言学与传统语言学方面给出了不同的解释。

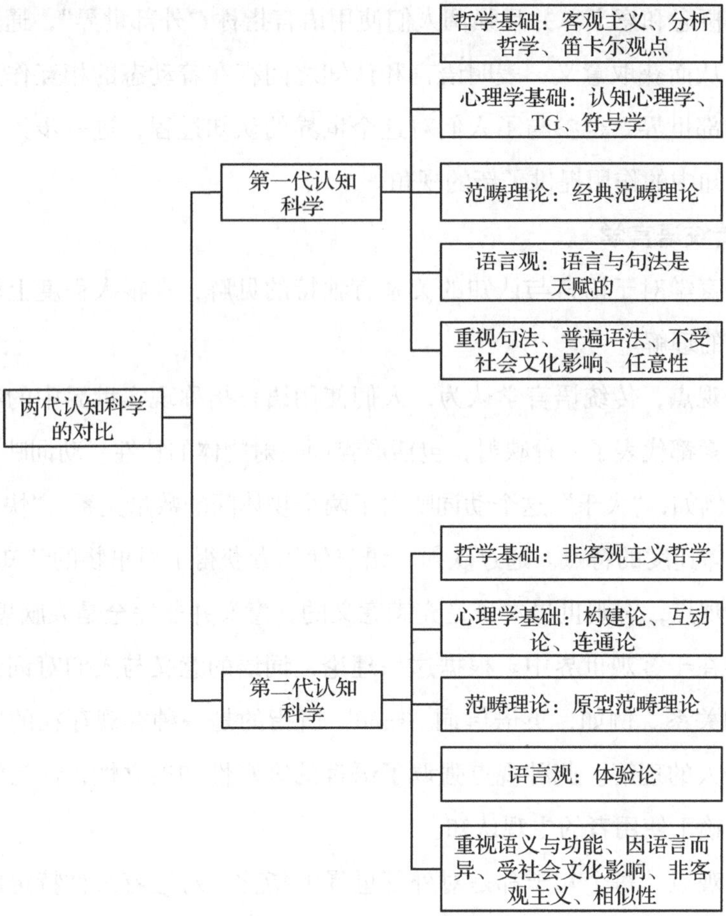

图 1-1 两代认知科学对比

（一）认知语言学

认知语言学在探索语言和认知之间的关系时，提出了几个关键见解。它强调概念结构存在于语言使用者的大脑中，认为语言是概念结构的一个组成部分。所以，语言不仅是单纯的交流工具，还深深植根于使用者的社会、心理和文化等心智功能中，它们之间相互映射、相互影响。① 认知语言学认为，概念结构中包含了意义，意义是概念的一部分。由此推断，语言表达的不仅仅是文字表面，还有背

① 谭爱平. 认知语言学理论研究［M］. 成都：西南交通大学出版社，2017.

后更深层的概念和意义。并且强调人们使用语言指称“外部世界”，通过这种方式形成概念，从而获取意义，表明语言和认知之间存在着动态的相互作用，语言不仅反映了外部世界，也参与了人们对这个世界的认知过程，进一步为人们理解语言在人类认知中的作用提供了新的视角。

（二）传统语言学

传统语言学对于语言与认知的关系有独特的见解，在很大程度上塑造了人们对语言本质的理解。

第一个观点，传统语言学认为，人们使用语言指称现实世界中的物体，其中每个语言元素都代表了一种映射，包括形容词映射物体的特性，动词映射物体之间的关系等。例如，“大于”这个动词映射了两个物体间的数量关系，“快”这个形容词映射了物体速度的特点。通过映射，语言使用者获得了对事物的认知和理解。

第二个观点，客观世界本身是充满意义的，意义并非完全是人脑思维的产物，而是普遍存在于客观世界中。根据这一理论，词语的意义与人们对词语的理解并没有直接的关系。例如，英语单词“sand”所指的是一种客观存在的实体，其意义独立于个人的理解。此种观点强调了语言的客观性和独立性，认为语言的意义并非完全依赖于使用者的主观认知。

第三个观点，每个句子都是对外部世界的指称，对应着某种特定的状态。在此种理论框架下，句子的意义取决于其真值条件。即，当句子所描述的内容与它所指称的外部世界的实际状态相匹配时，这个句子被认为是真的。例如，要理解“咖啡里加了糖”这个句子的意义，需要明白在什么情况下这个句子才是真实的，此种观点认为语义学的研究重点在于探究句子的真值条件。

第二节　认知语言学的基本内涵

一、认知语言学的概念

2002 年，泰勒在研究中提出了对认知语言学的两种不同理解，区分了大写的

Cognitive Linguistics（CL）和小写的 cognitive linguistics，作为狭义的认知语言学（CL），专注于语言内部的研究范式，探讨语言与其他认知能力之间的关系。这种范式着重于理解语言如何作为一种认知能力，与人类的其他认知过程如记忆、知觉和思维等相互作用。相较之下，小写的 cognitive linguistics，或广义的认知语言学，泛指所有将自然语言作为心智现象进行研究的语言学理论和方法。广义的定义涵盖了更广泛的视角，不局限于特定的理论框架，还包括一切将语言视为心智活动并探究其内在机制和外在表现的研究。以上区分揭示了认知语言学领域的多样性和复杂性，反映了对语言研究的不同方法和视角的认识。①

认知语言学作为一种语言研究方法，在理论体系的构建上仍有待进一步完善。核心在于从认知的角度解释语言现象，尽管面对语言的复杂性，此方法无法完全预测所有语言现象。认知语言学是一门跨领域的学科，它的起点是身体经验和认知，其理论基础是体验哲学。该领域的研究重点在于围绕概念结构和意义来探索语言事实背后的认知方式，并据此提供对语言的一致性解释。“认知方式”包含了人们在生活中形成的多种认知策略，如认知模型、相似原则、激活关联、范畴化和概念化、隐喻转喻、互动体验、意象图式以及识解。认知策略不仅反映了人类如何理解世界，还揭示了人们如何通过语言表达和理解这个世界。认知语言学的“统一解释”指出，语言的各个方面，如语音、词汇、语法等，都可以通过上述认知原则解释。此种方法的显著特点是试图简化分析语言的方法，探索适用于所有语言分析的基本认知方式。

二、认知语言学的认识

（一）认知语言学的研究领域

认知语言学作为一个不断发展的学科，其研究领域和分类方法在学术界存在多样的观点。

埃文斯等（2015）将认知语言学划分为认知语义学和认知语法两大领域。认

① 于翠红. 认知语言学视角下的二语习得研究范式：理论与实践［M］. 青岛：中国海洋大学出版社，2018.

知语义学着重于理解语言中的意义构成和概念结构，而认知语法则聚焦于分析语言结构如何映射到认知结构[①]。

福克尼对认知语言学的划分更为细致，他认为它包括心理空间及概念整合理论、认知语法、认知语义学和隐喻研究四大领域。心理空间及概念整合理论探讨人们如何在心智中构建和操作概念空间，认知语法研究语言的结构如何反映认知模式，认知语义学研究语言和意义的关系，隐喻研究聚焦于理解隐喻在语言表达中的作用和意义[②]。

德尔温进一步扩展了认知语言学的分类，将其划分为五大领域，并对每个领域的主要内容和哲学基础进行了详细的阐述。这种划分方法不仅包含了语义学和语法学的传统研究领域，还可能涉及隐喻理论、话语分析、语境理解等更广泛的议题。

（二）认知语言学的哲学基础

认知语言学在其哲学基础上提供了对语言的新视角，该视角远离了传统语言学中将语言视为独立语言模块的认识。[③] 在认知语言学的框架下，语言被视为人类认知过程的一个组成部分，紧密联系着诸如范畴化、身体及心智的经验、感知、记忆、意象图式、抽象思维和推理等认知机制。突出了语言认知机制与其他认知机制在原则上的共通性，强调了它们之间的相互关联。认知语言学的三个基本哲学假设构成了其哲学基础，涉及对语言和语法本质的深刻理解。

语言知识源于语言的使用，语言规则不是与生俱来的，而是后天习得的。[④] 基于此，语言研究应是基于语料的自下而上的研究，而非仅依赖于理论推导。认知语言学否定了语言作为大脑中独立认知机制的观点，在此观点下，语言的认知机制与其他类型的认知机制并无本质差异，它们是互相作用和影响的。此观点打破了语言与其他认知过程相隔绝的传统看法，促进了跨学科的研究方法发展。

---

① ［英］埃文斯，格林. 认知语言学导论［M］. 彭瑞译. 北京：世界图书北京出版公司，2015.

② 马瑞香. 概念整合理论的科学价值［J］. 社会科学辑刊，2008（2）：40–43

③ 于翠红. 认知语言学视角下的二语习得研究范式　理论与实践［M］. 青岛：中国海洋大学出版社，2018.

④ 袁德玉. 认知语言学基础上的语言衔接［M］. 成都：电子科技大学出版社，2017.

认知语言学认为语法是概念化的，反对传统语言学中认为语法是一种天生且自治的系统的观点。根据这一假设，语法不是无限生成句子的机制，而是与意义和概念化紧密相关的。强调了语法结构与人类思维模式之间的关系，将语言看作人类认知结构的反映。

（三）概括性共识与认知共识

认知语言学自出现之初，就被莱考夫等指出具有两个核心共识：概括性共识和认知共识，为认知语言学的研究提供了基础方向和方法论指导①。

概括性共识主要关注于描述人类语言的普遍原则，涵盖语言学的多个分支领域。在语义学领域，概括性共识涉及对语言与感知、各种语义关系、推理、经验和理解以及语义场适应问题的普遍原则的探讨。在句法学领域，概括性共识关注于结构式的普遍原则、范畴以及语素的分布等。形态学领域的概括则涵盖了音系等领域的普遍规律。在语用学领域，概括性共识关注于指示功能、语篇、言语行为等方面的一般性原则。

认知共识指语言描述应符合人们对心智的普遍认识，认知语言学家在面对认知心理学、发展心理学等相关学科的研究时，必须有所感悟和反应。特别是在范畴化的研究上，认知共识推动了从古典范畴理论向原型理论的转变。转变源于古典范畴理论缺乏心理真实性，而认知科学的发展未能证实和支持古典范畴理论。

两种共识构成了认知语言学研究的首要和最高指导思想，位于该学科哲学基础之上。在有关的理论背景下，人们可以更容易地将认知语言学研究的相关问题进行适当的联系和解释。例如，莱考夫（2021）在认知共识的指导下，对语言现象进行了深入研究，发现了系统映射现象，进而提出了概念隐喻理论。他将隐喻视为一种认知机制，并试图通过神经机制探索其认知基础。

（四）其他学科与认知语言学的关联及区别

1. 认知心理学与认知语言学的关联

认知心理学的发展与认知语言学紧密相连，事实上，后者为前者的发展提供

---

① 崔艳辉，Cherdantceva Marina，杜柏权. 乔治·莱考夫的隐喻认知观［J］. 关东学刊，2021（4）：82-88.

了重要的前提和基础。认知语言学对认知心理学产生了显著的促进作用，同时，认知心理学也是认知语言学的基础学科之一。在认知语言学中，许多著名的理论和概念，如框架和图样、意象图式、连续论、连通论、范畴化、典型理论等，都与认知心理学有密切的血缘关系。有关的理论和概念最初源自认知心理学，后被有效地应用于认知语言学领域，表明两者间存在着深刻的相互影响和贡献。

（1）框架与图样、意向图式。框架指对事件或情境的图式结构描述，它提供了对特定情景的整体理解。图样更集中于探索特定情境下的物体或人以及他们的行为模式。而意象图式需要借助于个体的已有经验，通过整合不同的相关概念而形成认知框架。在实际应用中，这三个理论在某些情况下显示出共通之处。它们共同构成了理解语言意义的基础，因为语言的意义往往需要依托于具体的情境，而此种情境正是框架、图样和图式的结晶。通过三种理论，研究者能够更深入地理解认知世界，并利用这种理解来解释和分析语言现象。简言之，框架、图样和意象图式不仅对认知语言学的发展起到了支持作用，而且它们相互补充，为研究者提供了一个更为全面和深入理解语言及认知之间相互作用的框架。

（2）连通论与连续论。连通论，也称为并行分布式处理模式，强调基于神经机制的同时多步骤处理。它主张认知过程的各个环节相互连通，而非孤立的单元，从而更加贴近大脑的实际工作方式，连通论特别适用于解释大脑如何能够在极短的时间内处理复杂的信息。另外，连续论关注信息处理的逐步和抽象化过程，核心在于“连续”，即信息是通过一系列连续且渐进的步骤被处理和理解的。尽管连续论在信息处理和解释记忆方面的效力可能不如连通论，但它在理解某些认知过程的逐渐发展和演变中仍扮演着重要角色。许多语言学家倾向于将这两个理论应用于认知语言学，其背后的共识是，语言知识构成了一个相互关联的网络，这一网络是由神经认知路径组成的。

（3）典型理论与范畴化。典型理论基于的观点：世界上的各种事物都具有典型特征和非典型特征。在认知语言学的应用中，这意味着理解和分析语言现象时，研究者会借助一个或多个典型的例子进行说明和阐释。通过关注典型实例，可以更容易地把握语言现象的一般特征和规律。范畴化涉及如何基于语言的连续流动性来区分和理解不同的声音范畴，允许人们将相似的语音特征归为一个范畴，从而提高理解和记忆效率。例如，在音素学中，人们可以通过范畴化区分不同的音素，如从清辅音 /p/ 到浊辅音 /b/ 的转化。此种范畴化的过程不仅有助于揭示语音的变化规律，还能帮助我们理解语言如何在大脑中被处理和归类。

2. 功能语言学与认知语言学的关系

通常而言，语言研究的焦点一般集中于功能语言学与认知语言学两方面，两者并非孤立存在的，而是存在着某种意义上的关联与区别，两者之间可以相互借鉴、补充。

（1）相互补充。

1）隐喻观。在认知语言学和功能语言学中，隐喻的理解和应用展现出明显的互补性。认知语言学中的隐喻主要是概念隐喻，它侧重于探讨词汇层面的经验和概念。概念隐喻将物理或具体经验映射到更抽象的概念上，揭示了人们在理解和使用语言时如何借助具体经验来构建和理解抽象概念。相比之下，功能语言学中的隐喻被称为语法隐喻，关注语法层面的经验。语法隐喻通过分析语言结构的变化和发展，提供了对语言本质和人类思维形式的深入理解，强调了语言结构如何反映和影响人们的认知及交流方式。因此，两种隐喻类型虽然关注的层面不同，但彼此间具有显著的互补性。语法隐喻提供的对语言结构和功能的洞察为概念隐喻的理解增添了新的维度，反之亦然。

2）层次观。功能语言学的层次观为该领域提供了一个相对完整的结构框架，尤其是在韩礼德创建了语言层次观后。通过纵向划分，功能语言学使研究者能够更好地理解不同层面的语言现象，并识别每一层的独特特征。在该框架下，语言被细分为语法层、语义层、词汇层和音系层，其中语法层进一步划分为词素、词、词组、小句等。分层方法有助于系统地探索语言的各个方面，从而提供全面的语言理解。与此相比，认知语言学在系统性和层次性方面还不够明显，需要进一步地完善。虽然认知语言学在广泛的领域内发挥作用，但其研究可能会因缺乏明确的层次观而遗漏某些重要的语言现象。

3）语境观。在功能语言学中，语境观具有核心作用。语法理论强调语言必须植根于特定的情境，并受到语境的制约。语境观认为，理解和选择语言的过程需要参照语言所处的具体情境，语言不仅仅是词汇和语法结构的组合，还与特定的使用环境密切相关。相比之下，认知语言学虽然也考虑语境效果，但其分析更倾向于个体的经验。认知语言学研究认知语境，即个体如何基于自身的经验和知识来理解和使用语言。此种观点将语境的理解扩展到了个体的认知层面，考虑了个体如何通过认知过程去解释和应对语言情境。然而，认知语言学的语境观还要受到外部文化环境的影响。这表明，语境的理解应该更加广泛，不仅涵盖个体的认知过程，还包括外部的社会文化因素。从该角度看，认知语言学的语境观提供了对语言使用和理解的更全面的视角，强调个体经验与外部环境间的相互作用。

（2）共同点。由于功能语言学与认知语言学均在批判乔姆斯基的生成语法基础上得到发展，所以两者间必定存在着相同的点。

1）研究方法。功能语言学和认知语言学在研究方法上展现出显著的共同性，两者都以实际语言的使用和运用为研究起点，强调以事实为基础的分析和结论。在研究过程中，常用的方法包括比较、调研和记录等，研究者能够深入分析具体的语言现象，从而得出有根据的结论。

2）意义中心论。功能语言学和认知语言学在理解语言与意义的关系方面存在共识，尤其在意义的不确定性和动态性上表现明显。两者都认识到，语言的意义并非固定不变，会随着语境的变化而变化。功能语言学特别强调意义随语境而变的特性，指出同样的语言表达在不同语境下可能拥有不同的解释和含义。认知语言学着重于语言符号的不确定性和开放性。在该领域内，语言的意义被视为源自客观世界的活动认知，意义不是孤立于认知之外的静态存在，而是与认知过程紧密相连。此外，认知语言学还强调意义的动态性，认为语言的意义是在认知活动中不断创造和发展的。功能语言学也持相似观点，认为意义是动态创造的产物，而非静止不变的实体。意义存在于人的实际行动和实践之中，不断随着人类活动的发展而变化。

3）语言与思维。语言与思维之间的关系一直是学术界争论的焦点，在认知语言学中，语言与思维之间的关系被辩证地看待。认知语言学承认语言对思维具有一定的推动作用，但更加强调认知在此过程中的基础作用。根据这一观点，认知先于语言，是语言发展和使用的前提。认知语言学家认为，语言是认知过程的表达和结果，而非其起始点。功能语言学对于语言与思维的关系也持有辩证看法，功能语言学家认为，人的思维受到语言形式和意义的影响，往往受到社会结构和文化背景的制约。在此种观点下，语言是影响思维的一个重要因素，但并不完全决定思维。语言提供了思维的一个框架和工具，但人的思维能力和过程也受到其他因素如文化、社会互动等的影响。

4）形式与意义的关系。认知语言学和功能语言学在探讨形式与意义的关系时，展现出显著的共识，认知语言学和功能语言学都认同形式与意义之间存在某种内在的理据。认知语言学强调，语言的形式与人体经验间存在着一种对应关系，相似性体现了形式与意义之间的理性联系。换句话说，语言的具体表现形式不是随意的，而是基于人类的身体经验和概念结构。在功能语法中，这种理据表现为不同的表达方式承载着不同的语义功能。词汇层与语义层、语法层与音系层之间的对应关系，体现了一种自然的、内在的联系。认知语言学和功能语言学均认为形式与意义是不可分割的统一体，此观点反对形式主义对于语言符号与意义间关系的割裂。在认知语言学中，形态、词汇、句法等形式被视为建立在概念结构之上，概念隐喻的意义正是这些形式的基础。功能语言学认为，句法是语义的体现形式，它不是孤立于语言的其他方面，而是渗透在语言的每一部分中，从而使得形式和意义紧密相连。

5）学科性质。功能语言学和认知语言学作为理论语言学的一部分，都注重于语言的应用，并显示出显著的实用性。两种学说都集中于研究语言运用中主客观因素的影响，从而具有解释性的特点。在研究方法上，它们都强调跨学科的重要性，将语言学与其他学科领域的知识和方法相结合。认知语言学特别突出的是其作为一种分析语言的方法，而非传统意义上语言学的一个分支。它关注于如何通过认知过程来理解语言现象，将语言视作人类认知活动的一部分，强调语言与人类思维过程的紧密联系。另外，功能语言学更侧重于语言的实际用途，主要集中于对语篇的分析和文体的研究，对于理解语言如何在实际沟通中发挥作用方面特别有效。

（3）基本分歧。认知语言学与功能语言学基本分歧主要体现在以下几方面：

1）理论体系。认知语言学作为一个新兴领域，尽管经过多年的发展，但其理论体系仍存在一定程度的争议和未完善之处。该领域的研究还在不断进化中，尚未形成完整统一的理论框架。因此，认知语言学未来的发展之路仍然漫长且充满挑战。相比之下，功能语言学经历了较长时间的发展，并已经建立起了一个较为完善的理论体系。尽管功能语言学内部存在一些分歧，但大部分研究是围绕韩礼德的理论进行的。该理论体系保持着一定的成熟性和稳定性。功能语言学在研究功能、语域、语篇、系统和语境等方面取得了显著的成就，丰富了该领域的理论基础，还为语言学的其他分支提供了重要的研究视角和方法。

2）研究范围及出发点。认知语言学的研究范围广泛，具有显著的跨学科性，它不仅包含心理学和生理学，还涉及社会学、文化学、哲学等多个领域。广泛的研究范围使得认知语言学能够从多角度探讨语言现象，尤其是从人的认知过程出发，探索语言如何在人脑中形成和发展。功能语言学主要关注人与社会的关系，与认知语言学相比，功能语言学的研究范围相对狭窄，专注于人类社会交际中的语言现象。功能语言学的出发点是人类学，重视人在社会交际中的中心地位，关注交际意义如何在人与人的互动过程中产生。从研究出发点看，认知语言学以人脑为中心，探索语言的认知性质；功能语言学则以人为中心，研究语言的社会性质。认知语言学着重于人类认知活动中语言的形成和意义，功能语言学关注人在社会交际中如何使用语言以及语言如何表达社会交际的意义。

3）对隐喻的看法。在传统观念中，隐喻被视为一种修辞手段，主要用于文学和修辞学的研究。然而，随着对隐喻研究的深入，认知语言学开始将隐喻视为认知世界的一种方式，认为它是人类思维和推理的基础。在认知语言学中，隐喻被理解为一种从始源域到目的域的映射，通常用具体事物来代表抽象概念，从而增强语言的生动性和形象性。此种理解将隐喻提升为概念隐喻，强调其在认知过程中的核心作用。功能语言学在隐喻的理解上采取不同的方法，解释了隐喻的普遍性和特殊性，同时区分了一致性和隐喻性。功能语言学认为，隐喻的使用不是优劣的问题，而是说话者的选择问题。功能语言学还探讨了隐喻如何应用于语法，强调不同语法范畴之间的映射关系，将隐喻扩展到了语法结构和语言功能的转换，突出隐喻在语言表达和理解中的多维作用。

4）基本假设。认知语言学和功能语言学虽然在语义理论上存在基本共识，但它们在处理语言与客观世界之间关系的基本假设上有所不同。认知语言学将认知视为语言与客观世界之间的中介，强调认知在此过程中的中心作用。在该视角下，语言的意义和功能被认为是认知过程的一部分，强调认知对语言理解和使用的重要影响。相比之下，功能语言学认为语义是连接语言符号和客观世界的纽带。在功能语言学中，语言的层次性被特别强调，其中韩礼德的理论将语言分为三个层次，这些层次都与意义紧密相关。每个层次都在不同程度上反映和体现了语言的意义，强调语言结构与其表达内容间的关系。

5）结构与功能。认知语言学倾向于研究结构层面，特别是认知结构和概念结构。在该领域内，认知结构被视为经过大脑构建形成的某种意象，显示了认知语言学对结构的重视，类似于功能语言学对功能的重视。功能语言学更加关注语言的功能，在该学派中，功能被认为是统领系统各层次的核心，决定着语言的本质。功能语言学认为语言的结构是对语言意义的体现，而意义本身就是功能。因此，结构被视为功能的一部分，与功能紧密相关。

3. 生成语言学与认知语言学的关系

认知语言学与生成语言学的关系主要体现在互补性、一致性以及分歧方面。

（1）互补性。生成语言学和认知语言学作为语言学的两个新领域，虽然研究重点上有所不同，但实际上它们之间存在着互补性。认知语言学倾向于强调语义的重要性，而生成语言学更侧重于语言形式的分析。然而，两个领域都认识到形式与语义是相互依赖和相互作用的。认知语言学对先验主义的批判与生成语言学对先验理论的坚持在表面上看似相对立，但实际上生成语言学并未完全否认认知语言学中经验的作用。乔姆斯基的观点表明，尽管生成语言学强调语言的内在规则和结构，但他也认为经验是语言设计的重要因素。[①②]这表明生成语言学在考虑语言形式时，并不排斥主观因素和环境因素，而是努力排除那些不相关的因素。

（2）一致性。生成语言学与认知语言学的一致性主要体现在以下几方面：

1）方法论。认知语言学和生成语言学在方法论上展现出一定的一致性，尽管它们的研究方法各有侧重。认知语言学主要采用假说法，依据观察和实验而形成和测试理论。生成语言学则偏向于演绎法，通过建立起初步的假设，并通过观察事实验证有关假设。两种方法论都强调理论与实践间的相互作用，体现了科学研究中假设检验的重要性，两者都能有效地探索和解释语言现象。

2）理论基础。认知语言学和生成语言学共享着一些相同的理论基础，理论基础跨越了哲学、计算机科学和心理学等多个学科领域，跨学科的理论基础为两者提供了丰富的知识背景和研究方法。哲学为它们提供了思考语言本质的深层框架，计算机科学带来了对语言处理和建模的技术视角，心理学则贡献了对人类认知过程的理解。多元的理论基础使得认知语言学和生成语言学能够在不同角度深入探索语言现象。

3）理论产生。认知语言学和生成语言学的理论产生都源于对物理主义和行为主义的反对，两个领域的发展强调了心理表征在组织和调节主客体关系中的重要性，认为知识的存在依赖于这种心理表征。此种观点突破了传统的、纯粹基于外在观察的理论框架，引入了对内在心理过程和认知结构的关注，从而促进了对语言现象更深层次的理解和研究。

4）目标。认知语言学和生成语言学共同追求的目标，是对语言进行全面深入的研究，并致力于形成适用于所有语言的理论。认知语言学专注于探索人类认知的概念化过程，关注如何通过认知机制来理解语言现象。而生成语言学致力于构建普遍的语法知识体系，旨在揭示语言的普遍结构和规律。尽管两者的研究重点

---

① 李琛. 乔姆斯基语言观与方法论及其教育启示［J］. 教育与教学研究，2019，33（8）：1-12.

② 赵美娟. 乔姆斯基的语言观［M］. 上海：上海外语教育出版社，2013.

不同，但它们的共同目标是揭示和理解语言的本质，从而提供对语言普遍特性的深刻见解。

（3）分歧。认知语言学与生成语言学的分歧主要体现在研究任务、哲学基础以及研究方式方面。

1）研究任务。认知语言学和生成语言学在确定自身的研究任务时，展现了截然不同的视角。认知语言学更加强调语言的经验化特性，专注于研究语言、意义与认知之间的相互关系。它致力于探索概念系统、身体经验与语言结构间的联系，基于经验理解和分析语言现象。强调语言作为认知过程一部分的特性，以及经验在语言理解和使用中的重要性。与此相对照，生成语言学区分了语言能力与语言行为，着重探究语言能力这一领域。这一点在儿童语言习得机制的研究中尤为明显，其中强调了语言能力的先天性和普遍性。生成语言学的研究重点，旨在揭示人类固有的、普遍的语言结构和规律。

2）哲学基础。认知语言学以身体经验为出发点而研究人的认知，认为认知的无意识性、心智的体验性和思维的隐喻性是其核心哲学基础，使得认知语言学既包含经验主义的成分，又有理性主义的元素，强调了经验和理性在理解语言和认知过程中的重要性。相反，生成语言学建立在笛卡尔的先验主义哲学和形式主义哲学之上，赋予了生成语言学语法的普遍性、心智主义的特征，以及对语言和句法的自治性的重视。有关的特征体现了生成语言学对语言结构和功能的深入理解，尤其是在语言能力的先天性和普遍性方面。

3）研究方式。认知语言学重视生物学的角度，关注通过观察和分析各种语言现象，并进行归纳总结。强调了生物学因素在语言发展和使用中的作用，以及语言现象的多样性和复杂性。它试图从生物学和心理学的视角理解语言现象，强调语言与人类大脑、认知过程的密切联系。生成语言学偏重于数学逻辑的应用，旨在规定和描绘语言的形式结构，体现了生成语言学对语言形式和结构的关注，致力于发现语言的普遍规则和模式。一些功能语言学家提出，应该将有限的形式运用于无限的句子中，主张在语言描述中使用生成的形式来衍生其他句子。

4. 语用学与认知语言学的关联与差异

（1）关联。认知语言学将语用学作为其价值取向，着重研究认知能力与语言使用间的关系。与此同时，语用学专注于语言的使用和理解，探讨语言使用者与语言意义、语境之间的互动。在研究的核心上，认知语言学强调人的经验在语言使用中的作用，而语用学则从发话人和听话人的角度出发，关键在于理解语言使用者的行为和心理，两个领域都将语言使用者的角色视为研究的核心。从学派的归属上看，认知语言学家通常持有功能主义的观点，与语用学所属的功能主义学派是一致的。莱文森明确指出，语用学属于功能主义学派，进一步强调了二者之间的关联。在方法论方面，认知语言学作为一种以用法为研究基础的语言学，强调语言的功能性描述。它在理论层面是一种语用理论，表明认知语言学与语用学在理论和方法上有深刻的相互联系。

（2）差异。在语境理解方面，认知语言学强调个体的经验和认知过程在形成语境观念中的作用，而语用学侧重于分析发话人、听话人和外部环境，包括文化背景在内的因素，反映了两者在理解语境时的不同侧重点和方法。在语言意义的处理上，语用学明确区分了字面意义和言外之意，而认知语言学通常不对两种意义进行严格区分。

第三节　认知语言学的基础理论

一、隐喻理论

隐喻作为一种将熟悉的概念域映射到陌生的概念域的认知工具，是人类理解和概念化抽象范畴的重要手段。隐喻在人类生活和语言中扮演着核心角色，不仅仅是一种修辞手段，更是认知世界的途径。隐喻的研究经历了三个传统的演变。亚里士多德的修辞学传统将隐喻视为词与词之间的替换，强调其在语言表达上的功能。柏拉图的哲学传统则认为隐喻是真理的敌人，提出了隐喻与真理关系的哲学讨论。20世纪以来的语言学传统则将隐喻视作词语的一种组合关系，强调它作为话语现象的重要性。[①] 隐喻不仅构成了人类生存方式的重要元素，还深刻影响着语言、认知和行为的本质特征。语言本身也是隐喻的结构化体现，隐喻性思维贯穿于日常语言的使用和理解中。

（一）概念隐喻

概念隐喻是一个在认知语言学中广泛研究的领域，它涉及如何使用一种熟悉的概念（源域）来理解另一种通常更为抽象的概念（靶域）。以爱情作为旅途的隐喻为例，这种隐喻在英语中非常常见，且深刻影响着人们对爱情关系的认识和表达。例如，“Our relationship has hit a dead-end street”（我们的关系已走进了死胡同）、“We are at crossroads”（我们的关系处在十字路口）、“Look how far we have come”（我们都相爱这么久了）这些表达方式都是使用旅途的元素来描述爱情关系。这些表达方式将爱情关系中的不同阶段和特点映射到旅途中的不同情景，如死胡同象征着关系的终结，十字路口象征着关系中的决策点，而旅途的长短象征着爱情关系的持续时间。这种隐喻是从旅途经验域（源域）到爱情经验域（靶域）的映射，不仅是语言上的表达，还是概念上的对应。源域中的事物和概念通过隐喻映射到靶域中，使得我们能够利用旅途的知识来理解和解释爱情的复杂性及多样性。概念映射是隐喻的核心，它是人们概念体系中的固有成分，映射的过程先于语言表达。隐喻表达是这种映射在语言上的体现，但映射本身是概念性的。换言之，隐喻不仅是语言的问题，还是思维的方式，是人们理解世界的一种基本手段。隐喻的研究揭示了人类思维的独特性，显示了人们如何通过隐喻将生活经验映射到抽象概念上，从而构建和理解复杂的概念体系。

（二）规约化隐喻

规约化隐喻是一种在认知语言学中被广泛研究的现象，其本质是一种跨概念域的固定模式概念对应。规约化隐喻涉及将一个概念域（源域）中的特定词项或概念映射到另一个概念域（靶域）中，形成一种跨域推理模式的潜在对应，此种映射模式使得源域中的规约化词项在靶域中获得扩展的、词汇化的意义。以“打

① 袁德玉.认知语言学基础上的语言衔接［M］.成都：电子科技大学出版社，2017.

滑”这一习语为例，其规约化的心理意象是车轮在转动而汽车无法前进。在“爱情是旅途”的隐喻中，这个意象被映射到爱情关系上，得到的意义是情侣虽付出了努力但关系并未取得进展。在此种映射中，爱情被对应于运载工具这一上位层次范畴，包括轮船、火车、飞机等在内的基本层次范畴都被包含在内，上位层次的映射能够最大限度地将源域中的丰富概念结构映射到靶域。映射还遵循所谓的恒定性原则，该原则确保源域内部映射到靶域内部，源域外部映射到靶域外部。恒定性原则导致靶域中的固有意象图式限制了映射的方面，强调靶域在映射过程中的优先性。例如，空间推理的拓扑结构是意象图式固有的，而抽象推理能够转变为空间推理，正是由于恒定性原则的作用。

（三）意象图式理论

意象图式理论是认知科学中的一个重要概念，它揭示了人们头脑中的知识大多建立在感知互动和对物体操纵的各种模式上，构成了意象图式的经验完形。意象图式是一种对空间关系和空间移动的动态表征，它们在人类的日常思维中扮演着关键角色。在人类的思维过程中，存在 20 多个意象图式，它们包含了许多存在于日常经验中的结构形式。意象图式可以通过隐喻手段解释，并在理解不同的认知域中起着重要的作用。意象图式本质上是想象的和非命题式的，它们组织并指导人们的身体感知和运动经验，其形成依赖于知觉和运动过程，是视觉、听觉、触觉等感官的综合作用结果。以“平衡”为例，这一图式是人类思维中的一种普遍模式，其存在普遍到人们几乎不会意识到它，直到经历了保持或失去平衡的体验。人们在体验到身体或生理平衡的保持和失去后，形成了“平衡”的意象图式，进而将物理性的平衡经验应用于理解心理的平衡概念。例如，学习骑自行车时的努力保持平衡，或者感到手冷时寻求恢复感觉平衡的经验，都是此类图式的体现。意象图式的内部结构可以通过隐喻手段进行理解，揭示了思维的许多方面，也是意象图式最有吸引力的地方。意象图式的内部结构不仅影响它们在概念形成中的作用，也影响着推理模式。

意象图式及其转换在认知活动中有关键作用，尤其是在人们如何理解和操纵物体的心理过程中。意象图式不仅受限于单一的感官体验，而且具有动觉特征，能够跨越不同的感官模式。意象图式是体验的永久属性，相比之下，心理意象是临时的表象。意象图式是未经思考的体验的突生属性，而心理意象是有意识的认知活动的结构。两者间存在显著的相似点，如心理意象中既有视觉表征又有空间表征，但既非完全视觉性的，也非完全空间性的。意象图式比普通的意象更加抽象，它们由动态空间模式构成，为空间关系和运动提供基础。表征动势比单一的物体运动更为复杂，表征动势效应既出现在视觉刺激中，也出现在听觉刺激中。意象图式间的转换能够用来创生动势，揭示了思维和认知过程的复杂性。由于感知系统的局限性，现实世界物理动势的内化表征往往是不充分的。因此，人们经验中的视觉模式和听觉模式在形式上往往一致。

二、原型与范畴化理论

原型和范畴化理论的基本假设包括：所有实体都具有特定的属性，而属性是进行范畴化的基础，然而有关属性往往存在于一个连续的标度上，并非总是明显划分；同一范畴内的成员地位并不平等，某些成员可能被视为更典型或更具代表性；范畴的边界通常是模糊的，并不是清晰划分的。以蔬菜为例，卷心菜、大白菜、胡萝卜、冬笋、茄子、南瓜等都属于蔬菜范畴，但它们间并没有共享一个固定的、特有的特征。相反，作为一个类别，不同的蔬菜间存在着某种“家族相似性”，使得它们能够被归入同一范畴，尽管范畴内的成员可能在多个维度上存在差异。

“原型”在范畴化理论中指代一个类别中的典型成员，通常与范畴的其他元素共享一些显著特征。原型理论的核心是识别和理解典型成员如何代表整个范畴，基于对原型的不同解读，范畴化理论被划分为两种主要类型：经典范畴化理论和现代范畴化理论。两种理论提供了不同的视角来理解如何将不同的元素归类到同一范畴，以及这些范畴如何在人们的认知中被构建和理解。

经典范畴化理论视原型为一种图式或特征集束，经典范畴化理论的核心假设包括：范畴间有明确的边界，特征是二分的，范畴是根据一组特定特征来界定的，且同一范畴内的所有成员地位相等。经典范畴化理论强调范畴的固定性和明确性，认为范畴的定义是静态且严格的。相比之下，现代范畴化理论将原型视为一个典型的例子，该理论中，范畴的其他成员根据它们与原型间的相似程度在样本中排出次序。相似性越大，成员越是这一类的典型代表；相似性较少的，则被视为非典型成员。

范畴化是一个动态的认知和过程，它是对客观世界的分类和理解方式。在此过程中，语言使用者不仅对客观世界的各种现象进行分类，语言学家同样对语言本身的不同元素进行分类。解释范畴化问题时，原型理论和家族相似性理论是两种重要的认知模式。原型理论侧重于识别和理解范畴中的典型成员，而家族相似性理论强调成员间的相似性和差异性，指出即使成员间没有共享固定特征，它们也可以因为相似性而归入同一范畴。范畴化问题与认知语言学的其他理论，如意象图式理论和隐喻理论，有着紧密的联系。意象图式理论探讨了人类如何通过感知和动作来理解复杂的概念，隐喻理论则揭示了人类如何通过隐喻来构建和理解概念。有关理论共同构成了认知语言学中理解和解释语言现象的基础，反映了人类对复杂世界进行分类和理解的多样化方式。

经典的范畴化理论在语言学中的应用包括词的类型划分和为不同词类下定义，一个简单假设是：同一词类中的成员具有相等的地位。然而，词类的划分在实际应用中并非总是顺利的，存在明显的困难。在语言学中，词类划分通常依赖于词的分布，但此种方法在实际操作中往往难以持续应用。语言学中的范畴界限并不总是清晰的，如在汉语中，名词、动词和形容词间的界限非常模糊，原因在于词类是一种原型范畴。不同词类的典型成员可能有着不同的分布特征，但非典型成员间的分布差异并不明显，导致划分标准难以确定，反映了语言的复杂性和动态性。在语言学中，尝试对词类进行清晰划分的困难，指向了需要更灵活和包容的范畴化理论。[①] 词类作为原型范畴，其成员的地位和特征可能在不同语境和使用情况下有所不同，这要求人们在理解和划分词类时应采取更加动态和灵活的方法。

---

① 谭爱平. 认知语言学理论研究［M］. 成都：西南交通大学出版社，2017.

第二章 高校英语教学理论阐释

第一节 高校英语教学的内涵及方式梳理

一、当代高校英语教学的内涵

（一）高校英语教学内涵的多维度探析

1. 高校英语教学的人文内涵

在当代高校英语课堂教学中，教师往往更关注语言技能的教授，可能忽略了语言和文化等人文内涵的重要性，导致高校英语课堂的人文内涵意识较弱。实际上，英语教学的目的不仅是使学习者通过听、说、读、写、译五大项目掌握并熟练使用英语这一工具进行交流，还包括人文教育的内容。任何语言都不是孤立存在的，应与当地的历史和文化背景紧密相连。要想深入掌握一门语言并能熟练运用，对该语言的历史内涵和文化背景的充分认识及把握是必不可少的。因此，在当代高校英语教学中，除应重视学习者的语言能力培养，还应注重人文内涵的渗透。教学过程应着眼于培养学生的语言应用能力与文化涵养，以造就兼具语言技能和文化素养的综合型人才。

高校英语教学的人文内涵覆盖了非常广泛的领域，包括对英语语言国家的历史、习俗以及民族文化等方面的深入了解。人文内涵是在民族历史变迁和发展过程中逐渐积累形成的精华，作为当代的高校英语教师，应具备从多角度理解英语人文内涵的基本素质，在教学实践中应贯彻以学生为本、注重学习者全面发展的教育理念，并平衡学习者智力和非智力因素的全面发展。教师应将学生视为拥有巨大潜能和可塑性的动态发展个体。[①] 在使用教材的过程中，教师应注重对人文内涵方面的分析和阐述，融入礼仪、历史、艺术等相关内容，或开展具有生活性、现实性特点的语言教学活动。只有教师具备较高的人文素养，并且能够认真地将人文内涵融入英语教学实践中，才能使教学内容更加丰富、全面和完善。

2. 高校英语教学的通识教育内涵

高校英语教学作为高等教育的重要组成部分，与通识教育有着紧密的联系。通识教育致力于培养全面发展的人才，目的在于开发心智，提升个体的认知能力、理解能力、掌握能力以及运用知识的能力，同时培养个体的批判性思维、灵活性等多方面的素质。通识教育将"全人"教育作为其核心追求，旨在通过学习使受教育者充分发掘自我潜能，实现自身价值，并在身心、智力、品格等各方面实现协调、全面发展。这样既有助于教师个人的成长，也能为社会培养出积极参与社会生活、具有强烈社会责任感的优秀人才。从性质上说，通识教育是所有高校学生都应接受的非专业方向教育。从目的上看，通识教育主要旨在培养全面发展的社会成员和国家公民。从内容上说，通识教育覆盖广泛，通常包括社会科学、人文科学以及自然科学与技术等领域，旨在提供广泛性、非专业性、非功利性的基本知识、技能与态度。高校英语教学在这一框架下，不仅教授语言知识和技能，也强调文化、历史、社会等多方面的知识，为学生的全面发展提供支持。

"通识教育"概念中的"通"代表了跨学科的知识融合和综合思考能力，指不同学科间的知识能够相互融通。在高校英语教学中，这意味着教师和学生在面对复杂问题时能够采取跨学科的视角进行思考和资料收集，并在与不同学科背景的人进行交流时实现不同文化、专业间的沟通。根据教育生态学的观点，高校英语教学体系可以被视为一个围绕英语教学活动建构的生态系统。该系统通常包括教师、学生等教学主体及其相应的教学环境，涉及社会环境、自然环境以及规范环境等方面。社会环境是基于自然环境发展而来的，而教学的规范环境包括社会广泛接受的教学态度、规范、价值观，教学要求、理念、评估标准，以及教师和学

① 刘亚娜. 高校英语教学理论与实践探究［M］. 长春：吉林人民出版社，2020.

生的认知观和课程设置目标。在该生态系统中，教学主体和非生物因素的教学环境相互影响、相互作用，共同构成统一的，具有物质、能量、信息传递功能的整体。该系统不仅涵盖了语言基础课程，还将自然知识、社会知识及世界文化知识的普及作为目标，形成了一个半自然、半人工的生态系统。高校英语教学生态系统的运行目标和功能强调了英语教学在高校通识教育人才培养模式中的重要地位，系统的运作旨在实现学生综合应用能力、文化素养以及自主学习能力的提升。在该理念指引下，当代的高校英语教学不仅是一门语言基础课程，同时包含了社会知识、自然知识及世界文化等多方面的综合教育内容，致力于培养学生的全面发展和跨学科综合能力。

3. 高校英语教学的基本内涵

高校英语教学包含着丰富的教学内容和目标。从教师的角度看，高校英语教学是一种指导性的教育活动，旨在引导学生学习和掌握英语知识。从学生的角度看，它是在教师的指导下进行的学习活动，学生能否在此过程中实现全面发展是衡量教学效果的关键。

高校英语教学具有明确的目的性和系统性，按照不同的学段、学年和学期设定具体的教学目标和内容，包括词汇、语法、语音、写作和阅读等多方面的知识和技能。有关教学内容按照系统的计划进行，通常由教育行政机构、学校和教师共同制定。高校英语教学的系统性和计划性表现在对教学方法和教育技术的选用上。历史上积累的丰富教学方法和现代科学技术的发展，尤其是信息技术的应用，为英语教学提供了多样的教学资源和工具，丰富了教学内容，也提高了教学效率。在对高校英语教学内涵的分析基础上，可以将其界定为教师在有计划的、系统性的过程中，依据确定的内容，按照一定的目标，通过采用各种教学方法和技术，引导学生认识世界、学习和掌握知识与技能，从而促进学生的全面发展。高校英语教学不仅仅是传授语言知识，更是一种全人教育的实践。[①] 它注重学生的综合素质培养，包括语言能力、文化理解能力、批判性思维和创造性思维的发展。在此

① 鲁静. 思维创新在高校英语教学中的应用［M］. 长春：吉林人民出版社，2020.

过程中，教师和学生间的互动成为教学成功的关键。通过有效的教学策略和技术应用，教师可以全面激发学生的学习兴趣，培养他们的自主学习能力，同时帮助学生建立全球视野，为其未来的学术发展和职业生涯打下坚实的基础。

（二）易与高校英语教学混淆的有关概念

为了深入、细致、透彻地理解高校英语教学的内涵，有必要对“高校英语教学”“专业英语教学”“双语教学”“公共英语教学”这几个容易混淆的概念进行区分。在探讨有关概念之前，首先要对它们有整体的认识。在中国高校英语教学中，“高校英语教学”“专业英语教学”“双语教学”构成了英语教学的三大部分。高校英语教学，作为通用英语教学的一种形式，其主要目标在于培养学生的英语交际能力。英语交际能力不仅包括利用各种语言手段和非语言手段实现交际目的的能力，也反映了学生的整体素质。具体到教学实践本身，高校英语教学涵盖听、说、读、写、译等多方面的英语语言综合运用能力。对易与高校英语教学混淆的有关概念，分析如下：

1. 大学专业英语教学的内涵

在高校教育中，为了实现培养具备外语和专业能力的复合型人才的目标，仅仅依靠英语教学是不够的。随着社会对复合型人才需求的增加，“专业英语”教学应运而生。“专业英语”也被称为“学科专业英语”，指与特定学科专业相关的英语教学。例如，“计算机专业英语”“旅游专业英语”等教学，具有强烈的专业性特点，最明显的表现是其中单词和词组的专业化。在专业英语中，许多词汇和短语与高校英语基础课程中的含义存在显著差异。专业英语的一个显著特征是，尽管它围绕特定专业的英语进行教学，但并非专注于专业本身，因此它仍然属于语言教学的范畴。高校英语教学是专业英语教学的基础，而专业英语是高校英语教学的延伸和扩展，它代表了从培养学生的英语基础能力向培养学生的应用技能的过渡。专业英语教学注重将语言技能与专业知识相结合，旨在使学生能够在特定专业领域中有效地使用英语，使学生不仅能够提升自己的英语水平，还能更好地理解和运用专业知识，从而成为具备跨学科能力的复合型人才。此种教学模式对于学生的未来职业生涯和学术发展具有重要意义，为他们在全球化的工作环境中竞争和合作提供了必要的工具及技能。

2. 大学双语教学的内涵

高校双语教学，从本质上看，不是传统意义上的语言教学，而是一种特殊的教学形式，主要目的是通过教学促进学生的全面发展，但前提是学生具备一定的学科知识和英语基础。双语教学在国内外文章和权威出版物中有着不同的定义，国内一些学者对“双语教学”有更广泛的定义，即在教学过程中使用两种语言，而不仅仅是将某一种语言作为单独的学科教学。简言之，双语教学是同时使用两种不同语言作为教学媒介的教学活动。在我国的高等教育体系中，双语教学通常指汉语（作为母语）和英语（作为第二语言）交替进行的专业教学模式，旨在帮助学生使用两种语言掌握相关学科的概念、方法和理论，同时能用两种语言进行思考和表达。然而，在当前我国高校英语教学中实施双语教学，应该建立在基础英语教学和专业英语教学的基础上，并且学生的英语水平对双语教学的成败有着至关重要的作用。双语教学应根据具体教学实际采用有效的教学方法，避免简单照搬或机械模仿基础英语教学和专业英语教学的做法。

3. 大学公共英语教学的内涵

高校公共英语教学，通常被称为高校基础英语教学，是中国高等教育体系的重要组成部分，长期以来主要由高校的外语系或部门负责，重点在于夯实学生的英语语言基础。为了更清楚地理解高校公共英语教学的特征，我们需要对其进行具体的分析。高校公共英语教学的主要教学对象是非英语专业的学生，以语言教学为核心，目的是提升所有学生的英语水平，为他们未来的学术研究和职业发展奠定语言基础。高校公共英语教学的目标是提高学生的英语水平，根据高校英语教学大纲的要求，主要教学要求是掌握英语语言共核。英语语言共核指广大说某一语言的人群普遍使用的，不受教育程度、地域、话题或社会地位等因素影响的语言部分，此部分语言在词汇、语法和语用功能上的差异不明显，是所有学习者都应掌握的基础。

高校公共英语教学内容广泛且多样化，旨在提升学生的听、说、读、写、译等各项语言技能。教学内容的选择和安排都是为了达成这一目标，通常涵盖广泛的主题和题材。高校公共英语教学承担了部分通识教育内容的课程，根据通识教育的要求，在内容上提供均衡、广泛的多学科知识。中国高校公共英语教学实施时间较长，积累了丰富的教学经验，为教学的有效进行提供了重要参考。高校公共英语教学不仅着重于知识和技能的传授，还承担着培养学生正确的文化价值观，将他们培养成高素质人才的重要职责。

二、高校英语教学的方式梳理

（一）任务型教学法

任务型教学法（Task-Based Language Teaching）是一种在高校英语教学中应用广泛的教学策略，通过为学生提供实际的语言应用任务而促进学习。在任务型教学法中，教师设计并分配具体任务，要求学生利用英语完成任务。任务型教学法特别强调学生的主动参与和合作，旨在激发他们学习英语的兴趣。任务通常是基于真实场景或情境设计的，例如，学生可能被分组以参与辩论或角色扮演活动。通过有关活动，学生可以在模拟的或真实的情境中使用英语，从而将语言学习与实际应用相结合，帮助学生更好地理解语言在不同情境中的使用，提高了他们的语言表达和沟通能力。任务型教学法的另一个优点是鼓励学生进行团队合作，培养他们的团队协作能力和解决问题的能力。在完成任务的过程中，学生需要相互交流意见、共享信息，从而在合作中提高自己的语言能力。[①] 同时，任务型教学法还能够帮助学生增强解决实际问题的能力，提升他们对语言学习的投入和参与感。

（二）课堂互动教学法

高校英语教学中的课堂互动教学法（Interactive Teaching Method）以师生互动作为促进学习的核心机制，在课堂互动教学模式下，教师的角色不再是单纯的讲授者，而转变为引导学生进行讨论和思考的促进者，使课堂成为一个更加活跃和互动的学习环境。在互动教学的课堂上，教师可以提出问题，激发学生的思考，并鼓励他们积极回答和参与讨论。学生也被鼓励提出自己的问题，与教师和其他

① 韩俊秀，吴英华，贾世娇. 任务型学习法与高校英语教学［M］. 广州：广东旅游出版社，2019.

同学进行讨论和交流。双向或多向的互动形式不仅增强了学生的思维能力和语言表达能力，还有效激发了他们对学习的热情。课堂互动教学法的优势在于它能够促进学生主动学习，通过讨论和交流，学生能够更深入地理解和掌握英语语言和文化，还有助于培养学生的批判性思维和解决问题的能力，使他们能够在实际应用中更有效地使用英语。课堂互动教学法有利于建立积极的师生关系，促进师生之间的相互理解和尊重。在师生互动的课堂氛围中，学生更愿意分享自己的想法和观点，增强了课堂的活力，提高了学习的互动性和趣味性。

（三）多媒体教学法

高校英语教学中的多媒体教学法（Multimedia Teaching Method）结合了现代技术设备的优势，使用投影仪、电脑等，将图像、声音和文字等多种信息形式融合在一起，为学生提供了一个丰富多元的学习环境。教师应用多媒体教学法，能够利用多媒体资源，如图片、视频、音频等，使得教学内容更加生动和直观，从而帮助学生更加深入和全面地理解及掌握知识。多媒体教学法的优势在于它能够激发学生的学习兴趣，通过视觉和听觉的双重刺激，学生更容易被吸引并保持对学习内容的专注，使得英语学习不再局限于传统的教科书和黑板，而是变得更加生动和实际，有助于提高学生的语言学习效率。多媒体教学法还有助于提高课堂的互动性和参与感，例如，教师可以使用互动软件进行语言游戏，或者利用网络资源进行实时的语言练习和文化探究，鼓励学生主动参与和探索，从而提高课堂的整体效果。多媒体教学法还培养了学生运用技术进行英语学习的能力。随着技术的不断发展和普及，能够熟练地利用技术资源学习英语成为一项重要的技能。学生通过对多媒体教学法的学习，不仅提升了英语能力，还增强了对现代信息技术的理解和应用能力。

（四）个性化教学法

高校英语教学中的个性化教学法（Individualized Instruction）强调根据每位学生的不同水平、学习风格和需求来实施教学，其核心在于因材施教，即通过采用个性化的教学策略和手段，以满足学生各自的学习需求。

在实施个性化教学时，教师可以采取多种方式，包括分层次教学、一对一辅导、促进学生的自主学习等。例如，教师可以根据学生的英语水平划分不同的学习小组，设计不同难度的教学内容和活动，从而确保每个学生都能在适合自己能力水平的环境中学习。通过个人辅导，教师能够针对学生的具体问题提供更加精准的指导和帮助。同时，鼓励学生自主学习，培养他们独立解决问题的能力，提升自学能力。个性化教学法的优势在于它能够充分考虑到每位学生的具体情况，更好地关注和促进每位学生的发展及进步。学生不再是被动的知识接受者，而成为积极参与学习过程的主体。个性化教学方法能够更好地激发学生的学习兴趣，提高学习效率。个性化教学法通过提供适合每位学生的学习材料和活动，使学生能够在自己的兴趣和强项领域里更深入地学习和探索，有助于培养学生的批判性思维和创造性思维能力，从而促使学生在英语学习上取得更好的成绩，还能够为他们未来的学术和职业生涯打下坚实的基础。

（五）社团语言学习法

社团语言学习法由美国的 Curran 在 20 世纪 60 年代提出，将外语学习比喻为人们在心理咨询过程中寻求医生帮助的经历。该方法强调成年人在学习外语时面临的挫折和困难，以及同伴的支持和协助在帮助他们克服有关问题方面的重要性。在社团语言学习法中，教师的角色被看作一个协助者和鼓励者。教师的任务是提供积极的支持，鼓励学习者克服语言学习中的困难，就像心理医生在咨询过程中支持和协助患者一样。该方法强调学习者间的互动和合作，通过组成学习社团而共同面对挑战。社团语言学习法的理念是，学习外语是一个团队合作的过程，学习者需要互相鼓励和支持，共同克服语言学习的困难。

社团语言学习法在外语教育中引入了心理咨询理论和方法，重新定义了教师和学生在课堂上的角色。它将教师视为顾问，学生为咨询者，强调了彼此间的信任和支持关系。在社团语言学习法中，教师的任务是创造一个安全的学习环境，使学生感到自由并能够直接参与语言学习和思想交流。此种环境有助于学生克服语言学习中的困难，并建立自信心。教师需要重视学生的情感因素，帮助他们认识和接受自己，促进全人教育的理念，培养学生的个人潜能。社团语言学习法强调学习是学习者个人发展的过程，教师的角色是为学生提供支持和服务，帮助他们实现学习目标，鼓励学生积极参与学习过程，倡导教育是一个全面的体验，不仅仅是知识的传递，还包括情感、认知和个人成长的方面。

（六）全身反应法

全身反应法是一种语言教学方法，由美国心理学教授 James Asher 在 20 世纪 60 年代提出，强调了情感因素在语言学习中的关键作用，并通过将语言与身体动作协调结合来教授语言。在全身反应法中，Asher 强调情感因素对语言学习的重要性，采用一种不要求学生过多语言输出且具有游戏性质的教学法，可以减轻学生的心理压力，培养他们在愉快的学习氛围中学习的情绪，从而提高学习效率。全身反应法注重学习的积极情感体验，使学习变得更具吸引力和有趣。在全身反应法中，语言和动作紧密结合在一起。教师会口头发布指令，而学生根据指令做出相应的身体动作，并回应教师的指令，有助于减轻学生在语言输出方面的压力，因为指令可以涵盖各种句子结构和词汇，学生在行动中不仅能够实践语言，还能够学习新的词汇和语言结构。

在全身反应法中，学生的任务主要包括听和做两个方面。他们在教学过程中扮演着听众和演员的角色，因此需要认真聆听每个指令，以确保能够准确地做出身体上的反应，虽然被要求积极参与，但他们不能控制或左右课堂教学的内容，因为教师扮演了导演的角色，具有指导和引导的作用。教师对教学有着积极和直接的影响，在课前，教师需要认真做好备课工作，准备适当的指令和活动，以确保教学的顺利进行。教师的指导和反馈对学生的学习至关重要，他们需要确保学生能正确理解和执行指令，同时，鼓励学生积极参与。然而，全身反应法也存在一定的局限性。具体而言，它更适用于初级阶段的外语教学，因为它主要侧重于基本词汇和语法的教学，不适用于复杂的、难度较大的语言教学。此外，该教学法的有效性还需要更多的教学实践来证明，因为不同学生和不同语言学习环境可能会产生不同的效果。

（七）双重活动教学法

王才仁和曾葡初（1999）提出的双重活动教学法在中国英语教学领域引起了广泛的关注和实践，双重活动教学法强调教学的本质是人与人之间思想、感情和信息的交流，将交际视为教学的核心。[①] 双重活动教学法的核心理念是将知识从一种自然语言的运用事实转化为学习者的知识，然后将知识转化为言语行为，使其能够在实际交际中应用。在双重活动教学法中，教材编者的任务是将自然语言的使用实践转化为教材中的知识，需要将实际语言应用情境转化为教材中的语言材料。教材应能够激发学生的兴趣，帮助他们积极参与语言学习。另外，教师的任务是将教材中的知识转化为学生的言语行为。教师需要引导学生进行有效的语言输出，帮助他们将学到的知识运用到实际的交际中，包括口语、听力、阅读和写作等方面的语言技能。

外语教学是一个复杂的系统，包括教学目的、主体、客体、管道、环境和交际六个因素。在此系统中，双重原则体现为每个因素都具有双重属性，形成了六项双重。这些双重原则利于打造有效的外语教学，并要求教师在教学中灵活运用有关原则，强调交际，以促进学生的语言学习和发展。教学双目的强调外语教学的双重目标，即培养学生的交际能力和提高学生的素质。这两个目标不是相互独立的，而是相互关联的。教师需要通过情景交融的活动将两个目标结合起来，使学生在交际中提高素质。教学双主体指教师和学生，教师在教学中扮演多种角色，学生需要积极主动地参与学习活动，教师和学生之间建立积极的互动关系，充分发挥双方的主体作用。外语双信息涉及信息的观念性和物质性，学习外语不仅涉及语言规则的学习，还包括语言使用能力的培养，学生需要同时掌握语法规则和实际语言运用能力。输入双管道强调学习是一个主动建构的过程，个体通过与外界刺激的相互作用来建构知识。学习者需要不断地与外部刺激互动，同时根据自己已有的认知结构来理解和吸收新知识。输出双环境指输出受外部和内部环境的制约，外部环境包括语言交际的环境，内部环境是学生通过学习建立的信息库，两个环境都会影响学生的语言输出。交际双层次强调了教学中的交际活动应在内容层次和情感层次上展开，教师需要尊重学生的情感和人格，与学生建立良好的沟通关系，形成和谐的课堂氛围。

---

① 王才仁，曾葡初. 英语双重活动教学法——中国特色的外语教学法［M］. 南宁：广西教育出版社，1999.

（八）合作型教学法

合作型教学法是一种在语言学习中广泛应用的方法，它强调学生间的合作学习和互相协作。合作型教学法在 20 世纪 70 年代首次出现，但在 80 年代中期得到了实质性发展。在语言学习中，创造适当的语境至关重要，而合作学习为学生提供了这样的机会，他们可以共同创造语境，同时锻炼各种合作技能。在当前的英语教学中，特别是口语教学中，小组合作学习已经变得非常普遍。教师和学生广泛使用小组讨论、辩论等活动促进语言学习，有助于学生在语言交流中更好地理解和运用所学知识，提高他们的口语表达能力。

合作学习是一种教育方法，它的起源可以追溯到 20 世纪 70 年代，由美国教育家戴维·康特斯（David Koonts）首次提出[①]。随后，合作学习受到了许多学者的广泛推广和研究，其中，约翰逊兄弟（D.W. Johnson & R.T. Johnson）是合作学习的典型代表人物。合作学习是通过小组活动来促进学生自己和他人的学习的教育方法，强调学生在小组中协作，共同努力实现共同的学习目标。斯拉文（R.E. Slavin）进一步提出，合作学习是一种课堂教学技术，其中，学生在小组中学习，并根据整个小组的表现获得奖励或认可。美国学者杰克布斯（George M. Jacobs）等指出，合作学习是一种原理和方法，可以帮助学生有效地协同努力。简言之，合作学习强调学生间的协作和共同学习，以达到共同的学习目标。

合作型教学法强调学习者间的合作，为学习者提供了共同学习的环境，鼓励他们相互合作并完成任务，从而实现个人学习效果的提高和团体学习目标的达成。在运用合作型教学方法时，教师通常以小组为基本形式，促使小组内的成员间以及不同小组间进行沟通与交流，以共同达成小组的学习目标，并将小组的总成绩作为评价和奖励的依据，有助于培养学生的协作能力和团队意识。学生在小组内互相合作，分享想法和资源，共同解决问题，这不仅有助于他们更好地理解课程内容，还能够提高他们解决问题的能力。合作型教学法可以激发学生的积极性和参与度，因为他们知道自己的表现将直接影响到小组的成绩。教师在合作型教学

① 王桂华. 合作学习的理论与实践［M］. 徐州：中国矿业大学出版社，2007.

法中主要是引导者和组织者的角色，他们需要设定明确的小组任务和目标，监督小组的进展，提供必要的支持和反馈。通过精心设计的小组任务，教师可以促使学生积极参与，发挥他们的潜力，并培养他们的团队合作能力。

在英语教学中，合作型教学法是一种有效的方法，但教师需要注意几个关键问题以确保其成功实施。①分组是合作型教学法的关键环节，教师需要谨慎选择分组的方式。分组应该考虑学生的语言水平、学习风格和性格特点，以确保每个小组都是协调的。教师可以根据学生的背景知识和能力水平来组建小组，以便他们可以相互补充和合作。②合作型教学法包括各种小组活动，如话题讨论、角色扮演、切块拼接和小组竞赛等。教师需要灵活地组织有关活动，确保每个小组成员都能积极参与并意识到他们的行为会影响整个小组的表现。教师可以为每个小组分配具体的任务和角色，以促使他们协同合作完成任务。③评价是合作型教学法中的重要环节，教师需要采用科学的评价方法来衡量学生的表现。一个常见的评价模式是（A+B+C）+x，其中，A 表示合作小组成员的组平均成绩，B 表示每个小组成员的个人进步分数的组平均成绩，C 表示合作小组参与平时课堂活动的平均成绩，x 表示某个成员某次考试的原始成绩，综合评价模式可以全面衡量学生的学术表现和合作能力。然而，教师应根据具体情况决定是否同时采用 B 和 C，或者只采用其中一个，以便更好地评估学生的综合能力。

（九）五步教学法

五步教学法在我国外语课堂教学中被广泛采用，它将每节课的教学任务分为三个方面：复习已学内容、教授新知识和开展练习活动。通常，这三个方面需要在课堂中经过五个步骤完成，每个步骤都要求教师扮演不同的角色和发挥不同的作用。

第一步，教师需要进行复习。在此阶段，教师的角色类似于一个导演或组织者，他们需要回顾之前教授的内容，帮助学生回忆并巩固已学知识。

第二步，教授新知识的阶段。在这一步，教师扮演了讲解者的角色，他们需要清晰地传授新的语言知识给学生。

第三步，开展练习活动，让学生应用他们所学的知识。在此阶段，教师的角色类似于一个监督者或评判者，他们需要引导学生完成练习，并评估他们的表现。

第四步，教师需要组织各种形式的活动，以帮助学生进一步巩固和运用新知识。该阶段要求教师扮演组织者和引导者的角色，确保学生积极参与课堂活动。

第五步，教师需要对学生的表现进行评分和反馈，并引导他们强化记忆。该阶段要求教师扮演评判者和引导者的角色，以确保学生获得及时的反馈和指导。

（十）外语立体化教学法

外语立体化教学法是在20世纪80年代中期由张正东（1999）提出的教学方法，它强调根据实际教学情境的不同，采取不同的教学策略①。外语立体化教学法的哲学思想是根据环境的特点，扬长避短，以满足学生的学习需求。外语立体化教学法将教学的主体、客体和环境组合成一个立体结构，主体包括学生和教师，客体是教学内容，环境包括教学条件和文化背景。外语立体化教学法强调了跨国文化的重要性，认为学习外语不仅要了解目标语国家的文化，还要注重本国文化，并结合经济发展情况来制定教学目标。从主体上看，外语立体化教学法考虑到了学校外语课的特点，认为这种学习通常是认知性的学习，而非习得，因此教学应注重培养学生的语言结构知识，同时听说训练可以作为提升语言能力的一种方法，强调学生的思维水平与语言能力之间的关系，鼓励学生在学习外语时兼顾两者。从客体上看，外语立体化教学法关注了学生的学习需求，认为学生的思维水平已经超越了其语言能力，因此教学应根据学生的实际需求进行定制，包括语言结构的学习和听说能力的培养，同时充分考虑学生的个性差异，以满足他们不同的学习需求。在教学环境方面，外语立体化教学法强调母语特点和学校的教学条件，认为不同的外语教学目标需要不同的教学环境和方法。

外语立体化教学法追求广泛的适用性，其教学模式体现在“自学为主，听读先行；精泛倒置，知集技循；整体多变，用中渐准”的原则中，且此原则贯穿了教学环境与教学活动的制约思想，使该教学法具有广泛的适用性。外语立体化教学法强调“自学为主”，鼓励学生主动参与学习，培养他们的自主学习能力，符合

① 张正东. 外语教育学［M］. 北京：科学出版社，1999.

现代教育理念，让学生在学习中发挥更大的主动性和创造性，适用于各个年龄段的学生。“听读先行”强调了听力和阅读的重要性，该原则适用于各种外语教学情境，无论是初学者还是高级学习者，都需要通过听力和阅读来积累语言知识和提高语言技能。“精泛倒置”意味着在教学中要注重基础知识的掌握，并注重知识的应用和实际运用，适用于各种教学内容，确保学生既建立坚实的语言基础，又能够应对实际语言运用的需求。另外，“知集技循”强调了知识、技能和方法的综合运用，适用于培养学生的综合素质，不仅包括语言技能，还包括思维能力、创新能力等方面的发展。而“整体多变，用中渐准”反映了教学方法的灵活性。外语立体化教学法鼓励教师和学生根据具体情境来选择合适的教学模式，从而使教学更加有针对性和有效性。

（十一）认知教学法

认知教学法，又称为认知—规范法，是一种重要的教学方法，早在美国卡鲁尔（Carroll）提出时就开始产生影响。认知教学法受到了一些重要理论的影响，包括乔姆斯基（Chomsky）的转换生成语法和布鲁纳（Bruner）的认知结构论。乔姆斯基的转换生成语法理论指出，语言具有两种结构，即表层结构和深层结构，其中深层结构对表层结构具有决定性作用。该理论强调了语言学习的智力活动性质，认为理解深层结构是语言学习的关键。布鲁纳提出的认知结构论强调学生掌握知识的基本原理，可以更容易地记住和应用知识，甚至可以再生新的知识。该理论侧重于知识的组织和理解，对于语言学习和教学具有重要意义。认知教学法将语言学习看作智力活动，强调智力在语言产生和学习中的重要性。智力与语言间存在紧密的关系，智力在语言的产生、理解和运用中发挥着关键作用。因此，在语言教学中，智力是不可或缺的要素。

儿童学习语言的天赋是显而易见的，他们之所以在学习语言方面表现出快速和高效的能力，部分原因是大脑的生物进化和普遍语法的存在。人类大脑经过亿万年的演化和发展，已经形成了独特的智力功能，包括思维和语言学习。儿童在学习语言时，可以利用他们大脑中潜在的普遍语法来帮助理解和学习语言。普遍语法是认知教学法所强调的重要概念，它指的是儿童大脑中存在的一种语言体系，可以帮助他们认知语言和发现语法规律。儿童将所听到和看到的语言现象归因于普遍语法的体系，使他们能够迅速而牢固地学习语言。认知教学法认为，虽然任何语言中的句子都是无穷无尽的，但学习过程中，儿童可以理解和应用从未学过的句子，表明智力或语法在发挥作用。在英语教学中，认知教学法强调理解和学习语法的重要性。与单纯的机械操练和培养语言习惯相比，认知教学法更注重学生对语言结构和规律的理解。它鼓励学生积极思考和分析语言，而不仅仅是机械地重复和记忆。此外，认知教学法不反对使用本族语与翻译，因为这有助于学生理解和比较不同语言间的差异，从而更好地掌握英语。

认知教学法强调操练在外语教学中的作用，它并没有将操练排除在教学过程之外。相反，认知教学法认为操练是发挥智力功能的一种关键方式。在外语教学中，教师应该采用一种有意识的方法，先让学生理解所学的材料，然后掌握其规律，以便能够在学习语言时做到“举一反三”，从而提高英语学习的效率。此种操练过程是由智力指导的，它强调了知识的逐步积累和应用。教学过程可以被描述为从知识的理解开始，然后是知识的形成，最终达到知识的运用。这意味着学生不仅仅是被被动地教导（Passively Taught），而是被鼓励积极地思考、分析和应用所学的知识。在这一操练过程中，出现一些语言错误是不可避免的，但并不是坏事。认知教学法认为，通过错误，学生可以更好地理解和记忆语言的规则及结构。错误是学习的一部分，通过纠正和改进，学生可以不断提高他们的语言技能。

认知教学法强调了儿童利用其学习语言的天赋才能，以及头脑中潜在的“普遍语法”来学习语言。同时，它认为学生可以通过掌握他们的本族语和本族语语法学习外语。在本族语方面，认知教学法注重通过对比和分析本族语与外语间的异同，以确定学生在外语学习中的重点和难点，并建立外语教学方法的体系。该方法的核心理念是，学生可以利用他们已经掌握的语言知识和语法规则来帮助他们学习一门新的语言。通过对比不同语言的结构和规则，学生可以更好地理解外语，找到两种语言之间的联系和差异。而对比分析有助于确定学生在外语学习中可能遇到的困难，并为教师提供了指导学生的方法和策略。

认知教学法具有四个主要特点，它们对语言学习的理念和方法产生了深远影响：①认知教学法注重培养学生的语言交际能力，强调不仅要教会学生掌握语言的规则和结构，还要确保他们能够有效地运用语言进行交流。该特点反映了认知教学法的主要目标，即帮助学生在实际情境中运用所学语言，而不仅仅是理论性的语法知识。②认知教学法同等重视口语和书面语，认为口语和书面语都是语言学习的重要组成部分，因此应该平衡并关注这两个方面，有助于学生全面发展他们的语言能力，不仅可以用语言书写，还可以进行口头交流。③认知教学法以学生为中心，强调教师应该关注学生的个体需求和学习风格，根据他们的差异性制订教学计划，促使教育者更好地适应学生，并提供有针对性的教育，以提高学习效果。④认知教学法容忍学生的错误，认为错误是学习的一部分，学生通过犯错可以更好地理解和记忆语言规则。因此，教师应鼓励学生勇敢尝试，不要害怕犯错误，因为犯错是学习的过程。

在运用认知教学法时，教师可以遵循以下步骤：①语言理解。学生应理解教师提供的外语材料，包括语言规则、结构和用法，语言能力培养。学生在理解语法规则的基础上，通过有意识、有组织、有意义的操练来培养语言能力。②语言运用。在此阶段，学生通过各种交际性练习，培养运用语言进行听、说、读、写的能力，特别是实际交际的能力。需要注意的是，认知教学法对语音和语调要求的严格程度稍低于其他方面，因为它更加关注规则的指导和成人学习外语的特殊性。然而，这并不意味着忽视了语音和语调的重要性，而是更注重学生的理解和自主学习能力。

（十二）听说教学法

听说教学法，最早由美国语言学家建立，重视听和说能力，围绕句型学习语言，通过对比结构来确定难点，反复操练以形成语言习惯。听说教学法强调口语教学，其教材通常以对话为基础，因此对话教授是听说教学法课堂的主要活动。听说教学法注重听和说的能力培养，旨在让学生能够流利地用外语进行口头交流。教师通常会引导学生聆听和模仿标准发音，以帮助他们提高听力理解和口语表达能力。听说教学法侧重于句型的学习，学生通过学习常用的语言句型来构建语言能力，有助于学生更好地理解语言的结构和用法。教师在听说教学法中通过对比不同语言结构来确定学生的难点，以便有针对性地进行教学，从而提高学生的语言分析能力和解决问题的能力。听说教学法强调反复操练，目的是让学生形成语言习惯。学生通过反复练习口语表达和听力理解，可以更加自然地运用外语。在英语课堂上，为了使对话更加生动和活泼，教师采用多种形式进行表演，以帮助学生更好地理解对话内容。通常，教师会进行两次对话表演，目的是让学生更深入地理解对话情境。然后，教师会引导学生一句一句地模仿和跟读对话内容。当遇到较长的句子时，教师会使用逆向组句法训练学生掌握复杂句子的结构。通过多次的模仿和跟读，学生逐渐能够背诵对话。接着，教师会组织学生进行句型操练，以帮助他们掌握句型的应用。句型操练包括两种主要形式：替换单词和句型转换。替换单词要求学生不仅会说一种句子，还会根据情境替换单词，例如将“I’m going to the military museum”中的地点词替换成其他地点词。句型转换是让学生将肯定句变为否定句、将陈述句变为疑问句、将两个简单句合并成复合句等，以提高语言的灵活运用能力。句型操练结束后，教师会布置阅读和书写练习，以巩固学生的听和说能力。通过阅读练习，学生可以进一步理解语言材料，通过书写练习，他们可以将口语表达转化为书面表达，从而全面提升英语语言技能。

尽管听说教学法在英语教学中具有一定的优点，但也存在一些缺陷。听说教学法往往显得机械和单调，不够富有趣味性，难以激发学生的学习兴趣，可能导致学生对学习英语产生抵触情绪。听说教学法过于强调听说能力的培养，而相对忽视对学生阅读和写作技能的培养，可能导致学生在其他语言技能方面的发展受到限制，无法全面提高英语语言能力。听说教学法在句型操练方面的重点往往与实际语言内容脱离，缺乏社会语境的支持。这种偏向句型练习而非真实语境的教学方式，可能对学生的交流能力培养产生不利影响，使他们难以在实际沟通中灵活运用所学知识。

（十三）视听教学法

20 世纪 60 年代诞生了视听教学法，这是一种借助视听手段进行教学的方法。它的理论基础根植于行为主义心理学，将英语学习过程概括为“刺激—反应—强化”，即通过幻灯图像和英语录音来刺激学生的视听感官，学生做出模仿反应，并通过反复强化训练，形成语言习惯。视听教学法有几个显著特点，它强调视听并用，将语言和情景相结合，学生不仅通过听和说学习语言，还通过观察和视觉感知能理解语言的使用环境。视听教学法的教学基础建立在整体结构之上，教材和教学内容被组织成一个整体，以确保学生能够全面理解和运用语言，而不仅仅是零散的词汇和句子。视听教学法以日常生活情景对话为教学的核心，通过展示日常情境中的对话以及交流，学生能够更好地理解语言在实际应用中的用途，从而更自然地运用所学语言。

视听教学法的教学步骤分为四个主要阶段，每个阶段都有其特定的目标和方法，以帮助学生更好地掌握英语语言。

首先是感知阶段，该阶段旨在通过视听手段让学生感知课文内容。教师使用幻灯片或电影构建情境，并配合录音介绍课文内容。学生需要同时观看图像、听录音，并跟随录音逐句进行重复训练，从而提高他们的听力能力和外语记忆能力，该阶段的关键是让学生理解文章的大意。

其次是理解阶段，学生在该阶段需要通过图像和录音的讲解来更深入地理解课文内容。教师会解释课文，并根据图像向学生提出问题，学生需要结合图像和所听到的内容来回答问题，该阶段的目标是确保学生对课文的内容有清晰的理解。

再次是练习阶段，学生需要模仿录音中句子的发音、语调和节奏，并通过逐句的重复来熟记课文中的句子。教师会组织学生完成适量的练习，培养他们在课文题材范围内进行对话和口语表达的能力，该阶段旨在让学生能够自如地运用所学语言。

最后是活用阶段，在学生已经掌握了基本技能的基础上，需要培养他们自如地运用语言的能力，包括在不同情境下灵活运用所学语言，进行实际的交流和表达。然而，视听教学法也存在一些缺点，如过分注重整体结构，忽视对语言的分析讲解和训练，可能导致学生对语言的深入理解不足。视听教学法强调将情景作为选择和安排语言材料的线索，虽然有一定好处，但情景常常是虚拟的，不能满足学生实际交际的需求。

（十四）交际型教学法

交际型教学法，又被称为功能法或功能意念法，20 世纪 70 年代初期在欧洲共同体国家首次出现，该教学法的理论基础是由海姆斯（Dell Hymes）提出的交际能力理论（Communicative Competence）。交际能力理论的核心观点是从语言交际的角度解释语言的本质，认为交际是在特定语境中进行的，涉及说话者与听话者、作者与读者之间的意义转换。海姆斯的观点强调语言与社会文化的紧密联系，认为语言研究不应仅仅局限在语言句子结构上，而应将其置于真实的社会环境中进行研究，并考虑语言的社会文化现象。进一步发展交际能力理论的是纳尔和斯温（Canale & Swain，1980），他们从语言教学的角度对交际能力进行了解释，并将其概括为四种要素：语法能力、社会语言能力、语篇能力和策略能力。①语法能力涵盖了对语言规则知识的掌握，这是语言学习的基础，包括了词汇、语法、句子结构等方面的知识。②社会语言能力涵盖了目的语言社会文化的知识，包括习俗、礼节、社会规范等，以及在不同社会语言环境中恰当地理解和表达语言的能力，这方面的知识对于真实的社交和交际至关重要。③语篇能力涉及根据不同的语境和题材，将语言形式和语言意义结合起来，形成统一的口语体或书面体，涉及对话题、语境和句子结构的灵活运用。④策略能力指交际者为了有效地完成或提高交际效果而采用的各种方法和技巧，包括理解对方意图、处理交际中的困难和障碍等方面的技能。

交际型教学法的主要特点为：强调了教学过程的交际化、教学内容的真实性以及教学环境的真实性。交际型教学法强调教学过程的交际化，教学活动应该注重学生间的交流和互动，而不仅仅是传统的教师授课。学生应该有机会使用所学的语言进行真实的交际，有助于他们在实际情境中应用语言技能。交际型教学法强调教学内容的真实性，教材和教学活动应该反映真实的语言使用情境，包括社交、工作、日常生活等方面的情境，有助于学生学习实际可用的语言，而不仅仅是理论性的语法规则。交际型教学法重视教学环境的真实性，教师应该创造出一个真实的语言环境，使学生感到他们正在使用语言进行交流和互动，可以通过模拟真实情境、使用真实材料以及与母语人士互动实现。

在实施交际型教学法时，教材是教学的基础，但教师应该在教材的基础上丰富课程的学习材料，可以通过引入来自不同来源的材料，如报纸、书籍、杂志、电视和网络素材实现。教师应该设计教学活动，模拟真实的语言环境，以便学生能够接触更真实的语言。交际活动是实现交际型教学法的关键，教师应该灵活地组织和开展各种交际活动，使学生有机会将所学的知识应用于实际情境中。在交际活动中，教师的角色是帮助学生将语言形式与语言意义相结合，以便他们能够有效地交流。尽管交际型教学法有很多优点，如培养实际交际能力和增强学生的兴趣，但它也存在一些缺点。它可能导致学生仅仅记住功能、情境和语言表达形式的对应关系，而缺乏深入的语言理解。它过于注重口头交际能力，可能忽视了对学生阅读能力的培养。除此之外，它可能使学生难以掌握目的语的语法体系，因此在语言学习的基础方面存在不足。

（十五）活动教学法

活动教学法是一种外语教学方法，事实上，它可以看作交际型教学法的一个分支。该方法的主要倡导者是哈默（Jeremy Harmer），他对外语教学进行了深入的研究和探讨，并提出把“平衡活动教学法”作为活动教学法。活动教学法的理论基础是交际教学原则，也是平衡活动教学法的基础。平衡活动教学法关注课堂活动的角度，即如何在这些活动中实现平衡。

在为课堂活动设计大纲时，教师应该考虑主题、话题和活动。主题可以进一步分解成多个话题，然后继续分解成适合学生水平的小话题，确保教学内容与学生的实际需求和兴趣相匹配。此外，活动的形式通常有三种：语言成分点及综合教学、以意义为中心的情景化活动，以及以语言使用为目的的交际活动。教师需要根据课程内容和学生特点选择适当的活动形式。活动教学法的教学程序具有很大的灵活性，不要求固定的教学步骤。因此，教师可以根据具体的课堂情况和学生反馈来安排教学活动，结合学生的需求和进展来调整教学进程，以确保教学的有效性和适应性。

第二节 当代高校英语教学的要素

一、教学目标要素

高校英语教学目标是将教学目的和人才培养目标具体化，教学目标确保教学活动有序运行，是实现学校人才培养目标的基础。根据不同的划分标准，教学目标被分为多种类型，以满足不同层次和方向的教育需求。从人力发展的角度看，可以将教学目标分成三种，如图 2–1 所示。

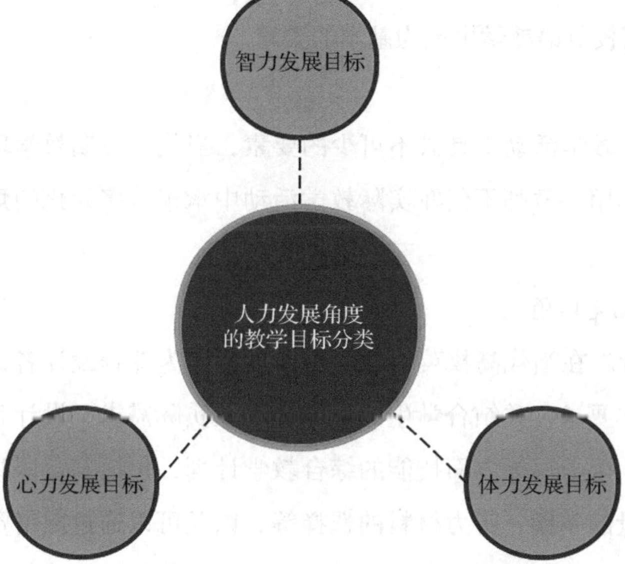

图 2–1 人力发展角度的教学目标分类

从课程角度分析看，可以将教学目标分成六种类型，如图 2–2 所示。从课程角度分类看，高校英语教学目标有效地反映了学校对教师和学生间、教师对学生以及学生自身在特定阶段和时间点上的基本任务、具体要求和预期的教学效果，从而明确教学活动的具体目标和方向。

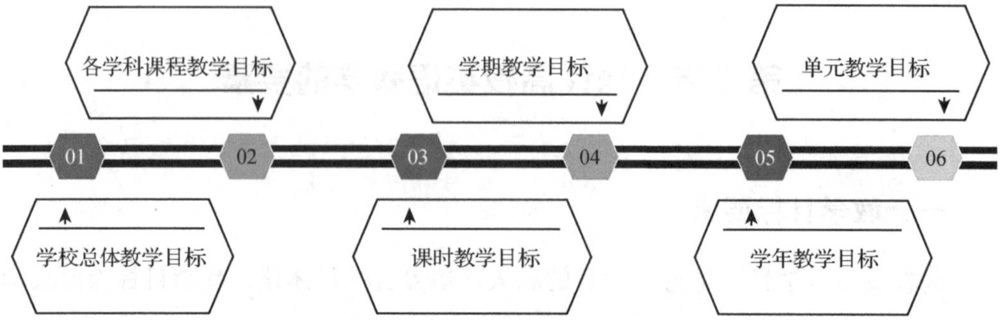

图 2-2　课程角度的教学目标分类

二、教学对象要素

教学主要涉及教师的“教”以及学生的“学”，所以，可以说教师与学生这两大对象是当代高校英语教学中最为基本的要素。

（一）教师

教师在实际教学活动中是必不可少的要素，当代新时期教学环境下，教师仍然发挥了主要作用。教师不仅在实际教学活动中承担着多元化的角色，还应具备较高的素养。

1. 教师多元化角色

（1）设计者。在当代高校英语教学中，教师作为课程设计者，他们需要根据教学大纲的具体要求，并结合学生的学习情况及实际需求，设计和制订出旨在培养学生听、说、读、写等方面技能的综合教学计划，包括确定课堂上需要完成的任务，如词汇量的掌握、听力材料的选择等，以及可以通过网络资源或课后自学完成的内容，进一步促使学生明确自己的学习方向和目标，确保他们在有效的时间内达成学习要求。高校英语教师需深入分析学生的专业需求，设计具体且切实可行的学习任务和方案，充分考虑学生在语言知识水平上的差异和个体差异，并根据不同学生的特点制定各阶段的学习设计，以优化学习效果，既包括选择合适的教学内容和步骤，还涉及确定相应的认知策略，创造有利的学习条件和氛围。事实上，将教学设计与学生学习需求有效结合是一项挑战，需要教师投入大量的精力去深入研究学生的学习风格、知识结构、学习意向和环境。此过程旨在实现以学生为中心的教学目标，培养他们的自主学习能力。通过一系列的教学方法，高校英语教师不仅能够有效实现语言知识传授，还将助力学生发展成为具有独立学习和思考能力的个体。

（2）合作者。在当代高校英语教学中，教师与学生间的关系正在发生转变，教师不再仅仅是知识的传授者，还是与学生共同构建学习的合作者。这意味着教师角色的转变，从传统的权威导向变为更加平等、民主的参与者，有助于消除学生与教师交流的心理障碍，建立平等的对话关系，促进双方的沟通和交流。教师与学生的合作关系适应了信息民主化和教育信息化的大背景，改变了教师的工作重点。教师的角色不再局限于信息的分发和传播，而是开始强调教学过程中的互动和参与。教与学间的界限变得模糊，教师和学生间的互换变得更加频繁。作为教学活动中的合作者，教师应构建一个平等、民主、合作的教室文化生态，应该创造一个和谐而融洽的学习氛围，鼓励学生自由表达和自主探究，从而形成一种相互尊重、相互影响、共享知识的教学环境。合作式的教学方法有助于促进学生的积极参与和创造性思维，为他们提供更多的机会去探索、质疑和创新。在合作的环境中，学生能够获得知识，并培养批判性思维和解决问题的能力。

（3）开发者。在当代高校英语教学中，教师除扮演设计者和合作者的角色外，还需担任资源开发者的重要职责。教师不仅要根据教学大纲、教学目标以及教材选择合适的教学媒介，还应积极开发、收集和整合教学资源，不断丰富和更新教学内容。这样一来，教师能为学生提供更多样化、丰富的学习材料和经验，使教学过程更具吸引力和有效性。

（4）评估者。在当代高校英语教学中，教师扮演着评估者角色，学生期望教师能够及时且有效地评估他们在学习过程中的表现，从而帮助学生清楚地认识到自己在学习中应注意的问题，并明确他们未来学习的方向。因此，高校英语教师作为评估者，其评估和判断对学生的学习发展具有深远的影响。进行评估时，教师应确保评价的客观性和公正性。由于大学生对教师的评价非常敏感，教师在进行评估时应尽量给予学生积极和正面的反馈。此种做法不仅有助于激发学生的学习热情，还能避免因评价过低而打击学生的积极性。同时，教师应给予学生更多的理解和关爱，帮助他们在面对挑战时保持积极态度。

2. 教师的素养要求

（1）系统化的专业知识。在当代高校英语教学中，教师应掌握英语语音、语调的标准化知识，深入了解英语语言、文学、文化等领域的内容，并扎实掌握词汇、语法、修辞和文体知识。高校英语教师应灵活运用教育学科的知识，包括现代教育思想和理念、教学方法、教学技术及教育理论等，为教师形成现代化的教育观念、教学观念、学生观念和人才评价观提供坚实基础。除此之外，高校英语教师还应对世界各国的历史、地理、社会制度、文化传统、价值观念以及政治结构等方面的知识有一定的了解，跨学科知识既能丰富教师的专业背景，还能帮助他们在教学中更全面地展示英语语言的多元文化特性。

（2）积极健康的身心素质。教育本质上是教师情感的传递和转化过程，高校英语教师既要具备专业知识，还应拥有积极乐观的心态和良好的身体状况，从而能够激情满怀地教授学生，传递更丰富充实的知识。作为当代的高校英语教师，应有热爱教育事业的职业理想和诲人不倦的道德情感。教师应成为学生的楷模，严于律己，展示良好的道德形象。拥有积极健康身心素质的教师能激发学生的奋进精神，营造轻松愉快的课堂氛围，更有助于学生有效吸收知识和掌握英语技能。同时，高校英语教师通常还负担着教学、科研和行政管理等多重任务。具备强大的身心素质和应对压力的能力，不仅有利于教师自身的健康，也使他们能以更充沛的精力投入教育教学活动中。唯有如此，才能更有效地实现高校英语教学的目标，培养出具备良好英语能力和跨文化交际能力的学生。

（3）科研创新素质。科研创新素质要求教师要站在学术前沿，要有意识地吸收和消化新知识、新理念，从而形成强大的学术更新和创新能力。例如，教师可以从现代语言学、语用学、课堂教育心理学等学科中掌握最新的学术知识和研究成果，经过长期积累，有机地整合到自己的研究中，形成以创新为核心的知识结构。高校英语教师应结合自己的教学经验和感悟，提炼出具有个性化和创新性的教学方法和教学风格，从而丰富教学内容，激发学生的学习兴趣和创造力，增强教学效果。通过不断的学术探索和实践，高校英语教师能够将最新的学术成果转化为教学实践，不断提升自己的教学水平。

（4）精湛的教学实践素质。当代高校英语教师需要对使用的教材体系有充分的了解，并能准确理解教材内容。他们应把握教学中英语知识和应用技能、学习策略、跨文化交际等主要内容的教学要求，以此培养学生的英语综合应用能力。教师需要具备优秀的教学设计和实施能力，根据教学目标设计合理的教学方案，并在实际教学中灵活应用。这要求教师将自己的专业知识、科学文化知识和教育科学知识与教学实践相结合，形成独特的专业知识结构和能力。教师应能对教学效果进行客观、公正的评价，并据此调整教学方法和内容，以满足学生的学习需求。除此之外，教师还应提升自己的专业技能，包括教学方法、课堂管理、学生评估等方面。他们需要对教材内容和学生的学习情况进行深入研究，制定适合学生的教学方案，并有效地实施一系列方案。

（5）熟练操作现代多媒体设备的素质。在当今科技迅猛发展的背景下，高校英语教师必须具备熟练操作现代多媒体设备的能力，根据现有教学条件和学生的实际需求，能灵活运用计算机、网络和教学软件等多媒体资源，使英语教学更直观、生动，帮助学生深入理解和掌握英语知识。教师应利用多媒体技术让学生“浸入”英语国家的语言和文化环境中，例如，利用网络资源引导学生了解不同文化背景，建立开放的认知和理解模式；指导学生使用与他们学习水平相匹配的英语学习网站，以增强对异域文化的理解，并促进英语学习。教师可以设计和开发与英语教学相关的交互性教学软件，将有关软件应用于教学中，为学生创造一个集知识性、趣味性和实用性于一体的学习环境。通过恰当运用现代教育技术和手段，教师可以更好地激发学生的求知欲和参与感，使学生在学习过程中体验到语言交际的真实性。

（二）学习者

学习者是诸多教学构成要素中最有影响力的一部分，在具体的英语教学实践中，学习者扮演着多重角色，并且具有个体差异。

1. 学习者的角色

（1）合作者。学生作为合作者的角色，他们需要与同学及教师紧密合作，共同参与课堂活动，不仅涉及课堂讨论和小组工作，还包括学习过程中的相互支持与帮助。学生可以通过互动，在交流中学习，共同进步。合作精神不仅有助于提升个人的语言能力，也促进了团队合作能力的发展，为实现共同的学习目标创造了有利条件。

（2）参与者。在高校英语教学中，学生是知识的接受者，更是教学活动的积极参与者。学生应以主动和积极的态度投身于各类教学实践，如课堂讨论、小组合作、演讲等，积极思考和勤于口头表达，还要在实际的学习活动中展现自己的能力。通过亲身参与，学生可以显著提升自己的交际、理解和协调能力，为未来在更广阔的领域内有效沟通和应对挑战打下坚实的基础。

（3）反馈者。学生的反馈为教师的教学方法、内容和策略的调整提供了重要依据。因此，学生应该积极、真诚地与教师交流自己的学习体验和感受。他们可以对教学方法的有效性提出建议或意见，帮助教师更好地理解学生的需求和反应，从而使教学过程更加符合学生的学习风格和需求。

2. 学习者的个体差异

教师的根本任务是培养学生，教师要深入理解并考虑学生的个体差异。教师需要选择与学生个人特点相匹配的教学材料和方法，并根据学生的特点制订适当的教学计划。了解学生的生理和心理发展规律，能使教师更有效地指导和支持学生的学习进程。适应学生的需求并调整教学方法，不仅能提高教学效果，还能促进学生的全面发展。

（1）智力因素。智力，作为认知能力的集合，涵盖观察力、注意力、记忆力、逻辑思维能力和想象力，是关键的学习和问题解决能力。加德纳（Gardner）的多元智力理论为高校英语教学提供了深刻的洞见，该理论认为，智力是在特定文化背景下解决问题或制作产品的能力，并将其分为八大类：逻辑数学智力表现为对数字和逻辑的敏感性，能进行连锁推理；自我认知智力能够理解自身情感，指导行为，并了解自己的优势和劣势；身体运动智力体现在对身体运动的控制能力和操作技巧；自然智力是对自然环境和生物种类的敏感性和辨别能力；空间智力指对视觉空间的精确感知和处理能力；交际智力是在理解他人情绪、动机和需求方面的敏感性和应对能力；音乐智力涉及创造和欣赏音乐的能力，对音乐表达方式的感受性；语言智力是对语言的声音、节奏和含义的敏感性，以及对语言不同功能的理解。

智力因素与学生的英语学习成就密切相关，尤其在词汇、语法、阅读和写作方面的学习中，智力的作用尤为明显。相比之下，智力对听力和口语的影响相对较小。高校英语教师在教学过程中需要注意到这一点，避免“一刀切”的教学方法，应基于学生的智力水平和学习需求，为他们定制合适的学习任务和要求。例如，对于在语法和写作方面表现出较高智力的学生，教师可以设计更复杂的语法结构和写作任务。而对于口语和听力较强的学生，可以通过更多的口语交流和听力练习来提升他们的能力。同时，教师需要认识到，智力并不是衡量学生口语能力的唯一或绝对标准。每个学生都有其独特的学习风格和能力，因此，高校英语教师在评估和教学过程中考虑个体差异，并实施差异化的教学方法，能够更有效地促进学生的语言学习，还能帮助他们发展全面的语言技能。

（2）语言潜能。语言潜能指个体在学习外语时的固有认知素质和能力倾向，语言潜能的分析有助于预测学生学习外语的潜在能力。外语学习能力主要涵盖四个方面：归纳性语言学习能力，指学习者对语言材料的组织和操作能力，它关系到语言规则的理解和应用；联想记忆能力，涉及新材料的吸收和同化，对词汇和短语记忆尤为重要；语法敏感性，反映了学习者从实际语言使用中推断语言规则的能力；语音编码解码能力，涉及对听觉输入的处理能力，对提高听力和发音准确性至关重要。高校英语教师应深入了解每位学生的语言潜能，以便更好地设计和实施教学策略。例如，对于具有较强归纳性语言学习能力的学生，可以提供更多的语法解析和规则归纳的机会。对于记忆能力强的学生，可以通过词汇记忆和短语练习来加强其语言学习。而对于具有较强语音编码解码能力的学生，可以通过听力练习和发音训练来提升其语言能力。

（3）认知风格。认知风格指个体在处理信息时所展现的习惯性行为模式，包括信息的接收、储存、处理、提取和应用等过程。每位学生都有自己独特的认知风格，影响着他们的学习策略选择和学习效率。认知风格影响学习策略的选择，例如，一些学生可能偏好视觉学习，他们通过图表、视频和图像等视觉信息学习效果更佳，而其他学生可能更倾向于听觉学习，通过讲座和讨论获得更多信息。因此，高校英语教师应识别每位学生的认知风格，并相应地调整教学方法，如结合视觉和听觉材料，以满足不同学生的学习需求。学生的认知风格与教师的教学风格及学习环境的匹配程度，直接影响学习成效。当教学方式与学生的认知风格相匹配时，学生更容易吸收和理解新知识。因此，高校英语教师应灵活运用多种教学方法，以适应不同认知风格的学生。

三、教学内容要素

教学内容要素是构建有效教学活动的核心，不仅涵盖了语言知识和技能，而且包括思想政治教育的方向，对学生德、智、体各方面的全面发展起着关键作用。教学内容要素包括国家规定的具体教学计划，该计划为英语教学提供了基础框架，确保教学内容的标准化和系统性，同时为学生提供了一个清晰的学习路线图。教学大纲是教学内容要素的重要部分，它概述了课程的主要目标和期望结果，为教师提供了教学内容的详细指南。教师通过遵循教学大纲，可以确保他们的教学活动与教育目标和学生的学习需求相一致。教材作为教学内容的实际载体，提供了必要的教学资源和材料，不仅包括必要的语言知识点，还包括各种语言实践活动，有助于学生将理论知识转化为实际应用。

四、教学环境要素

教学环境涉及的方面既广泛又复杂，包括物理环境、社会环境、技术环境及文化环境等多个层面。物理环境，如教室的布局、设备和整体氛围，对学生的学习态度和效率有显著影响。现代化的教学设施，如电脑、投影仪和互联网接入，为英语教学提供了更多的互动性和实用性。此外，一个安静、舒适且充满激励的物理环境可以促进学生的专注和学习兴趣。社会环境，包括学校文化、教师与学生之间的互动以及同学之间的关系，对学习过程同样至关重要。一个积极的社会环境，鼓励学生参与和合作，从而提升他们的交流能力和团队协作能力。随着信息技术的发展，多媒体和网络资源为英语教学提供了更广泛的学习材料和平台。通过网络教学、在线课程和各种教育软件，学生可以享受到更灵活、个性化的学习方式。一个包容和尊重不同文化背景的环境，不仅有助于提高学生对英语文化的了解和兴趣，还能促进跨文化沟通能力的发展。

五、教学评估要素

教学评估涉及对学生学业成绩的评定，还包括对教师教学质量、课程内容及其教学方法的综合评价。教学评估是一个包罗万象的过程，涉及多个教学要素，如教师和学生的表现、教学目标的达成程度、教学内容的适宜性、教学方法的有效性以及教学设施和环境的利用等。从学生的角度看，教学评估不仅关注他们的考试成绩，还包括他们在课堂参与、作业完成、小组项目以及实际英语使用能力等方面的表现。全方位的评估有助于了解学生的学习情况，指出他们的强项和待改进的地方。对于教师而言，教学评估是对他们教学方法和课程内容的反馈。结合学生的表现、学生和同事的反馈以及自我反思，教师可以对自己的教学实践进行调整和改善，以提高教学效果。教学评估涵盖了对教学设备和场地的使用效果评价，不仅帮助教育机构确保资源的有效利用，还可以揭示潜在的物理或技术问题，从而对教学环境进行改善。

高校英语教学是一个复杂而精细的过程，并不只是知识传递的简单行为，而是涉及教师、学生、教学内容、教学方法和环境等多个要素的动态互动，如表2-1所示。

表 2-1　教学要素系统

<table>
<tr><td rowspan="5">教学要素系统</td><td rowspan="3">教学目标系统</td><td>课程教学目标</td></tr>
<tr><td>单元教学目标</td></tr>
<tr><td>课时教学目标</td></tr>
<tr><td rowspan="2">教学对象系统</td><td>教师</td></tr>
<tr><td>学生</td></tr>
</table>

续表

教学要素系统	教学内容系统	理论教学部分
		实践教学部分
	教学方法系统	单个教学方法
		教学方法组合
	教学环境系统	教学自然环境
		教学物质环境
		教学人际环境
		教学观念环境
	教学评价系统	学生学业成绩评价
		教师教学效果评价
		课程评价

第三节　当代高校英语教学的基本原则

一、学用结合交际性

学习英语的关键在于使用英语进行交际活动，换言之，使用英语进行交际活动是英语课程教学的中心问题。教师在当代英语课程教学实践活动中，应时刻注意与认真思考英语学习与运用相结合的交际性问题，遵循学用结合的交际性原则。

为了实现培养学生利用英语进行有效交际的能力的目标，教师需要创造真实的交际场景，利用各种教学辅助工具，如图片、视频、角色扮演等，让学生在接近真实的环境中练习英语，激发学生的学习兴趣，帮助他们更好地理解和掌握英语，并作为一种交际工具进行实际应用。学生在这样的学习环境中，应该积极参与，抓住每个练习机会。学生通过在各种情境中的反复操练，可以逐渐提高自己使用英语进行交流的能力。[①] 在此过程中，教师的角色是引导者和激励者，他们不

① 王岚，王洋. 英语教学与英语思维［M］. 长春：吉林人民出版社，2019.

断强调英语作为交际工具的重要性，并通过各种教学活动鼓励学生将英语融入日常生活和学习中。

在高校英语教学中，教师应坚持学用结合的原则，实现课堂教学的交际性。该原则的核心在于将理论讲授与实际练习相结合，即“讲练结合、精讲多练”的教学模式。这里的“讲”是对英语语言知识的系统讲授，涵盖词汇、语法、发音等方面，而“练”指将所学知识应用到实际语言实践中，如进行对话练习、角色扮演、小组讨论等。在该教学模式下，语言知识的讲授不是孤立的，而是紧密结合语言实践的需求，教学内容的选择、深度和方法都应根据实际的语言使用情境和学生的实际需求来决定。例如，教师在讲解一个语法点时，应立即设计相关的语言练习活动，让学生在实际语境中加以应用，从而更好地理解和掌握。讲练结合的教学方式还能有效地为学生的语言交际能力打下坚实基础。教师在课堂上模拟真实的交际情境，学生可以在安全、支持的环境中练习和提高自己的英语交际能力。因此，高校英语教师应不断探索和创新教学方法，以确保学生能够在课堂上获得真正有效的语言学习体验。

高校英语教学中，语言操练并不等同于语言交际。语言操练主要关注语言的形式，如发音、语法结构和词汇的正确使用，目的是帮助学生掌握语言的基础规则。语言交际则更加重视语言的内容和实际应用，旨在促进理解和信息的有效传递。课堂上的实践练习通常分为三个阶段：机械练习、有意义的操练和交际性操练。初始阶段的机械练习着重于重复和巩固语言基础，如通过重复句型加强语法理解。有意义的操练则让学生在具体的语境中应用这些语言结构，如完成填空或对话练习。交际性操练将学生置于更加真实的交际情景中，如小组讨论或角色扮演，让学生运用所学知识进行实际的交流。由浅入深的练习方法逐步将学生从单纯的语言形式练习引导至实际交际的应用，不仅加深了学生对语言知识的理解，也提高了他们运用语言进行有效交际的能力。因此，高校英语教师应合理安排这三种练习，确保学生能够在掌握语言形式的同时，也能有效地进行语言交际。

实行学用结合的交际性原则意味着教师在课堂上不仅要用英语讲解单词、课文和语法等基础知识，还需要安排使用英语进行互动性作业，如小组讨论或口头报告。评估和考核应侧重于学生的实际语言运用能力，而非仅仅是对知识点的记忆。教师应鼓励学生在课堂上积极用英语提问和解答疑难，促使学生能在真实的交际环境中练习英语。通过这种方法，学生可以在日常的师生互动中逐渐养成使用英语进行沟通的习惯，从而提高其语言实际应用能力。

二、以学生为中心

实施以学生为中心的教学原则强调将学生的需求和发展放在首位，与当代高等教育的人文关怀理念密切相符。具体来说，以学生为中心的教学方法要求教师深入了解学生的学习需求、心理状态以及语言掌握水平。在备课阶段，教师需精心设计课程内容，确保教学活动既符合教学大纲的要求，又贴近学生的实际水平和兴趣。课堂上，教师应采取灵活多变的教学策略，如通过小组讨论、角色扮演或案例分析等活动，激发学生的学习热情和参与度。教师应根据学生的反馈和学习进展，及时调整教学方法，使之更适应学生的需求。对学生作业的批改和反馈也是以学生为中心原则的重要组成部分，教师在批改作业时，应提供具体、建设性的反馈，帮助学生理解错误、改进不足之处，并鼓励他们不断进步。

确保教师的引导作用与学生的主动学习相得益彰，是提升教学质量的关键。教师在课堂上不仅要以学生为中心，还需发挥自身的专业指导作用，创造适宜的学习环境，提供必要的学术支持，并积极激发学生的学习兴趣和主动性。例如，当学生在学习过程中遇到难题时，教师应及时介入，提供解决方案和技巧，帮助学生克服困难。对于积极主动、愿意接受挑战的学生，教师应提供更多实践和展示自我的机会，以促进他们的自信和能力提升。当学生学习热情不高时，教师需及时给予鼓励和激励，以提振学生的学习动力。对于取得学习进步的学生，教师应给予适时的肯定，并设定更高的学习目标，引导学生持续进步，避免自满和懈怠。如此，教师不仅作为知识传授者，更是学生学习路上的引导者和伙伴，共同促进学生在英语学习上取得全面的发展。

高校英语教学的核心在于坚持以学生为中心的原则，该原则能够帮助学生清晰地理解学习的目的、内容和目标，从而激发他们的学习热情和自信心。当学生能够明确自己的学习方向和目标时，他们不仅能看到自己努力的方向，还能感受到学习过程中的成就感。以学生为中心的教学方式能够有效地提高学生的学习动力，帮助他们在英语学习的道路上不断进步，实现自我超越。学生不仅能够在学术上取得进步，更能在个人成长和自我实现的道路上走得更远。

三、循序渐进

循序渐进原则要求学生在学习过程中先从口语开始，逐步过渡到书面语学习，此种方式与语言的自然发展历程一致。在此过程中，学生逐渐掌握语言知识和技能，包括词汇、语法和句型，通过不断的循环和深化，逐步提升其语言水平。英语教师应重视听说技能的培养，为学生提供充分的听力和口语练习，有助于学生掌握准确的发音和基础词汇，还为后续的读写技能培养奠定了坚实基础。注重听说教学能够使学生更好地理解语言结构和表达方式，为学习更复杂的语言内容打下坚实的基础。循序渐进的教学原则要求教师根据学生的实际能力和学习进度，适时调整教学内容和难度，以确保每个学生都能在自己的学习节奏中稳步提升，有效地提高学习效果。因此，在高校英语教学中，坚持循序渐进的原则，有助于学生在英语学习过程中实现全面而均衡的发展。

四、趣味性

兴趣不仅是学生学习的最佳推动力，更是他们探索和理解新知识的主要动力。当学生对所学内容感兴趣时，他们更倾向于主动学习和深入探究，具备热情和好奇心能够促使他们更深入地理解和掌握英语。为了培养学生的学习兴趣，教师需要创造一个富有刺激性和挑战性的学习环境，提供多样化的教学内容和活动，使学生能在学习过程中发现乐趣和满足感。同时，教师应关注学生的个人兴趣和需求，尽可能地将课程内容与学生的实际生活经验和兴趣相结合，使学习更具吸引力和相关性。将兴趣融入学习过程，学生的学习动机会得到增强，他们在学习中的主动性和积极性也将显著提升。

教师应认识到兴趣在学习过程中的推动作用，努力通过各种有效的教学策略激发学生对英语的热情。教师通过创新教学方法、引入有趣的教学材料和组织互动性强的活动，可以使英语学习变得更吸引人和愉快。例如，运用现代多媒体教学工具，展示与学生生活密切相关的英语应用场景，或者组织有趣的角色扮演和小组讨论，可以有效提升学生的学习兴趣。此外，让学生参与到课程设计中，根据他们的兴趣和需求选择教学内容，也是一种有效的策略。

如今教育改革背景下，教师应加强对学生特点的深入了解和对学生主体性的尊重，认识到学生在语言学习过程中的主体地位，教师应从学生的个体差异、心理和生理特征出发，设计教学内容和方法。教学应符合语言学习的规律，更要激发学生的学习兴趣，提供充足的体验和实践机会。有效的教学策略包括采用多样化的教学方法，如小组讨论、角色扮演、互动式学习等，以确保学生能够在轻松愉快的环境中学习。除此之外，教师应关注学生的语言感知能力和沟通技巧的发展，引导学生通过实际应用来巩固和提高他们的英语能力。

传统的死记硬背和机械式操练虽然有其必要性，但过度依赖传统的方法会导致教学变得枯燥乏味，影响学生的学习热情。因此，教师应科学规划教学活动，采用更加互动和实践导向的教学方法，如项目式学习、案例研究、角色扮演等，让学生在真实或模拟的语言使用场景中学习和运用英语，帮助学生更好地理解和内化知识，提高他们的综合语言运用能力。传统的应试教育方式对学生的学习兴趣和动力有负面影响，为此，教师应调整英语测试方式，采用更加全面和实用的评估标准。例如，可以通过课堂参与度、项目完成情况、团队合作能力以及实际交流能力等多维度评价学生的学习效果，更能准确反映学生的实际能力，鼓励他们在学习过程中更加积极主动地参与和贡献。

教师在备课过程中应深入研究教材，挖掘其中能引起学生兴趣的话题和内容，从而使课堂更加生动有趣，最大限度地调动学生的积极参与。为了使学习更具吸引力和实用性，教师可以将日常生活中的交际形式融入课堂教学。例如，设置模拟生活场景的教学活动，包括日常对话练习、角色扮演、情境对话等，让学生在模拟的现实环境中应用所学英语，加强学生对英语实际应用能力的理解，增强他们将课堂学习与现实生活联系起来的能力。教师应时刻留意学生的兴趣点，并将学生的兴趣点作为设计教学活动的重要参考。通过收集学生感兴趣的问题或话题，教师可以更有效地设计与学生生活紧密相关的教学内容，使课堂更加贴近学生的实际需求和兴趣。

学生对课程的兴趣和参与度往往与对授课教师的态度紧密相关。因此，教师在教学过程中应积极与学生建立良好的交流关系，有助于学生更好地理解课程内容，激发他们学习的兴趣。学生来自不同的家庭背景和文化环境，因此，教师需要采用多样化的交流方式，以适应不同学生的个性和需求。教师可以通过真诚的交流，与学生建立友好的关系，赢得他们的尊重和喜爱。这样，学生更愿意与教师交流，分享自己的想法和问题。课堂教学不仅是知识和技能的传授，也是一个情感交流的过程。教师的一举一动，包括眼神、手势、微笑、赞扬的话语，都能对学生产生积极影响。在严格要求学生的同时，教师应营造和谐、轻松的学习氛围，使学生能在舒适的环境中学习。教师应善于发现和表扬学生的进步，即使是微小的改善也值得鼓励，不仅能够提升学生的自信心和成就感，同时也是一种有效的师生互动方式。

五、认知原则

认知原则视英语学习为一种智力活动，强调智力因素在教学过程中的重要性。认知过程的结果——“认知产物”，经过加工后能够有效体现在学生的行为中，此原则特别强调，在理解英语语言规则的基础上进行有效的操练和使用。在教师的引导下，学生能够掌握并总结语言规律，从而学会主动学习。为了有效实施这一原则，高校英语教学需要重视两个方面。一是对英语社会知识和文化的认知与理解。认知原则强调学生不仅要学习语言本身，还要理解和掌握与该语言相关的社会文化知识，包括对英语国家的风俗习惯、生活方式、文化价值观和历史背景等的深入了解，学生在学习语言的基础上，能够更好地理解和应用语言。二是培养学生的识别力、观察力及对源文化或英语文化的调查能力。认知原则要求教师在教学过程中培养学生的关键思维技能，使学生能够识别和分析不同的文化现象，理解文化差异，并将所学知识应用于语言学习和实际交际中。教师应通过各种活动和讨论，激发学生对英语文化的好奇心和探究欲，帮助他们形成对目标文化的深刻理解。

六、灵活多样

遵循灵活性原则不仅支撑着学生兴趣的持续发展，而且应对语言这一不断变化的开放性系统进行有效应对。高校英语教师应根据教学内容的不同，采用不同的教学方法。在教授语音、词汇、语法等语言知识，以及在培养听、说、读、写、译等语言技能时，教师需具体问题具体分析，灵活选择教学策略。例如，在教授语法时，可以采用演示法或讨论法；在提高口语能力时，可以多采用角色扮演或小组讨论等互动形式。教师应引导学生探索符合个人特点和英语学习规律的学习方式，学生应被鼓励发展自我导向的学习模式，激发自我激励和自我监控的能力。例如，教师可以引导学生根据自身的兴趣和需求选择不同的学习资源和策略，如在线资源、交际活动等。学习语言的最终目的在于交流和沟通，教师应通过灵活运用英语教学方法，激发学生的学习兴趣和使用英语的信心。在课堂上，教师应尽量用英语进行教学，为学生创造一个沉浸式的英语学习环境。通过灵活的作业设计，如项目作业、口语演讲等，为学生提供实际运用英语的机会。

七、真实性

真实性原则的核心在于使教学内容、方法和交际情境尽可能贴近母语使用者在现实生活中的英语使用，实现真实性原则，能够有效培养学生的综合语言应用能力。高校英语教师应选取贴近真实生活、文化背景的语言材料，如使用真实新闻报道、日常对话录音或视频材料。真实的材料能够更好地反映英语语言的自然使用方式，帮助学生理解和学习真实的语言表达。教师在设计课堂活动时，应尽可能模拟真实的交际场景。例如，通过角色扮演、情景模拟、辩论等活动，让学生在类似真实情境中运用英语，从而提高他们的语言实际应用能力。教学不仅要关注语言知识的传授，还要重视语言的实际应用。教师可以设计与真实生活密切相关的交际任务，如安排学生计划一次旅行、讨论当前新闻话题或模拟商务会谈等。高校英语教育应包括英语国家的文化、习俗和社会背景的介绍，以帮助学生更全面地理解和运用语言。

八、针对性

针对性原则的核心在于根据学生的具体能力和需求而制订教学计划和方法，针对性原则的有效实施，对于提高教学效果和学生学习效率具有重大意义。教师需要对学生的英语基础知识和技能有深入了解，特别是识别学生在语言学习中的薄弱环节，可能涉及通过测试、观察或讨论了解每个学生的具体情况。每个班级都有其独有的特征，包括学生的整体英语水平、学习态度和动机。教师需要根据班级特点制订教学计划，以提高整个班级的学习效果。对于基础较好的班级，教师可以开展更多的交互式和巩固性活动。而对于基础薄弱的班级，需要重点关注其普遍存在困难的领域，如语法、词汇等，并采用更多的讲授和个别辅导。针对学生的个别差异，教师需要采取个别化的教学策略，包括为某些学生提供额外的资源、练习或辅导，以帮助他们克服特定的困难。在采取针对性教学时，教师应始终关注教学的实际效果，即学生在英语使用和理解方面的进步。

九、综合性

综合性原则的实施利于确保教学的全面性和有效性，强调教学方法、内容和技能的综合应用，以及在隐性和显性教学、归纳和演绎方法间的平衡。教师应注重方法层面的综合，在教学中采用多种教学方法，包括讲授、讨论、实践等，以适应不同学生的学习风格，方法上的综合有助于提高学生的参与度和学习效果。并且应遵循内容层面的综合，教师应将语言学习的不同方面——如语音、词汇、语法和文化——融入教学内容中，确保学生能够全面理解和应用英语。英语教学不仅是传授语法规则，还包括听、说、读、写技能的综合训练。通过将有关技能结合在一起，学生能够更好地掌握和运用英语。在教学中，教师应找到隐性和显性教学方法的平衡点。隐性教学更注重自然语言习得，显性教学则强调对语言规则的明确教授，合理的结合可以提高学生的语言理解和运用能力。归纳法有助于学生自主发现语言规律，演绎法则提供了明确的规则指导，教师应根据具体教学内容和学生的需要，灵活运用两种方法。

十、教学与测试相结合

将教学与测试紧密结合是提高教学质量和效果的重要原则，强调了考试和测验在教学过程中的重要作用，尤其在评估和提升学生的语言能力方面。现代英语教学应采用多种测试形式，包括笔试、口试等，以全面评估学生的语言技能。测试形式涵盖听、说、读、写等多个方面，以确保对学生的语言能力进行全面评价。除常规的学期考试和期中、期末考试外，课堂测验和随堂练习也是重要的评估工具，小型测试可以帮助教师及时了解学生的学习状况，对教学方法进行及时调整。口语考试是测试学生实际交际能力的重要手段，教师通过口试能够更直接地了解学生的语言应用水平，针对性地提供反馈和指导。测试内容应与教学内容紧密相关，确保测试不仅是对知识点的检验，而且是对学生综合语言运用能力的评估。测试内容应涉及真实的交际情景，以评估学生的实际语言应用能力。测试结果应用于反馈学生的学习进展，并为教学提供指导。教师应利用测试结果来调整教学策略，同时，合理的评价和激励机制能够增强学生的学习动力。教学与测试的结合还意味着教师需要关注学生的综合能力培养，不仅仅是语言知识的传授。教师应鼓励学生在多种情境下运用英语，以提高其实际交际能力。测试不仅是评估学生的工具，同时是教师反思和改进教学方法的手段。教师可以通过测试结果了解自己教学方法的有效性，从而不断优化教学策略。

第三章 认知语言学与英语教学解析

第一节 认知语言学对英语教学的意义与启示

一、认知语言学对于英语教学的积极意义

认知语言学以主体的经验和认知能力为基础，更有效地研究语言现象。在外语教学中，其积极影响体现在驱动教学进程、提高教学活力以及丰富教学活动三个方面。

（一）驱动教学进程

在过去，英语教学主要注重言语能力，着眼于传统语法和生成语法的教学模式，培养出的学生在书面语言方面表现出较高水平，但在语言交际和实际运用方面则相对欠缺。尽管教学方法在不断变革，看似有差异，但教学内容的实质却未有太大变化，仍然以传统方式为主导。传统教学模式未能为英语语言现象提供合理的解释框架，也未能形成一致的行为规范，对于一些特殊或例外的语言现象只要求学生死记硬背。特别是在传统的英语词汇教学中，教师按照单词在课文中的义项进行顺序教学。尽管教师会对单词的不同含义进行多次解释，并根据频率进行有针对性的教学，但总体而言，学生对词汇的理解仍然是分散的。他们未能将词汇的不同含义建立起相互联系的网络，而采用逐个记忆的方式，既浪费时间，也不利于词汇的实际应用。

认知语言学为教学带来新的动力，将焦点从传统语法转移到主体的经验基础和认知能力上，使教学更加贴近学生的实际经验。通过关注学生的认知过程，教

学变得更为深入，促进了学生对语言现象的深层次理解，提高了学生的语言交际能力，增强了他们在实际运用中的应变能力。认知语言学的应用在于推动教学进程，为创新教学提供理论支持，使教师能够更加灵活地应用不同的教学方法。教师可以更好地理解学生的认知过程，因此能够更有针对性地设计教学内容，使之更符合学生的学习需求，有助于激发学生的学习兴趣，提高教学的吸引力和效果。认知语言学还丰富了教学活动，通过关注学生的认知能力，教学可以更多地结合实际案例、实例分析和问题解决，使学生在实际应用中更好地运用所学知识。认知语言学研究推动外语教学进程，通过解释日常语言现象，为教学提供理论依据，有助于改革传统教学内容。

认知语言学的教学能够整合学习者大脑中的分散知识，使知识汇聚起来，形成完整的知识网络。知识网络的建立能够有效促进知识的记忆，有助于提高英语知识的记忆效率。通过关联不同知识点，学生能够更深刻地理解语言现象，而不再是简单地死记硬背，使学生能够更灵活地运用所学知识，不仅提高了语言应用的能力，同时激发了学生对学科的兴趣。基于知识网络的教学方式在帮助学生更全面理解英语知识的同时，为其在实际应用中更好地运用所学提供了坚实基础。整合知识网络还能提高语言使用的便捷程度，进而促进学习者英语思维能力的提升。形成的知识网络使学生能够更迅速地获取相关知识，并将其灵活应用于实际语境中。综合性的学习方式培养了学生的语言思维能力，使他们更具创造性地运用所学知识解决问题。此外，通过对知识的深入理解和实际应用，学生更容易将学到的知识内化为语言思维的一部分，提高了英语思维的自然流畅度。因此，认知语言学的教学方法不仅有助于知识的获取与应用，还在深层次上促进了学生英语思维能力的全面提升。

认知语言学的相关理论不仅能整合知识网络，还能追寻学生学习中犯错误的原因，帮助学生深入了解语言错误背后的深层知识，使学习者既知其然，更知其所以然。通过分析学生在语言学习中的错误，教师能够洞察学生的认知过程，发现潜在的学习障碍，进而实施个性化教学，为学生提供更有针对性的帮助，使他们更全面地理解语言规则和结构。深入了解错误背后原因的教学方式不仅修正了学生的错误，更强调了知识的深层次理解。这种方式在帮助学生在纠正错误的同时，能够更好地理解语言现象的本质，为语言学习提供了更加深刻和全面的认知。因此，认知语言学的应用不仅关注表面错误的纠正，更注重错误背后的深层知识，使学生在学习过程中获得更为深刻的体验和认识。

在英语教学中，固定表达方式的正确运用是学生常面临的挑战之一。传统教学强调记忆使用方法，但学生在整体思维模式的影响下仍可能出现语言错误。例如，某些动词如 donate 不能直接接双宾语，导致学生可能构造出不正确的句子。认知语言学关注这些动词的深层结构，认为其语义和语用上存在重要差异。在此方面，传统教学强调表层结构的相似性，认为两种表达方式在语义上没有差别。相反，认知语言学认为这些表达方式在焦点和语用上存在巨大差异，影响学习者对语言的理解和应用。例如，“I taught Maggie English”中焦点是“What did you teach Maggie？”，而“I taught English to Maggie”中焦点是“Who did you teach English to？”，表达了不同的语用焦点和语义信息。认知语言学的研究为教学提供了更深层次的解释，教师关注语言结构背后的认知过程，能够更有效地指导学生理解这些差异，避免错误的产生。认知语言学强调语言学习的实际应用，培养学生综合语境进行思考的能力，不仅仅在表面上修正错误，更注重学生对语言现象的深刻理解。认知语言学的应用还有助于挖掘学生语言错误的深层原因，通过深入研究有关错误，教师可以更好地了解学生的认知过程和语言思维方式，为个性化教学提供支持，使学生知其然，更知其所以然，促使学生在语言学习中建立更为牢固的基础。

（二）提高教学活力

认知语言学在外语教学中展现出提升活力的特质，主要体现在对比分析的活力提升上。拉多最早提出了“对比分析”概念，认为通过对两种语言进行对比分析，可以深入了解外语学习的困难，并有效预测学习者可能面临的问题。尽管该理论曾受到质疑，但随着认知语言学的兴起，对比分析的概念再度引起关注。认知语言学强调语言是对现实世界认知的反映，而人们在体验和认识世界时的不同方式导致了个体脑海中形成的概念体系和认知结构的差异。该认知观点为对比分析提供了新的理论基础，关注学习者的认知过程，可以更全面地了解学生的语言学习难点，因为每位学生的思维方式和认知结构都不同。在教学实践中，认知语言学的应用使得对比分析更具活力。教师能够根据学生的个体差异，有针对性地进行对比分析，更精准地预测和解决学习者可能遇到的问题，有助于提高教学效果，还为学生提供了更个性化、更深入的学习体验。

外语学习与母语学习之间存在着明显的差异性，通常情况下，外语学习滞后于母语学习，主要是因为学习者在进行外语学习时已经具备了一定的母语知识和概念系统。外语学习与母语学习间的差异性使得在学习新语言时，学习者在一定程度上受到母语系统的影响，需要对新语言知识进行整合。学习者的母语系统在外语学习中充当一种媒介的角色，而这点通常并不为学习者所认知。为了让学习者更好地理解目标语言的相关概念，教师可以采用对比分析的方式，促使学生从“无意识”地受到母语中介作用向“有意识”转变。学习者通过认知框架下的对比分析，更能深刻地理解语言的概念与范畴，并能够对语言知识进行有效重组，从而提高教学的活力和效果。

在对比分析中，教师可以通过比较英汉语言在概念上的差异，引发学生对语言学习的兴趣。举例来说，在中文概念中，只有将印有文字的纸张进行装订才能称其为“书”，而在英语系统中，任何被装订成册的都能被称为“book”。又如，在表达“我劝说他跟我一起去北京”时，英语中的“persuade”一词不仅表示劝说，还包含成功的结果，而在中文表达中，劝说只是一个动作，并不能显示出其最终的结果。对英汉语言在概念上的对比能够激发学生对语言学习的兴趣，同时促使学生体验到语言应用的乐趣。长此以往，学生在对比分析的作用下能够逐渐摆脱母语概念体系的影响，建立起英语识别与应用的独立概念体系，对于提高学生的语言交际能力具有显著的裨益。对比分析的活用能够使学生更好地理解目标语言的特点，并有助于培养学生的跨文化意识，促使他们更全面、深刻地认识不同语境下的语言使用。因此，认知语言学通过对比分析的方式，为外语教学注入了新的动力，提高了教学的活力和效果。

（三）丰富教学活动

认知语言学认为人的身体是客观世界与认知间的中介，语言学习也是一种体验性的过程，教师可以此为依据，设计丰富多彩的教学活动，使学生更全面地参与语言学习。教师可以结合认知语言学的观点，创造更具体验感的教学环境，让学生在实践中体验语言的使用和运用，包括以多感官方式呈现语言材料、使用实际情境进行角色扮演或模拟对话等活动。丰富的教学活动能在无形中激发学生的学习兴趣，同时促进了深层次的语言理解和记忆。通过引入各种丰富的教学活动，学生能够更好地融入语言学习的过程中，提高学习的效果。实践性的学习方式利于加深学生对语言结构和用法的理解，使他们更自信、灵活地运用所学语言。

在外语教学课堂上，认知语言学提供了一种创新的教学方法，即通过教导学生使用肢体动作来解释与体验语言概念。认知语言学强调人的身体是构建语言意义的基础，语言的意义源于个体的体验。在教学过程中，教师以手势和意象的方式重现语言结构，能够激发学生对语言的认知，促进他们对知识的吸收与理解。具体而言，在外语教学中，可以运用肢体动作来教授介词的使用方法，解释方位词汇等内容。形象生动的教学方式促使学生更容易理解和记忆语言知识，同时在肢体动作的参与中增强对语言概念的感知。教师还可以引入戏剧表演或哑剧表演，使学生在表演的过程中直接体验相关语言内容，并将语言应用于实际情境。活泼有趣的教学方式使学生更积极地参与学习，也增加了语言学习的趣味性。通过在教学中引入肢体动作和戏剧表演，认知语言学为外语教学注入了更富创意和实践性的元素，提高学生对语言概念的认知，培养了他们的表达能力和实际运用语言的能力。[①] 因此，认知语言学的这一教学策略为外语课堂注入了更为生动、互动和有效的元素。

在外语教学中，教师的任务并非单纯地进行直接的显性教育，更涉及如何充分利用学生的主观能动性，从而促进他们对知识的主动吸收。认知语言学提出一种新颖的教学方法，即通过向学生呈现语言材料的方式，激发学生对材料中的语

---

① 张晶莹. 认知语言学与大学英语教学研究［M］. 长春：吉林教育出版社，2020.

言规律进行自主的归纳与总结。此过程中，学生逐渐建立起自己的语义辐射网络，自发深入探索语言的使用与意义之间的关系。自我探究性的学习方法能够提升学生的自主学习能力，令他们意识到自身在学习过程中的主人翁地位，增加学生学习的积极体验。传统的英语教学方式，以动词为中心、以规则为基础，相较于认知语言学的教学方式并不够有效。认知语言学下的外语教学活动则以动画展示、幻灯片图式等多样方式进行，旨在拓展学生学习的知识意义与核心意义。在具体的教学过程中，教师可以引导学生补齐语义网络图中空缺的核心意义，并且能够促使学生解释这些补缺的理由，从而判断具体实例是否合理。最后，学生在教师的引导下进行讨论与总结。这样的教学方式既充分发挥了教师的指导作用，也有利于学生的主动参与，促进了学生自主学习能力的提高，推动了学生对语义网络系统的深度分析与建构。在设计外语教学活动时，教师需按照由易到难的顺序展开，初级阶段可以设计相对简单的交际任务，引导学生将注意力集中于外语的语言要素方面。随后逐渐增加活动的难度，从而促进学生语言能力的逐步发展。认知语言学的相关理论为外语教学提供了指导方向，倡导结合显性教学与隐性教学，注重教学过程的体验性，增加学生对知识的探索兴趣，激发其主动精神。在趣味性的环境下，学生的语言学习也会更加轻松，充满乐趣。

二、认知语言学对外语教学的消极意义

认知语言学目前正在不断发展中，理论上取得显著突破，为人们理解语言提供了新的视角与手段。然而，需明确认知语言学并非专为外语教学设计，其理论并非完全适用于外语教学实践。在将认知语言学运用到外语教学中时，必须充分了解其积极意义，同时认识到其中的限制，以便更好地发挥其优势、避免缺陷，从而提高外语教学的效果。认知语言学的应用需要教育者在具体实践中灵活运用，结合其他教育理论和实践经验，创造适合学生需求的教学策略，实现更有效的教学目标。

（一）语言现象解释不完全

认知语言学虽然在理论上取得显著进展，为人们提供了一些全新的语言解释

视角，但需要明确的是，它仍然存在着对语言现象解释不完全的问题。认知语言学能够独具匠心地解释部分语言现象，但这仅仅覆盖了语言现象的一小部分，提供的解释也相当有限。许多形义配对具有一定的任意性，因此在面对广泛而复杂的语言现象时，认知语言学的解释显得相对不充分。语言的理据涉及多个方面，包括隐喻、语音、顺序、数量、身体体验等。在教学过程中，教师和学生难以准确预测应该从哪个方面获取理据，也难以完全理解这些理据解释的真正内容。例如，在数量原则下，了解语言形式的长短与语言意义的关系，但具体的意义是多样而复杂的。对于此种情况，教师需要以实事求是的态度客观对待，在实际教学中充分发挥认知语言学的作用。在教学过程中，当遇到缺乏相关理据的语言现象时，教师可以采取传统的教学方式，将具体情况告知学生，并结合其他教育理论展开教学，从而更全面地解释语言现象，弥补认知语言学解释不足的局限。

（二）程序性知识需要实践

认知语言学在外语教学中引导学生的过程可分为几个步骤。如图 3–1 所示。

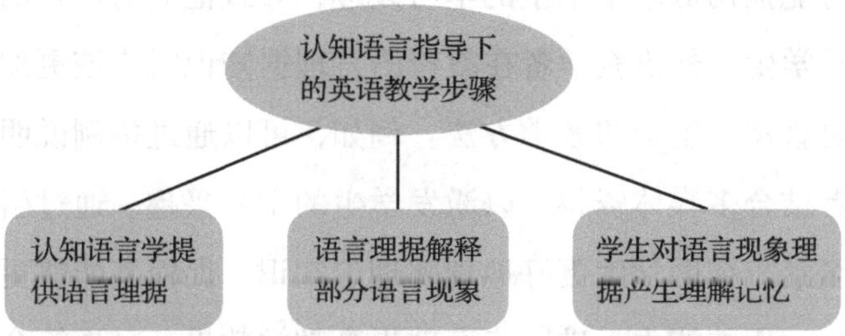

图 3–1　认知语言指导下的英语教学步骤

然而，这一过程仅仅是陈述性知识的获取，语言教学的最终目标是使学生获得程序性知识，即能够将语言应用到具体的交际过程中。语言理据在此过程中起到了中介的作用，是一种陈述性知识，仅仅了解有关的理据并不足以使学生熟练地运用英语。因此，学生需要在理据性知识的基础上进行大量的语言实践，将所学的知识转化为实际运用的程序性知识。随着社会对人才需求的演变，强调实用性和交际性的方向越发明显。学生需要理解语言理论，更需要掌握实际的语言技能。仅仅具备理论知识是不够的，只有通过大量的语言实践，才能真正提高语言能力。因此，在认知语言学的指导下，外语教学应更加注重实践性的培养。教育者应设计各种实践活动，包括口语交流、写作、阅读理解等，让学生在实际运用中逐步形成程序性知识。如此，才能够更好地迎合社会对人才的需求，使学生在掌握语言理论的同时，也能灵活运用于实际交际中，为未来职业和社交生活做好充分准备。

（三）不完全适合低水平学习者

认知语言学在外语教学中并不完全适合低水平学生，提示外语教学者在传授语言理据知识时需要谨慎选择。进行语言理据讲解需要使用大量专业术语，学习者需要耗费大量时间来掌握这些术语，然后才能理解概念并吸收消化。在我国外语课堂有限的教学时间内，将宝贵的时间用于学习专业术语可能会影响教学进度。专业术语的学习并不能直接用于实际交际活动，在一定程度上也可能影响外语教学的效果。语言理据知识的陈述通常呈现出一定的枯燥性，即便通过使用丰富、可视化的工具来丰富陈述过程，也难以改变语言理据学习的基本特性。抽象且枯燥的学习方式可能挫伤低水平学生的学习兴趣，导致他们对学科的不感兴趣。因此，对于低水平学生，外语教学者在教授语言理据知识时应该更加注重实用性和趣味性，采用更直观、生动的教学方法。例如，可以通过举例说明，使用有趣的故事情节，或者结合多媒体资料，以激发学生的学习兴趣。通过引入更具体、实际的语言应用场景，帮助学生更好地理解理论知识，促使其能够更快速地将所学知识转化为实际运用的能力，进一步有效提高教学效果，且更符合低水平学生的学习需求和心理特点。

三、认知语言学对英语教学的启示

（一）图式理论

1. 概念

高校英语教学中的“图式”概念涉及认知结构或知识结构，这是每个人大脑中储存的关于外部世界的结构性认知。当个人进入一个熟悉的环境时，他们会根据已有的知识或认知进行思考和行动。这意味着人们通常会将特定的刺激放入一个预先形成的认知框架中，即图式中进行理解和处理。图式是基于过去经验形成的，并存储在大脑中。它们是对一系列重复出现的情况的总结，强调了相似特征而忽略了细节。随着人们认知水平的提高，内心的图式会随之自动更新和调整，以适应新的信息和环境。

理解“图式”和“图式塔”的概念能够有效促进学生对语言和文化的深入理解。图式指个人大脑中的知识和认知结构，而图式塔则描述了这些图式间的相互关联和层次结构。图式化认知指一旦某个图式在大脑中形成，相关的细节就会被简化或遗忘，转而被结构化和抽象化的概念所替代。例如，在人们对各种具体花朵的观察中，形成了对“花”的通用图式。一旦这个图式形成，提到“花”时，人们通常不会再参考具体的某种花朵。这种图式化过程通常是无意识进行的，它深刻影响着人们对信息的处理方式，以及人们在特定情境下所采取的行为模式。例如，一名在学校里接受过几何图形分类训练的学生，会比未受过此类训练的人更快地识别和理解各种图形。图式以一种潜在的、普遍预期的形式存在于个体的知觉、记忆和推理过程中，它们帮助个体预测和掌控外部世界。这一概念在高校英语教育中尤为重要，它不仅有助于学生在语言学习中形成有效的认知策略，也有助于他们理解和适应不同的文化背景和社会环境。

2. 理论诞生及其发展

图式理论，源自19世纪德国哲学家伊曼努尔·康德的思想，是一种重要的认知结构理论。康德将图式视为“原发想象力”的一种特定形式，认为它是理解世界的关键机制。图式理论在20世纪20年代被心理学家皮亚杰引入心理学领域，并在30年代由英国心理学家巴里特的记忆研究进一步推广。图式是代表个体对事物、人或环境的认知结构，它不仅包含对所认识对象的特征和它们之间相互关系的认识，还涉及整体的抽象，强调事例的相似之处。它的作用在于帮助人们简化复杂的现实，指导处理新的信息，并建立对未来信息的期望。图式使人们能够将外部刺激的若干细节与一个总体概念联系起来，而不一致的信息可能被忽视。在现代教育中，尤其是高校英语教学中，理解和运用图式理论至关重要。该理论是在理性主义关于心理结构的思想以及经验主义关于经历对心理影响的观点基础上，结合信息科学、计算机科学和心理学的最新成果而发展起来的。图式被认为是通过一段时间直接或间接经验而学习和获得的，具有获得性特点。

3. 图式理论在英语教学中的应用

（1）图式理论与英语听力理解。听力理解涉及对听到的内容的解构、编码和解码，是一个将学生已有的背景信息和背景知识与听力材料整合的过程。有效的听力教学应围绕激活和调动学生脑海中的相关图式进行，在播放听力材料前，教师应留出时间，让学生预览听力问题和选项，帮助他们在脑海中形成相关的图式，并预测他们将听到的内容类型。例如，一个关于“Hospital”（医院）的听力材料，会激发学生思考与医院相关的词汇和短语，如“Doctor”（医生）、“Influenza virus”（流感病毒）、“Operation”（手术）和“What's wrong with you？”（你哪里不舒服？）当听到这些词汇时，学生会立即在脑海中运用已有的图式进行场景联想、推断、解构分析、编码并解码，从而帮助他们推导音频材料中的真实意图，并选择与说话人意图相符的正确答案选项。教师在听力教学中应积极激活学生脑海中的相关图式，使学生形成具体形象的“图式塔”或更为整体的理解体系。这样的教学方式不仅提高了学生的听力理解能力，也增强了他们在面对各种英语听力材料时的应对能力。

（2）图式理论与阅读理解。在高校英语教学中，阅读理解被视为一种复杂且主动的心理活动，此种认知行为需要读者基于自身已有的知识和经验对阅读材料中的信息进行筛选、验证、处理和组合。根据现代心理语言学和认知语言学的观点，阅读理解过程可通过不同的阅读模式解释。20 世纪 70 年代，三种主要的阅读模式被提出，包括“自上而下”（Top-down）、“自下而上”（Bottom-up）和“相互作用”（Interactive）模式。“自上而下”的模式强调读者如何利用已有的知识结构来解释文本信息，而“自下而上”的模式侧重于如何从具体的文本信息构建理解。“相互作用”模式则结合了前两者，认为阅读理解是由文本信息和读者预存知识共同作用的结果。

阅读理解不仅是一个初步的认知活动，而且是持续的学习过程。随着阅读的深入，学生的知识图式逐渐丰富和强化，这一过程实际上也是构建新图式的过程。因此，教师在英语教学中扮演着至关重要的角色。教师应该鼓励学生广泛阅读，使他们接触到多元的文化和知识，帮助他们理解和吸收阅读材料的背景信息。学生进行阅读时，教师可以提供额外但相关的知识点，以便学生能够在原有的知识框架基础上构建更为坚实的新图式，增加了学生对阅读材料的理解，也帮助他们在未来的阅读中更有效地运用所学知识。教师的指导应专注于填补学生在文化知识上的空白，同时强调对比不同的背景信息，以加深对阅读材料的理解。

图式是一种关于特定事物的知识结构，它能够帮助人们更好地理解与之相关的新信息。对于学生来说，对阅读材料主题的熟悉程度直接影响他们理解文章的能力。以文学作家的介绍为例，当阅读材料涉及像威廉·莎士比亚这样广为人知的作家时，学生往往能够更容易激发阅读兴趣，主要是因为莎士比亚的知名度和影响力比只写推理小说的阿加莎·克里斯蒂要高，学生对莎士比亚的熟悉程度也相对较高。因此，当学生阅读与莎士比亚相关的文章时，他们可以更容易调用与这位作家相关的图式，从而更深入地理解文章内容。这种情况表明，教师在设计阅读教学时，应考虑学生对材料主题的熟悉程度。通过选择学生熟悉或感兴趣的主题，可以激发他们的阅读动机，从而帮助他们更有效地利用已有的知识图式来理解新信息。

（二）概念整合理论

1. 概念

概念整合理论，也被称为概念融合理论或概念合成理论。该理论的核心是概念整合网络，这是一种基于框架结构的心理空间网络，框架的构建基于说话者的背景知识。在外语教学中，概念整合理论可以帮助学生理解和创造复杂的语言结构，如隐喻和类比。

2. 理论内容及发展

概念整合理论，由美国语言学家范康尼（Gilles Fauconnier）于 1997 年首次提出。这一理论基于心理空间的概念，将心理空间定义为人类思维的临时在线语言复杂信息单位。这意味着，当人们说话、思考、想象、推理，或者面对过去、现在和未来的场景时，都会在大脑中形成这样的结构化表示。范康尼进一步完善了这一理论，强调心理空间的基本模式是由四个空间组成的网络：两个输出空间（Input Space 1 和 Input Space 2）、一个类属空间（Generic Space）和一个整合空间（Blending Space），体现了心理空间内部知识的层级结构以及信息加工和处理的复杂性，信息的加工处理主要通过三个心理认知过程实现：组合、完善和扩展。

3. 概念整合理论在英语教学中的应用

（1）概念整合与英语阅读教学。在高校英语阅读教学中，学生面临的挑战不仅仅是词汇和短语的理解，更包括对不同文化背景的认知和解读。阅读过程中遇到的生词、陌生短语和地方俚语，加上中西文化差异，常常使学生在理解文章时产生困惑，甚至误解。例如，学生可能对阅读材料中的每个单词都很熟悉，但阅读完整篇文章后却仍然迷惑不解，不清楚文章的主旨意图。这种情况导致学生产生畏难情绪，对英语阅读产生恐惧，从而失去了阅读英语文章的兴趣，对于英语学习是不利的。

高校英语教学中，应认识到单词、短语、俚语、谚语乃至整篇文章都蕴含着深厚的文化隐喻。概念整合作为人类基本的认知方式之一，具有强大的解释力，尤其在解读隐喻方面表现出色。因此，教师在分析英语阅读材料时，应有效利用概念整合理论，帮助学生深入理解文本中的文化内涵，从而跨越中西方文化差异带来的理解壁垒。在教学过程中，教师不仅要向学生阐释如何通过概念整合来理解文化隐喻，还应教导学生如何灵活运用这种认知方式于英语阅读实践中。例如，当遇到一句融入特定文化背景的俚语或谚语时，教师可以引导学生探索其背后的文化意义，通过整合与之相关的概念，帮助学生构建更全面的理解。

（2）概念整合与英语翻译教学。翻译不仅仅是将一种语言的信息转换成另一种语言，而是需要在确保准确性（信）、流畅性（达）和优雅性（雅）的基础上，将原作品中的逻辑和艺术映像完整地转移到另一种语言中。此过程对英语学习者而言，既是挑战，也是学习的重要部分。翻译活动涉及译者的图式运用，它不局限于两种语言的认知领域，更是一种原语言文化与译语文化的深度整合。翻译过程中，译者需要在第三个概念领域内将原语言的思想内容和译语文化的表现形式进行有效整合。整合不是简单的隐喻，而是概念整合理论的体现，涉及对不同文化背景下的语言表达方式的深度理解和应用。因此，在高校英语翻译教学中，教师应强调对原文文化背景和语境的深入理解，指导学生学会如何在两种不同文化语境下进行有效的语言转换和文化适配。教师可以通过案例分析、模拟翻译练习和小组讨论等方法，帮助学生建立并运用概念整合网络，从而提高他们的翻译能力和跨文化交际能力。通过此种方式，学生能够更好地理解和掌握翻译中的文化差异、语言特点及其相互关系，最终达到翻译教学的目的。

（三）英语写作教学与图形、背景理论

写作作为一个系统性的活动，包括采集、构思和表述三个关键阶段。在英语课程中，写作教学旨在引导学生按照特定的要求，使用书面语言创造文本，以提高他们的写作能力和英语运用能力。在传统的英语语法中，句子通常被认为由主语、谓语、宾语或主语、系动词、表语组成。然而，在认知语言学的理论中，句子的结构并不受传统的语法成分的限制。相反，它强调根据事物不同程度的凸显部分的认知来选择表达方式，反映在图形、背景和后景的概念中。图形代表句子中的主要信息，通常是句子中的核心内容，背景则包含支持主要信息的附加细节或背景信息，后景是与主要信息相关但不如主要信息重要的内容。根据这些认知概念，写作者可以根据表达信息的重要性和相关性来组织句子及段落，以使文本更具逻辑性和清晰度。因此，在高校英语写作教学中，教师可以借鉴认知语言学的观点，指导学生如何根据信息的凸显程度来构建句子和段落。学生应该学会将主要信息放在图形中，将支持信息放在背景中，以确保他们的写作更具条理性和连贯性。

第二节 基于认知语言学的语言习得观

一、基于认知语言学视域下的语言观

在认知语言学中，语言观指人们对语言的整体看法与观点，是个体世界观在

语言观察中的具体表现，理解认知语言学的语言观对于深入了解其语言习得观与教学观至关重要。

（一）基于语言学视域下的语言观

传统语言观将语言视为由有意义的语法系统和无意义的语音系统构成，强调形式和意义的分离。相较之下，认知语言学持有不同观点，认为语言的形式和意义是紧密相连、不可分割的，是形义一体的整体构式。从语言学的视角看，认知语言学的语言观主张语言是由构式组成的，构式形成了一个理据性的符号系统。此观点突破了传统语言观的二元划分，强调语言的综合性和整体性。认知语言学的语言观更注重理解语言的综合结构，认为形式和意义在语言中相辅相成，共同构建了复杂而有机的符号系统，为语言的认知和使用提供了深刻的理论基础。

在认知语言学的理论框架中，构式被认为是语言的基本单位，是形式与意义之间的基本匹配对。构式在语言中扮演着关键的角色，构成了语言的基本组成元素。构式各具特色，有的简单而直观，有的复杂而深刻，有的抽象而普适，有的具体而特殊。它们在语言中不仅是孤立存在的元素，更是通过不断的合并和组装，逐渐形成了庞大而复杂的语言系统。构式的多样性和相互关联性使得语言具有了灵活性和丰富性，语言学习者通过对构式的理解和掌握，逐渐能够理解并运用语言系统中的各种元素。构式的存在和运作，使得语言不仅仅是一套符号，更是一个充满活力、能够表达复杂思想和情感的交际工具。认知语言学通过强调构式的重要性，拓展了人们对语言本质的认知，为语言学习和理解提供了更为深刻的视角。

在认知语言学的框架下，构式和语式被区分为两个概念，它们之间存在一种实现与被实现的关系。构式是存储在人的心智中的抽象形式，负责构建实际语句的基本框架，具有一般性和抽象性。而语式由这些抽象构式直接实现为具体的、在特定语境中使用的言语表达形式，构式和语式之间的关系体现了从思维到言语表达的转化过程。此种区分强调了语言习得和语言运用的动态互动，学习者通过理解抽象构式，逐渐将其具体化为特定语境下的语式，实现从抽象到具体的过渡。实现与被实现的关系使得构式成为思维和表达之间的纽带，为个体在语言习得和交际中的表达提供了理论基础。认知语言学的这一观点强调了语言的灵活性和可塑性，为语言教学和研究提供了深刻的认识。

在认知语言学的观点下，构式之间的自由合并是语言创造和语言理解的基础。构式是抽象的形式和意义的匹配对，它们之间的合并可以创造各种实际使用的语式。例如，“Tom sent Mary a book”和“Tom sent a book to storage”这两个语式的形成是通过合并相关构式而实现的，因为它们之间不存在形式与意义上的矛盾。然而，这种自由合并并非毫无限制。认知语言学认为，构式之间的合并必须遵循形义关系的一定要求。例如，双及物构式要求宾语是有生命力的实体，因此“Tom sent storage a book”这样的语式无法有效合并，因为 storage 不符合双及物构式的要求，从而反映了语言中形式和意义之间的紧密关联。构式的形义关系也受到一定的限制，不是任意的。例如，并列结构的构式，如 wait and see、cause and effect、day and night，它们的成分安排通常不能随意调换，需要遵循时间上的先后顺序。这种限制在交际中体现为交际者为实现具体目的而进行改写，强调语言的交际目的性和灵活性。

在认知语言学的视角下，对语言的本质有了更深刻的理解，强调语言形义关系的相互依存，对于外语学习和教学具有积极的指导作用。然而，需要认识到语言形义关系呈现的任意性和理据性并非绝对，其在具体情境中可能受到一些限制。语言的任意性指构式间的自由合并和创造性，但这并不意味着可以随意忽略语言规则和规范；理据性则强调了语言形义关系的合理性和符合交际目的的性质。在实际的外语学习与教学中，应根据具体情境进行具体分析，既注重学习者在语境中的自由运用，又要确保语言表达的合理性和有效性。因此，语言教学者在运用认知语言学的理论指导下，既要重视学生的创造性运用，激发学习兴趣，又要引导学生在语言运用中保持一定的规范性。通过理解语言形义关系的灵活性和规范性，可以更好地促进学生对外语的理解和掌握，使语言学习更富有成效。

（二）基于心理学视角下的语言观

从心理学视角总结认知语言学的语言观，可以理解为语言一种体验性的概念化意象图式。认知语言学强调通过人类的认知过程，才能有效产生和运用语言形式。语言形式的产生是人类进行认知加工和互动体验的产物。在认知语言学的理论框架下，语言的生成及使用与认知过程密切相关，语言形式不是孤立的，而是在认知活动基础上建构的。体验性的概念化意象图式强调了语言的实际应用与个体认知的紧密联系，语言不仅仅是一套符号系统，更是在人的认知活动中得以体现的表达工具。因此，从心理学的角度理解认知语言学的语言观，有助于人们充分认识到语言形式的产生与认知加工的内在关系，对于语言学习者在理解和运用外语时更具启发，强调了语言学习与认知过程的有机结合。

语言的体验性指人与现实世界之间的互动，体现在语言的产生与使用两个方面。当人的身体与外界环境互动时，产生了经验性体验，这便是语言的本质。语言的形式与表达反映了个体观察世界的独特视角，由此产生了对事物的不同认知。在该认知语言学的观点下，语言不是孤立的符号系统，而是人类对世界进行感知和理解的产物。每个个体的体验都是独特而主观的，因此语言的表达也成为一种个体认知的具体呈现。不同语言的表达方式反映了不同文化和观念，增强了人们对多元文化的理解。因此，理解语言的体验性有助于认知语言学的学习者更深刻地理解语言的本质，并在实际语境中更灵活地运用语言。

语言并非绝对客观的现实反映，而是不同个体在特定视角下对现实体验的具体表达。它是人们体验性认知的产物，反映了每个个体独特的观察和理解方式。因此，语言的多样性源于个体在互动中形成的独特认知和体验，强调了语言的主观性和相对性。在与现实互动体验的过程中，人们通过对相似关系的多个个例进行反复感知和体验，并不断概括，逐步形成基本的意象图式。意象图式存储于心智中，使用者会根据不同的交际目标激活图式，从而产生多样的语言表达。语言的多样性在于个体对丰富体验的独特理解和处理方式，形成了不同的心理图景。因此，语言的表达不仅反映了个体的认知特征，也受到具体交际背景和目的的影响，呈现出灵活、多样的特性。

（三）基于社会学视角的语言观

从社会学的视角对语言观进行分析，可以理解语言为一种社会性的交际工具。认知语言学关注语言的交际性，强调语言知识的产生是在交际行为中不断概括的结果。语言的结构产生于语言的实际使用，凸显了语言作为交际工具的社会性表现。在社交过程中，人们通过语言进行信息传递、意见表达和文化交流，构建共同的语境和理解。语言不仅仅是个体认知的反映，更是社会互动的媒介，通过语言交流，个体在社会中融入和参与，形成共同的语言共同体。

1. 语言知识的形成来自语言的使用

语言知识的形成源于人们对语言的使用，构成元素能否以构式的形式存储在人的头脑中，取决于它们在使用中的频率。语言成分在交际过程中的使用频率越高，与之相对应的意象图式越容易被激活。通过多次使用，语言成分逐渐固化，形成形义配对的构式。以“ring the bell”为例，最初这三个词汇可能没有直接关联。然而，在多次使用的情况下，此短语的形式和意义会被强化，最终以习语构式的形式存储在人的语言记忆库中，说明语言知识的形成离不开对语言的实际运用。此过程强调语言知识的实践性和经验性，是通过与现实世界的互动和体验而逐步建构的。因此，认知语言学强调语言的实际使用对于形成稳定的语言知识至关重要。进一步说明了语言学习和教学应该注重实际语境中的运用，通过多样化的交际活动促进语言知识的形成和固化。

2. 语言知识的目的在于语言使用

语言作为一种交际工具，其存在的目的在于满足人们进行言语行为的交际需求，语言知识的实际价值体现在人们对语言的实际运用中。交际行为通常发生在具体的社会环境中，而不同的语境决定了人们对语言知识的理解和使用方式。在交际中，参与者根据不同的构式，激活自己脑海中的百科知识，以更好地理解对方的交际意图，从而达成有效的交际。以“cool”一词为例，其包含着多种意义，如“很棒”“帅气”“凉爽”等，具体的含义需要根据上下文和语境确定，从而凸显语言知识的灵活性，其实际运用受到具体社会情境的影响。因此，在语言学习和教学中，理解语境的重要性不可忽视。将语言知识放置于具体的交际环境中，学习者能更好地理解词汇和表达方式的实际含义，实践性的语言教学方法有助于学习者更自然、更准确地运用语言，提高其在真实交际场景中的语言能力。

社会学的视角强调语境的社会性，使语言成为一种具有社会性的交际工具。

在该理念下，语言的产生和发展不仅源于人们的使用，而且在使用中不断演化，形成了一种相互影响的关系。认知语言学以使用为基础，强调了语言的最终目的是实现有效的交际。社会学的语言观具有强烈的功能性与实用性，语言不仅是一种交际工具，更是社会生活中不可或缺的一部分。语言的使用是为满足人们在社会环境中的实际需求，如沟通、理解、表达等。因此，从社会学的角度看，语言观强调了语言在社会生活中的应用价值。通过社会学视角对语言进行分析，人们更能理解语言是如何与社会相互作用的。语言是一种抽象的符号系统，更是社会互动的媒介和表达方式。在语言学习和教学中，理解语言的社会性有助于更好地培养学习者实际语言运用的能力，使其能够在真实社会场景中更加灵活、自如地运用语言。

二、基于认知语言学视域下的语言习得观

（一）通用认知能力概念习得

传统的语言习得观强调语言是人类特有的认知机制，认为人类语言的习得离不开独特的语言习得机制。然而，认知语言学提出了不同观点，认为语言习得建立在通用认知能力的基础上。在传统观念中，语言能力被视为一种独立而特殊的认知能力，与其他认知行为相分离。然而，认知语言学认为人类的语言能力并非简单、独立的认知能力，而是依赖于通用认知能力的发展。学习者在习得新语言时，利用通用认知能力感知和理解新的语言结构，同时将新的语言与已有的语言概念和意义相结合，形成关于新语言的概念与意义。此过程实质上是一种概念习得的过程，强调了语言习得与通用认知能力紧密关联。认知语言学主张人类对语言的习得基于通用语言学习机制，这种机制建立在大脑对客观世界的感知基础上。通用认知能力涉及大脑对各种感知和认知活动的整合与处理，而不仅仅是关于语言的独立机制。因此，认知语言学的观点有助于更全面地理解语言习得的本质，并提倡在教学中更好地整合通用认知能力，促进学生对新语言有更为深刻的理解与习得。通用认知能力指大脑对于客观世界的一切感知，包括一些具体的心智活动。如图 3–2 所示。

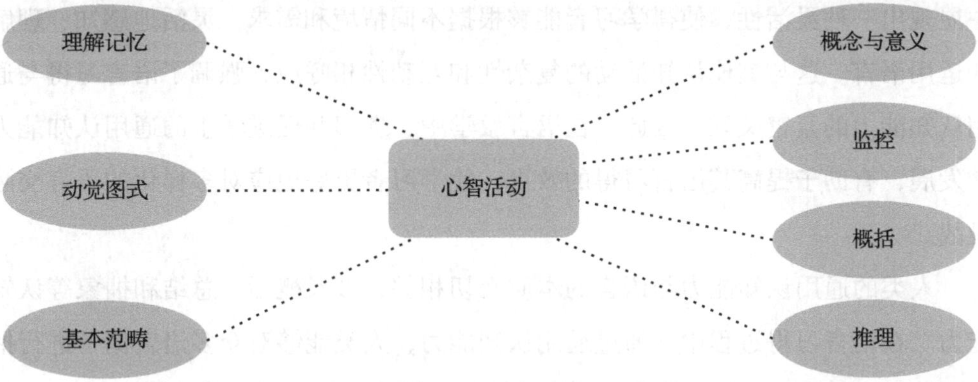

图 3–2　通用认知能力的心智活动

语言的使用与习得是人类对认知进行处理的过程，是人类对客观世界进行感知和理解的产物，其中通用认知能力发挥着重要作用。在认知语言学的框架下，泰勒强调了语言在人类认知中的重要性，并指出任何对语言现象的深入分析都必须以人类的认知能力为基础。因此，通用认知能力被视为是认知语言学的语言习得机制，对语言的认知处理起着关键作用。克罗夫特和克鲁斯提出了认知语言学的三个基本假设，进一步强调了通用认知能力在语言习得中的重要性[①]。首先，这些假设表明语言并非自主性的认知能力，而是众多认知能力之一。其次，语言作为一种认知能力与人类其他认知能力密切相关。这意味着在语言习得的过程中，通用认知能力与其他认知能力相互交织，共同构建了对语言的理解。通用认知能力在语言习得中扮演着感知、理解、记忆等方面多重角色，学习者通过运用通用认知能力对语言进行认知处理，不断感知语言结构、理解语言意义，并将新学的语言与已有的认知体系相整合。此过程既强调了语言习得与通用认知能力的紧密关系，也强调了语言是一种人类认知能力的体现。

语言是人类认知能力的体现，与其他认知活动具有相似性。语言的习得与其他认知活动一样，需要运用开放和自主的语言认知能力。在语言的使用和习得过程中，人类必须综合运用其他通用认知能力。语言认知能力在其开放性和自主性

① 郑开春，刘止光. 认知语言学三个基本假设的语言习得研究证据［J］. 外语教学，2010，31（1）：12–16.

中展现出一种灵活性，使得学习者能够根据不同情境和需求，灵活地感知、理解和运用语言。这与其他认知活动的复杂性和互动性相呼应，强调了语言习得与通用认知能力的紧密关联。因此，在语言教学中，理解并促进学生的通用认知能力的发展，有助于提高其语言习得的效果，使学习者更好地应对多样化的语言交际挑战。

人类的通用认知能力与语言的本质密切相关，涉及概括、总结和抽象等认知能力。在语言习得过程中，通过通用认知能力，人类能够对众多语言例子进行抽象和概括，形成范畴化、抽象化的知识结构，并将具体的语言项目存储于记忆中。随着学习的深入，个体习得的语言知识逐渐构建起一个丰富的知识网络，该网络通过与其他领域的百科知识相联系，最终形成一个相互依存、不断完善的认知系统。系统性的认知结构不仅使人类能够有效地理解和使用语言，还促进了对其他领域知识的整合和应用。因此，在语言教学中，注重培养学生的通用认知能力，特别是概括、总结和抽象的能力，有助于他们更深层次地理解语言本质，提高语言习得的效果。

认知语言学强调人类通用认知能力是语言习得的机制之一，语言能力在很大程度上依赖于通用认知能力的发挥，凸显了二者的密切关系。语言习得过程是一个由多种因素共同作用产生的结果（如图 3–3 所示）。

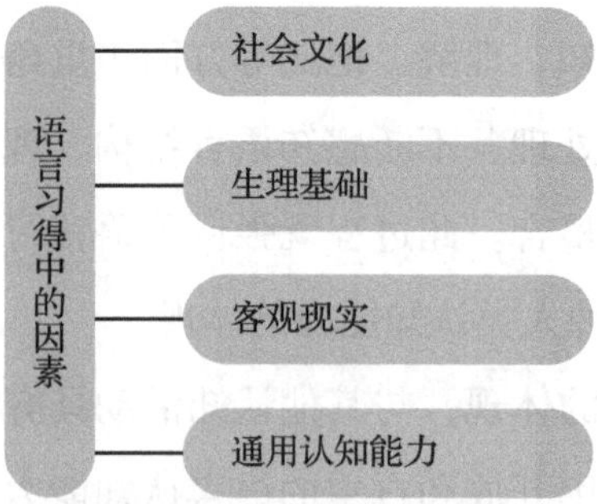

图 3–3　语言习得中的因素

认知语言学通过主张以有意义的形式对社会体验进行抽象化与概念化，深入揭示了意义、概念、认知之间的密切联系。克罗夫特和克鲁斯提出的“语法就是概念化”理论更是直接将概念结构与语法紧密相连，凸显了语言认知能力的主要特征在于经验的概念化。此观点指引着人们理解语言习得的本质，认识语言与思维、经验之间的不可分割关系。语言习得的过程被视为对人类认识方式的学习，意味着学习者在获取语言知识的同时，也在塑造和调整自身的认知结构。具体到外语学习，学习者对空间介词的学习是一个转变思维模式、构建新概念结构的范例。研究表明，不同语言国家的学习者在描述相同语境时，由于母语概念结构的影响，对英语空间介词的选择存在差异。瑞典学习者倾向于使用介词“in”，而芬兰学习者更多使用介词“on”，反映了个体对于新概念结构的形成，在一定程度上受到旧有概念结构的制约。不同国家的学习者尽管学习的是同一外语，但由于文化、思维方式的不同，对新概念结构的理解也呈现出差异。因此，在外语学习中，学习者需要实现转变思维模式、构建新概念结构的任务。学习者在获取新的语言知识的同时，调整个体认知结构，使其适应新的语言环境。认知语言学的核心观点强调语言的习得是对概念、意义整体进行学习的过程，与传统语言学认为需要分别学习语言各个层面的观点有显著区别。在认知语言学的视角下，学习者通过对语言的整体理解，形成更为丰富、深入的认知系统，而非简单地掌握语言的表面结构，此观点对于提高外语学习效果、培养学习者跨文化交际能力具有深刻启示。

（一）具体形义配对的理据习得

传统的语言学通常强调对语言意义和形式两个方面的平行学习，即分别学习语法规则和词汇的意义。然而，认知语言学持有一种更为综合的观点，主张在学习过程中模糊语言意义与形式之间的边界，将具体的形义配对项作为学习的主要对象。在实际的语言习得中，构式并不直接呈现在学习者面前，而是通过具体的形义配对项进行传递。因此，认知语言学认为，学习者应该将具体的形义配对项作为学习的对象，而不仅仅是对抽象的语法规则或词汇进行独立学习。此观点强调了语言学习的实际应用，因为学习者通常是通过具体的语境和实际表达进行学习及理解。将注意力集中在形义配对项上，使学习者更容易理解语法规则和词汇的实际运用，提高语言学习的效果。因此，在认知语言学的框架下，语言学习更趋向于注重语言使用的实际情境，而并非单纯的理论性的语法规则。

现今的认知语言学对构式的认知上主要基于对具体语言发展的研究，戈德堡（Goldberg）进行了关于习得新造构式的研究，发现不论是儿童还是成人，在接触相对较少的语言输入情境下，也能够掌握新造构式的意义与形式。他认为这可能是儿童语言习得的语言输入是不对称和不平衡的，为学习者提供了更多接触具体形义配对的机会。借鉴戈德堡的观点，外语学习者在学习新的语言结构时，可以更多地采用归纳和总结的方式，特别是对那些相对抽象的新造构式。通过更加注重实际语境和具体语言使用的情境，学习者可以更有效地理解和掌握新的语言结构，提高在实际交流中的运用能力。这启示外语教学者在设计教学方法时应注重提供具体的语境，让学习者更多地接触真实的语言输入。通过实际的例子和形义配对项，学习者可以更深刻地理解和运用新的语言构式，使语言学习更加贴近实际应用，从而提高学习效果。

认知语言学认为语言的输入是至关重要的，强调学习者应该注重整体语言意义与形式的学习。在语言习得过程中，学习者需要从多个相似但独立的形义配对项中进行概括与抽象。与传统的生成语法相比，认知语言学对语言习得的理解存在明显差异，更加强调从具体语境和实际语言使用中学习，注重学习者对形义配对的全面理解，而非简单地进行规则生成，提示人们在外语教学中应注重提供多样的实际语言输入，促使学习者在真实语境中理解和运用语言结构，从而更有效地完成语言习得过程。

认知语言学强调语言学习的核心在于形义配对的理据，学习者的语言习得并非简单机械地灌输语言意义与形式的联系，而是建立在语言的意义与形式配对的基础上，通过对抽象语言结构的概括而实现。形义配对的理据来源于人类对现实世界认知的概念结构，受多个因素的影响。每个人对事物的认知方式不同，导致不同的语言形式与意义的连接方式，影响了形义配对的建构。个体对特定概念的认知形成了框架，影响了相关语言形式的习得，使其更容易与特定意义相联系。个体在生活中积累的经验形成了对语言的理解方式，塑造了其对形义配对的认知模式。

认知语言学指出，语言的意义与形式的配对在语言学学科中涉及短语、词汇和语法等多个层面。形义配对的基本原则之一是“同一语义群的语言成分会出现在一个语言群中”。在一个特定的语言群体中，具有相似语义的语言成分往往在形式上有一定的相似性。在外语学习过程中，理解有关的配对原则可以显著提高学习效率。学习者通过注意语义和形式的关系，更有针对性地掌握外语表达，提高对外语语法和词汇的掌握水平。这对外语教学提供了重要的启示，即注重语言形式与意义之间的关联，帮助学生更系统、更深入地理解和应用外语知识。

认知语言学强调学习者通过理解语言形式与意义之间的配对而掌握语言，主张构式的形式与意义应当统一表征。相较于生成语法学的“心智与身体论”以及传统语言习得观中形式与意义的分隔，认知语言学提倡一种更综合的学习方式，将语言看作人类对现实世界进行认知的产物。在此观点下，语言的意义与形式之间的统一关系是有理可据的，而不是二元分离的。此种整体性的认知语言学理念挑战了以往对语言习得的传统看法，更注重学习者对语言知识的整体理解，强调形式与意义之间的内在联系，有助于提高语言学习的效果，还为对语言学科的研究提供了新的思路和方法。通过关注语言形式与意义的统一，学习者可以更深入地理解语言结构，使语言学习更为自然、连贯。

（三）反复使用方式的洞察性习得

传统语言学注重语言习得中的语法知识，将学习者视为被动接受者，强调对规则的基础性了解，使得传统外语教学更加侧重于知识的灌输，忽视了语言使用在习得中的重要作用。然而，认知语言学提出了截然不同的观点，强调学习者的主动性和参与性。在认知语言学的框架下，语言学习被看作一种基于反复使用的过程，而学习者被视为具有主动性的语言参与者。在认知语言学的理念中，学习者被鼓励积极参与语言学习，主动观察语言在不同应用情境中的使用，并通过洞察性习得的过程对语言知识进行系统归纳和总结，使学习者除了是语言的使用者，更是语言规则的总结者和探索者。学习者通过主动参与和运用，能够更全面地理解和掌握语言，促使语言知识更好地融入实际应用中。认知语言学的理念对语言学习提出了新的要求，强调了在学习过程中培养学习者的观察、总结和应用能力。从而有效打破传统教学的单一性，使学习者更灵活地运用语言知识。这样一来，将学习者置于更为积极的学习者角色中，认知语言学为语言教学提供了更为丰富和实用的教学模式。

1. 反复使用方式的语言习得

克罗夫特和克鲁斯在认知语言学方面提出的理论观点深刻而创新，突出了语言知识的形成与语言使用之间的密切关系。他们主张人类语言的知识结构，并不是通过抽象的规则学习而来，而是在实际的语言使用过程中逐渐形成的，引发了对语言习得机制的新思考，尤其是对儿童语言学习过程的独特见解，强调了语境和交际的重要性。在儿童语言学习的初级阶段，克罗夫特和克鲁斯指出，儿童主要通过对人交际的模仿进行语言学习，此观点反映了儿童学习的活跃性和主动性，强调了语言学习的实践性。儿童并非仅仅是机械地复制语言，而是在模仿过程中清楚地知道自己的行为目的和功能，其模仿行为不仅仅是单纯的效仿，而是与交际意图紧密相连。克罗夫特和克鲁斯对儿童模仿行为的分析，揭示了儿童在学习过程中对成人交际语言的模仿是一种确定构式的交际功能与语言项目，此种学习发生在广泛的范围内，既包括对个别语言项目和构式的学习，也包括对整体交际行为的学习。此过程导致儿童逐渐形成固化的构式，熟悉语言使用的形式与交际意图，为后续的语言图式和范畴的归纳、概括奠定了基础。此观点为人们理解儿童语言习得的机制提供了新的视角，推动了对语言学习过程的深入思考。通过将语言知识的形成与实际语境、交际行为紧密结合，认知语言学为人们提供了更为丰富和综合的语言学习理论，强调了学习者的主动参与和实践经验的重要性，为语言教学和儿童语言习得的理论研究提供了有益的启示。

2. 戈德堡的观点

戈德堡的研究对新造构式的习得提供了有益的见解，尤其关注了示例频率和类型频率对语言习得的直接影响，强调同一类新造构式的反复接触对于语言习得的效果具有显著帮助。与认知语言学的理念相契合，认知语言学强调对语言的反复使用能够提高语言习得的效率，而该理念在外语学习中表现为过度概括化的现象。在外语学习中，过度概括化现象反映了学习者在习得语言知识时可能会过于概括规律，忽略规则的特殊情况。例如，英语中动词一般过去时的规则变化形式是在动词后面加 ed，这是一种常见的规律，但存在不规则的变化形式。由于规则形式的高频率出现，学习者更容易强化对规则的感知与记忆，从而促使学习者对这一规则的习得。然而，当学习者面对不规则动词的变化规律时，可能由于过度概括而使用一般过去时的规则变化，导致“过度概括”的现象。认知语言学的洞察性习得观点与生成语法学和真值条件语义学存在差异，生成语法和真值条件语义学追求高度抽象化与普遍化的语法和语义规律，将许多现象视为“边缘现象”而排除在研究之外。相比之下，认知语言学主张将语言习得视为自下而上的过程，强调语言知识的频率和学习者对语言的实际使用。此种自下而上的观点使认知语言学更关注学习者在实际语言使用中对“边缘现象”的习得，与生成语法学的普遍语法观点形成了对比。认知语言学通过对学习者对语言使用的重要地位的确立进行研究，凸显了“边缘现象”在语言习得中的重要性。

3. 洞察性语言习得

认知语言学主张“语言的习得是洞察性（learning by insight）的过程”，强调学习者在语言习得中具有主观能动性，凸显了人类认知在语言习得中的积极作用，强调个体通过自身认知的方式主动选择语言习得的措施。在认知语言学的观点下，语言的习得被看作学习者通过对客观世界的概念化想象力和创造力的过程。强调了学习者与客观世界的互动，产生了相关的语言概念与范畴。不同的认知方式也被认为是个体与民族语言差异出现的重要原因之一，在此过程中，个体的认知扮演着关键角色，通过对外部世界的理解和解读，形成了个体独特的语言概念体系。认知语言学进一步强调学习者具有控制自身认知资源的能力，能够灵活运用语言知识资源和选择合适的语言表达方式。学习者可以通过自己的认知方式而主动选择语言习得的策略。主动性的认知选择包括对非语言认知资源的把握，对语言知识资源的利用，以及对语言表达方式的灵活选择。因此，个体在语言习得中具备了更多的自主权和主动性。

第三节　基于认知语言学的英语教学观

一、基于认知语言学的英语教学原则

（一）洞察性教学原则

认知语言学的洞察性教学原则强调在语言习得过程中洞察性学习的作用，相较于机械性语言习得，洞察性学习能够取得更好的学习效果。洞察性教学原则为外语教学提供了重要的理论基础，使教学更具科学性，帮助学生理解语言学习的本质和原理，进而更有针对性地进行语言学习。莱考夫强调了有理据的学习相对于没有理据的学习更为容易①。这表明，通过给学生提供理论支持和学科背景，他们更容易理解语言知识，更好地掌握语言的使用和运用。在语言学习中，必须明确地教授学生理解语言中某些概念和规则，这与洞察性教学原则相契合。洞察性教学能够帮助学生更深入地理解语言知识，提供背后的理论和逻辑，能够促使学生更全面地认识语言结构和功能，使知识更为系统和有机。通过洞察性学习，学生不仅仅是记住表面的语法规则和词汇，更能理解其背后的逻辑，从而增加知识的内在联系，提高记忆的深度和持久性。洞察性教学有助于培养学生对语言背后文化和社会因素的敏感性，通过理解语言在不同文化中的运用和表达方式，学生更容易形成跨文化的语言意识。洞察性学习使学生更有动力去学习，因为他们明白学习的意义和应用。同时，对语言知识的深刻理解也增强了学生的学习信心。洞察性教学激发了学生对语言学习的主动探索欲望，若提供背景知识和理论基础，学生更有可能成为学科的积极参与者。

（二）“三位一体”教学原则

在认知语言学的外语教学中，“三位一体”原则被认为是语言、文化和思维相互交织的整体，因此在教学中需要综合考虑这三个方面的关系。“三位一体”原

---

① 崔艳辉，Cherdantceva Marina，杜柏权. 乔治·莱考夫的隐喻认知观［J］. 关东学刊，2021（4）：82–88.

则强调了语言学习与文化背景、思维方式的紧密关联，提倡通过综合性的教学方式培养学生的跨文化能力和认知水平。教学者应重视“三位一体”原则，注重认知和情感的重要性，以此体现学生的主体地位，并加强对学生跨文化能力的培养，使得学生能够更全面地理解和运用语言，更好地融入目标文化环境。考虑语言与文化、思维的相互关系，学生更容易理解和记忆与特定文化相关的惯用语，从而提高语言表达的地道性。将语言、文化和思维相互关联，教学者可以帮助学生更深入地理解阅读材料，尤其是涉及文化和思维差异的内容。“三位一体”原则的教学使学生能够更深入地分析语言细节，并将其联系到文化和思维层面，提高了学生的语言文化意识。考虑语言、文化和思维的整体性，学生更容易理解语言表达中的多义性，因为多义性常常与文化和思维方式有关。“三位一体”原则的教学强调了思维与语言、文化的密切联系，有助于提高学生的思维水平，使其更具批判性思维和跨文化适应能力。

（三）整体性教学原则

在认知语言学的外语教学中，整体性教学原则强调语言是一个相互联系的认知整体，人类的认知能力在语言习得过程中相互作用、协同发展。随着社会环境的多元化和外语知识应用范围的扩大，对英语人才的素质提出了更高的要求。整体性教学原则要求在外语教学中同时关注语言的宏观层面和微观层面，即从整体出发，全面促进学生的语言习得。微观层面的外语教学关注具体的语言音、形、义等知识，是语言学习的基础。宏观层面的外语教学涉及社会、文化、认知情感等多个方面，旨在培养学生更全面的语言素养。教学过程中要注重学生认知和情感的统一协调，以促进全面的语言习得。情感的投入可以激发学习者对语言学习的兴趣，认知的深入理解则为情感的表达提供更丰富的语言工具。教学内容应该通过多种方式呈现，包括视听、阅读、口语等，以满足学生不同的学习需求和习惯，有助于从多个角度、全面地理解和运用语言知识。教学应该强调语言和文化的紧密联系，使学生能够在语言习得的同时更好地理解和尊重目标语言所处的文化环境，从而培养学生的跨文化交际能力。整体性教学原则下的外语教学强调将语言学习置于更广泛的认知背景中，使学生在学习语言的同时能够更好地理解和运用语言背后的文化和社会知识。通过对宏观和微观两个层面的综合教学，学生可以更全面地掌握语言技能，提高语言应用的广度和深度。这种综合性的教学方式有助于培养学生的综合语言素养，使其更好地适应多样化的语言使用环境。

二、基于认知语言学的英语教学目标

认知语言学强调语言由大小不一的构式单位组成，学习者通过接触语言材料进行构式学习。在外语教学中，应以帮助学生熟练掌握各种构式为目标，促进学生在语言学习过程中形成完整的认知结构。注重构式的教学，学生能够更灵活地运用语言，提高语言应用的能力。该教学理念注重学生的主动参与，使其在实际语境中理解和应用构式，从而更好地适应语言的实际运用环境。

认知语言学在外语教学中的构式教学理念强调词汇和语法的联系，将它们视为相辅相成的认知整体。传统的外语教学通常将词汇和语法分开教授，导致学生难以在实际语境中灵活运用所学知识。相反，认知语言学认为构式教学是更为综合、有机的教学方式。构式教学中的关键概念是词块，指频繁出现、形式和意义相对固定的词语组合。教授词块能够使学生更深入地理解词汇的搭配、类别和用法，由于词块具有整体性，学生掌握一个词块就相当于涵盖了多个单词，这有助于提高语言的语用功能。在构式教学中，通过对词块的反复操练，学生能够更加熟练地将词汇和语法结合起来，形成更为自然、流利的语言表达方式，能够更好地应对实际语境中的交流挑战，促使他们在语言运用中展现更高的水平。构式教学的优势还在于它注重对语言实际运用能力的培养，使学生在词汇和语法的学习中更具主动性。通过强调构式教学，外语教学可以更贴近实际语言使用情境，培养学生在真实交际中更为自如地运用语言的能力，使学生在语境中更自然地掌握语法规则和词汇用法，从而提高语言的流利性和表达的准确性。

认知语言学的重点在于强调语言构式的综合作用，强调将构式的形式与意义联系起来。该理念凸显了意义与形式之间的合理性，为解释各种语言现象提供了有据可依的基础，降低了语言系统的随意性。与传统外语教学相比，认知语言学在探索意义与形式间的理据上取得重要进展，拉近了语言形式与意义之间的关系，为语言学习提供了更为科学的依据。强调理据性的教学方法增强了学生对语言学习的理解，使他们更深刻地领悟语言形式与意义的内在联系。因此，认知语言学的教学理念不仅提高了语言学习的效果，也丰富了学生对语言结构的认知。

三、基于认知语言学的英语教学过程

认知语言学认为，语言意义的动态发展以语言的具体意义为中心，通过经验处理机制和人类认知建立起从具体意义向边缘意义扩展的网络。在教学中，面对较难掌握的语法与多义词，可以采用先让学习者熟悉具体意义的方法，然后通过具体意义向其他意义扩展，帮助学习者建立不同用法之间的概念联系。教学者还可以通过意义间的理解关系，运用认知机制进行分类展开教学，最终增强学生的记忆效果。认知语言学在外语教学中注重语言构式的重要作用，突出了语言意义的重要性，强调了语法和词汇作为连续体的积极意义，对教学起到指导作用，使教学更注重学生对语言结构的理解和记忆，而非简单的机械记忆。因此，认知语言学下的外语教学应以理据驱动，注重学生对具体语言意义的深入理解，倡导通过具体例子构建起抽象语言知识的框架，从而使学生更主动、更有效地学习语言，在提高学生的语言水平的前提下，有益于培养学生的语言思维能力。

认知语言学下的外语教学需要在对语言基本特征的认识基础上，选择具有教学启发性的观点来展开教学工作。教学者在此过程中应该具备创新意识和前沿意识，不能对过去的教学经验进行全盘吸收，同时也无需将认知语言学视为教学的唯一法则。人类语言的多元性和复杂性意味着不同民族在历史、政治、文化、生活等方面存在差异，认知语言学并不能覆盖所有语言现象，也不可能对所有细节都提供理据解释。在外语教学过程中，认知语言学为语言主动习得与使用提供了相关理据解释，但这并不意味着一切都可以被纳入认知语言学的框架。外语教学的过程涉及语言主动习得与使用，需要教学者和学习者共同努力。教学者应该灵活运用认知语言学的理据，结合学生的实际情况和需求，制定合适的教学策略。学习者也需要积极参与，主动运用认知方式，理解并利用语言的形式和意义之间的联系。在认知语言学的框架下，外语教学可以更注重学生的主动参与，培养他们的语言认知能力。教学者可以通过创新的方法和启发性的教学，引导学生在语言习得过程中更灵活地运用认知机制。同时，教学者需要在实践中不断总结经验，不拘泥于一成不变的教学方式，确保教学的前瞻性和创新性。

四、基于认知语言学的英语教学内容

在高校英语教学中，认知语言学的应用强调了语言输入方式和频率对学习者语言习得的影响，主张通过自下而上的学习方法，即从具体的语言实例出发，逐步构建和理解语言规则。重要的一环是不对称频次输入的应用，这意味着在提供语言输入时，教师会设计教学内容，使得目标语言结构中的典型例子比非典型例子出现得更频繁。例如，如果教授某个特定的语法结构，教师会选择那些在自然语言中更常见、更典型的例句作为教学材料，而较少使用不常见或非典型的例句，有利于学生更快速、更有效地掌握和应用新学的语言结构。不对称的语言输入方式能够更好地促进学生对新语言结构的理解和掌握，主要是因为学生在处理高频率的典型结构时，可以更快地识别和内化这些结构，从而加快学习进程。

在高校英语教学中，教师应当注重通过分级输入方法优化学生的语言学习过程，核心是调整语言结构的输入顺序、分布和频率，以适应教学目标。初始阶段，教师应重点输入那些高频且重复的典型语言结构，为学生构建语言知识的基础。随着学生对这些基础结构的掌握逐渐加深，教师再逐步引入低频率出现的非典型成员。典型成员的频繁输入对学生理解和应用新学的语言结构至关重要，此种结构的重复出现可帮助学生巩固基础知识，提升对语言构式的掌握能力。分级输入的方法还能促使学生逐步从简单到复杂的语言结构过渡，有效地提高语言学习的效率。

在高校英语教学中，教师的一项关键职责是提供自然且真实的语言输入，这通常呈现为不对称频次的输入模式。日常交际中频繁使用的典型语言结构应被更多地引入教学中，而较少出现的非典型结构则相对较少提及，以确保学生接收到既自然又地道的语言材料。通过集中于日常交际材料，学生可以更好地理解和吸收那些在真实语言环境中常用的表达方式和句式。自然输入的方法不仅提高了学习的实用性，也有助于学生更快地适应实际的英语交流场景。

在高校英语教学中，外语知识的输入是一个复杂且易受多种因素干扰的过程。理解有关的影响因素利于提高教学效果。外语目标项目的复杂程度受学生母语背景的影响，可能导致外语的某些方面更难被学习者掌握，母语和外语间的差异需要通过有效的教学方法来弥补。学习者的注意力水平也是一个关键因素，学生在学习过程中的专注程度会直接影响他们对外语知识的吸收和理解。因此，应设计吸引学生注意力的教学活动和材料。语言构式的输入频率影响了学习者的语言习得，认知语言学强调不对称频次输入的重要性，即常用语言结构的频率高于非典型结构，促进了学生的偶然学习，帮助他们更自然地吸收语言。显性教学的应用能够弥补学生对外语与母语差异了解不足、提升归纳总结经验以及补充不足的输入等问题。

五、基于认知语言学的教学效果提高

20 世纪 60 年代，外语教学界曾流行一种“不干预”理念的教学方法，强调模仿母语习得的过程来学习外语。尽管此种方法在某种程度上能提高学习者的语言输入能力，但对于语言输出能力的提升却效果有限，长期来看难以达到理想的语言习得效果。在高校英语教学中，认知语言学的应用为提升教学效率提供了新的视角。认知语言学强调通过显性教学手段，以及不对称频次的教学内容输入来促进学生的偶然学习效率。显性教学在补充学生对外语与母语差异理解不足、提高归纳概括能力，以及解决语言输入不足等方面发挥了重要作用。通过显性教学，教师可以更直接、明确地向学生展示语言的使用规则和结构，帮助学生形成正确的语言知识体系。不对称频次的输入策略能够确保学生接触到更高频的语言构式，从而加速学生对语言构式的习得和掌握。

六、基于认知语言学的教学活动设计

高校英语教学中，在采用认知语言学的方法时，教师应注重活动的体验性和交际性。这种方法不仅加强了语言学习的实用性，还增强了学生将语言知识应用于实际交流的能力。通过模拟真实的交际场景，学生能更深入地体验语言的使用环境，从而更有效地掌握和运用英语，这符合时代发展对人才的要求，旨在培养学生的实际交际能力和解决问题的能力，使他们能够在不断变化的社会环境中有效地使用英语。

（一）设计体验性教学活动

高校英语教学中融入认知语言学的理念，强调体验性在语言学习中的重要性。认为学生是认知和实践之间的桥梁，通过亲身体验来掌握语言。因此，在设计教学活动时，应侧重于创造真实的语言使用场景，让学生通过实践体验而习得英语。增强了学生对语言知识的理解，且提高了他们将所学知识应用于实际交流的能力。通过体验式学习，学生能更深刻地感受语言的实用性和生动性。

在高校英语教学中，融合认知语言学的体验性教学活动，可以有效提升学生的语言学习效果。教师应引导学生进行有效的预习，确保学生对即将学习的内容有初步了解，以便在课堂上更深入地探讨和练习，从而提高教学效果。通过多样的教学媒介呈现语言材料，鼓励学生自主探索和归纳语言规律，使学生在实际的语言使用中发现并应用有关规律，进而建立自己的语义网络。利用肢体语言帮助学生理解和记忆抽象的语言概念，通过戏剧化的表演、角色扮演等，增强语言学习的体验性，使学生更容易理解和记住课程内容。结合对话、讨论、叙述和表演等活动，让学生在模拟的语言环境中实践并掌握语言知识，尤其是语法结构。安排学生在课后进行各类实践活动，如复习课堂内容、观看相关视频、完成写作任务等，以加深对所学知识的理解和应用。学生可将作业以纸质或电子形式提交，教师则采用不同的批改方式，如全面批改或关键点批改，手动或软件批改，甚至组织学生互批，以增强学习效果。

（二）设计交际性教学活动

随着社会对外语教学的日益重视和对人才要求的提升，外语教育有利于培养学生的综合能力。语言作为一种基本的交际工具，其教学目标不仅是语言知识的掌握，更重要的是培养学生的语言应用能力。为此，认知语言学下的外语教学，特别强调语言的交际性。在设计交际性教学活动时，应循序渐进的原则。初级阶段的语言学习应以简单、基础的语言任务为主，帮助学生逐步熟悉外语的基本语言要素，如单词、短语和基本句型。该阶段的目的是为学生奠定坚实的语言基础，使其能够在简单的语境中进行基本的交流。随着学生语言水平的提升，教学难度相应增加。此时，学生应更多地将注意力集中在复杂的语言交际任务上，从而促进学生的语言技能发展，还能够提升他们的思维能力和文化理解力。

1. 使用交际性英语教学模式

高校英语教学中，采纳交际性教学模式的实践日益受到重视。交际性教学模式主要侧重于多方主体之间的认知交流和相互作用，超越了传统的讲授式教学方法，更加注重师生和学生间的实际沟通和互动。在交际性教学中，师生和学生之间在多样化的情境下进行频繁且紧密的交流，鼓励学生积极参与并运用英语进行实际交流。交际性教学模式使学生能够在真实或近似真实的语言环境中练习英语，从而更好地理解语言的实际用途。交际性教学模式有助于培养学生的批判性思维和问题解决能力。在互动交流的过程中，学生不仅学习到语言知识，还能提升个人的沟通能力和社交技巧。与传统讲授式教学模式相比较而言，交际性教学模式具有诸多优势，主要表现在以下几点：

（1）学生主动学习。高校英语教学中采用的交际型教学模式，特别强调学生的主动学习，改变了传统课堂中师生单向的信息传递方式，而且有效地促进了学生的主观能动性。在此种教学模式下，学生被鼓励主动参与到教学过程中，通过互动与合作，提高对英语学习的兴趣和参与度。例如，学生通过小组合作、参与课堂讨论、角色扮演或个人发言等多种形式积极参与学习过程。不局限于课堂内的活动，还可以延伸到课外的多种实践中。在多元互动的教学环境中，学生能更深入地理解和掌握英语知识，同时能培养其解决问题的能力和批判性思维。交际型教学模式还有助于学生识别并解决学习中的具体问题，他们学会了在特定的语境中运用英语，提升了语言运用的实际能力。

（2）以书本理论转化为学生的交际能力为导向。传统教学模式往往过于强调理论的输入，忽略了理论与实际应用之间的紧密联系。为了弥补这一不足，交际性教学模式应运而生，它强调在真实的语言环境中进行学习，通过实际的交际活动帮助学生理解和内化理论知识。在此种教学模式下，教师不仅是知识的传递者，更是引导者和协助者。他们通过组织讨论、实际情境模拟、角色扮演等多种形式的活动，引导学生在真实的交际过程中理解和应用理论知识，使理论知识更加深入人心，而且有效地提升了学生的语用能力。交际性教学模式的另一个重点是将理论知识与学生的实际交际能力相结合。鼓励学生将课堂上学到的理论知识应用于真实的交际情境中，以解决实际问题，能够让学生更好地掌握英语，为他们提供了一个将理论转化为实践的平台。

（3）学习效果更佳。传统的教学方式往往以教师为中心，信息传递呈单向流动，即从教师到学生，限制了学生的参与度和主动性。相比之下，交际性教学模式则转变为多向互动，不仅在师生之间，在学生之间也创造了一个更加动态和参与性强的学习环境。在交际性教学模式下，学生是知识的接受者，而且成为课堂教学内容和进程的共同管理者，使学生能够在真实、有趣的语言环境中活跃地运用英语，使得学习内容与实际情境更加贴近，也增强了学生的兴趣和动力。学生在这样的环境中，不仅能够实现实际的学习需求，还能体现自我价值，极大地提升了学习效率。交际性教学通过多样的教学活动，如小组讨论、角色扮演和案例分析等，增强了学生的参与感和实践能力，提高了学生对英语语言的掌握程度，还培养了他们的批判性思维和创新能力。

2. 重视非语言交际教学

在高校英语教学中，非语言交际的教学被赋予了重要的地位，主要是因为非语言交际行为不仅是人类认知活动的反映，而且在不同的交际场合中能表达丰富多样的含义。从语言交际的特点看，既有自觉和不自觉的表达方式，又有明确和模糊的示意；包含了先天性和后天性的元素，涵盖了具体和类推性的内容；在不同文化中表现出共性和特性；能够表达个人情感，进行人际交流；能表现信任和怀疑，以及欣喜和悲伤等情感。非语言交际形式的多样性使其成为人类传递信息的重要手段，在高校英语教学中，注重非语言交际的教学，不仅有助于学生理解和学习人类非语言认知的多种形式，还能够提升学生在实际交际中运用英语的实用性和有效性。比如，通过身体语言、面部表情、手势、眼神交流等非语言元素的理解和运用，学生可以更加生动和真实地表达自己的情感和意图，也能更准确地理解他人的交际意图，从而提高交际的效率和质量。

非语言交际，如肢体语言、面部表情、眼神交流等，是人类传递信息的重要手段，尤其在跨文化交流中发挥着不可忽视的作用。教师在教授语言交际的同时，应强调非语言交际的重要性，重视跨文化非语言交际教学。教师应介绍不同文化中非语言交际行为的差异，帮助学生理解并适应有关差异。课堂教学内容中应强调语言交际和非语言交际之间的关系，使学生能够有效地结合两者进行有效的交际。教师应将非语言行为和手段融入课后练习和讲解中，使学生在理解语言知识的同时，能掌握非语言交际的技巧。例如，通过课文中的非语言行为的例子，帮助学生理解非语言交际在实际情境中的应用。利用多媒体教学手段，如电影、电视和录像，向学生展示英语文化中的非语言交际行为，生动的视觉材料能帮助学生更直观地了解非语言交际的多样性和复杂性。如果条件允许，可以开设专门的非语言交际课程，对该领域进行系统性的教育。专门的课程可以更深入地探讨非语言交际的各个方面，如身体语言、面部表情、声音的变化等。教师可组织小组活动，鼓励学生参与非语言交际的课题讨论和实践。学生通过小组合作，可以共享知识、探讨问题，并在实践中提高自己的非语言交际技巧。教师需要深入了解汉语和英语的非语言行为特点，还要通过对比研究，帮助学生克服文化差异所带来的障碍，以便更好地适应不同的交际环境。

认知语言学视角下的高校英语教学强调语言学习作为一种习惯养成过程，其中语言的使用和社会性受到特别重视。此种教学理念不仅关注语言的认知层面，也深入探讨其社会功能，从而形成了一个全面的语言学习和教学体系。在该理论的指导下，外语教学注重语言的形式、意义和功能的平衡，有效提升了教学效率。

第四章　认知语言学视域下的英语听力与口语教学方式转变

第一节　英语听力与口语教学总论

一、英语听力教学概述

（一）听力的定义及特点

1. 听力的定义

听力是语言学习中的一部分，学者对听的概念和理解有不同的角度和定义。听力不仅仅是被动接收声音信号的过程，更是一个主动的、构建意义的活动。罗宾（Rubin）将听定义为一个主动的过程，听者在听的过程中可以选择性地关注某些信号，然后对有关信号进行解释，从而确定正在发生的事情以及发话人的意图。这表明听者在听的过程中起到了积极的作用，不仅仅是被动接收信息。罗斯特（Rost）将听界定为一种在头脑中构建意义的活动，将听分为四种取向：接收型的听，建构型的听，协作型的听，转换型的听。表明听者不仅仅是 passively 接收信息，还在头脑中构建和表征意义。赫尔格森（Helgesen）认为，听是一种有目的、主动的信息加工过程，听者需要努力将所听内容弄懂。林奇和门德尔松（Lynch & Mendelssohn）指出，听力与口语密切相关，但同时也受到其他声音和视觉输入的影响。听者需要凭借已有的知识和上下文经验来理解语音，同时，听力不是单一的过程，它包含了多个连续相关的处理过程，如分割语音、理解语调、分析句法、理解语境等。

2. 听的特点

（1）即时性。听力的即时性意味着它通常在实际情境中发生，无法提前计划或预演。对听者提出了挑战，因为他们需要在瞬息万变的情境中理解和应对听力材料。为了帮助学生克服挑战，教师在英语教学中应注重培养学生的听力适应能力，使他们能够灵活应对各种听力情境，可以通过提供多样化的听力材料、定期的听力训练、强调听力策略以及实际场景的模拟等方式实现。教师的目标是让学生具备随机应变的能力，从而更好地理解和应对即时发生的听力挑战。

（2）同步性。同步性指"听"与"说"两种活动常常同时进行，基于此种情况下，听力与口语的发生过程相互伴随。具体而言，口语是听力的接触阶段，两者紧密相连。听的发生过程随着口语的发生过程而进行，意味着有了听力的过程就会有口语的过程。然而，需要注意的是，有口语的过程并不一定伴随着听力的过程。因此，同步性强调了听与说的相互关联，凸显了口译在这一过程中的重要性。口译不仅仅是语言的转换，更是对同步性的敏感捕捉，确保信息在听与说之间的无缝流动。

（3）过滤性。过滤性听力指在听的过程中有效选择信息的特征，通常情况下，一字不差地复述发话人的内容是相当困难的，然而，陈述出发话人所讲内容的主旨却是相对轻松的。主要是因为听力是一种连续性语言的听辨，人们更注重谈话的主要内容，而对于孤立音素关注较少。在听的过程中，关键在于紧紧抓住发话人的"主题"，并理解以此展开的事件的过程、时间、地点、性质以及发话人的意图与心态等内容。通过专注于关键信息，人们能够在头脑中建立起一种连贯的关系，保持与发话人话语方向的一致性，从而构建基本的语义框架。

（4）推测性。推测涉及两个关键环节：对信息进行必要的预测和对信息进行推理。这需要建立在已知信息的基础上，通过推测未知的关联性手法进行思考。在听的过程中，重要的是选择与发话人信息相关的内容，并通过显性或隐性的关联来解读发话人的意图。通过有效的推断，听者能够更全面地理解对话中的信息，使之更加有意义。因此，在听力教学中，教师需侧重培养学生对语言信息的预测能力，还应关注推理能力的培养。这有助于学生通过有限的信息片段构建更完整的语境，理解说话者的意图并做出准确的推测。教育者的任务是引导学生通过推测性思维，提高他们的听力理解水平，使他们在真实语境中更灵活地运用语言。

（5）时效性。时效性在听的活动中具有重要意义，指的是在单位时间内对信息进行理解和加工的效率。时效性的衡量主要依赖于两个关键因素：一是时间的紧迫性，二是判断的及时性。在听的过程中，由于声音信息的输入是流线型的，听者必须在有限的时间内迅速判断输入的信息，而时效性是判断听力理解能力的重要依据。引入“时效性”这一概念有助于听者逐渐培养计划、监控和评估的元认知策略，同时促使他们更好地利用已储存与检索的信息来高效处理问题。对于提升听的效率而言，听者必须解决个体听力时效性的问题，否则他们将难以理解发话人接下来的话语，导致交际难以顺利完成。

（6）共振性。共振性听力具有瞬间感应性，符合对应性原理，是基于经验惯性的基本特征，这是根据我国学者张今的观点得出的。在听的过程中，大脑中已有的知识会在新知识输入时被激活，产生共振效应。这意味着储存在大脑中的知识会影响感知能力，知识储备越丰富，感知能力越强，相应的瞬时感应性效率越高。共振性听力不仅仅关乎语音感知的记忆，还牵涉百科知识和“编码—解码”的程序。通过对多方面知识的整合，听者能够更迅速、准确地理解输入的信息。共振性听力的特点使得听者在接收新信息时能够迅速建立与已有知识的关联，从而更好地理解和记忆。在语言学习中，培养共振性听力有助于提高学生对语言的敏感性，使他们更容易理解和运用复杂的语言结构。教育者应注重创设多样的学习环境，以激发学生大脑中已有知识与新知识之间的共振，促使他们在语言学习中取得更好的效果。

（7）情景制约性。听力是一种在特定时间、地点、场合、情况下发生的活动，导致了不同听的情景的出现。情景的细节往往决定了话语的意义，并为之后话语的理解提供了重要的线索与提示。在听力教学中，教师通过情景训练可以帮助学生提高对这些情境的敏感性，使他们能够更准确地理解语言。教学中应注重为学生设置真实的情景，培养他们的情景意识，从而逐渐提高听力能力。通过情景制约性的训练，学生可以更好地应对各种语境下的语言使用，增强他们对于不同情境下语言的理解和运用能力。教师在设计听力教学任务时，可以结合真实场景，让学生置身于实际情境中，使得他们的听力训练更贴近实际生活。

（二）听力理解的过程

1. 自上而下模型

自上而下模型指听者利用自身的记忆和知识对发话人的话语进行推理、判断，并预测发话人可能要表达的内容。听者的记忆不仅包括已掌握的知识，还涵盖了对周围环境的了解。听者的记忆系统是由多种节点相互连接而成的复杂网络，存储在大脑中。在听力理解的过程中，听者首先接收发话人所说的话语，然后根据其中的某个或多个关键词建立与之相关的记忆网络，并以图式的形式存储在大脑中，用于帮助听者理解和记忆听到的信息。图式不是静态不变的，会根据新的信息而不断发生变化。新信息的注入会导致新图式的形成，同时旧图式可能被替代或补充。

在听力理解中，对旧有信息的丰富和补充是一个复杂过程，它可以增强对信息的理解，但也可能导致对交际者本意的曲解。此过程在词汇层面尤为明显，以词汇“turn”为例，其不同的短语搭配可以激活不同的图式和含义。例如，“turn yellow”表示变黄，而“turn up”表示出现或找到，“turn over”表示仔细考虑，等等。不同的含义需要根据特定的语境确定，因此听者必须在实际听力中根据上下文来建构整个句子或语篇的意义。意义建构的过程不局限于词汇层面，还涉及句子和语篇层面。听者不能仅仅依赖字面意义来推测发话人的意图，因为这可能导致片面或错误的理解。在听力理解中，听者需要不断产生与所听内容相关的信息，并在大脑中激活这些信息，以便对前面的词汇含义进行补充，并最终理解整个句子或语篇的含义。

2. 自下而上模型

自下而上模型与自上而下模型是相对的，具体指听者通过将注意力集中在话语的语音、词汇以及功能短语等不同的部分，从而理解话语内容的过程，即对意义进行解码的过程。自下而上模型包括两种途径，即辨认的过程以及片段解码的过程。

（1）辨认的过程。辨认的过程是听者对语音流中的单词和音位特点进行整体把握及辨认的过程，单词作为能够表达意义的最小单位，必须在意义解码之前被准确辨认。此过程包括前瞻性和回顾性两个重要方面，它们对听者的听力理解能力产生深远影响。前瞻性意味着当听者听到一个单词时，他们应该能够运用语义规则和已掌握的语法知识来预测接下来的单词是什么。要求听者能够在听到语音信息时进行前瞻性处理，以建立对即将出现的内容的期望和准备。前瞻性能力使听者能够更快地理解和适应正在听到的内容，从而提高了听力理解的效率。回顾性指辨认过的单词有能力激活听者大脑中已有的词汇和意义，使新单词与旧有知识相联系。当听者辨认一个单词时，他们应该能够将其与已知的单词和概念相关联，以便更好地理解整个句子或语段的含义。回顾性的能力有助于听者将听到的信息与他们已有的知识库相结合，实现对意义的更全面理解。在听力理解的过程中，学生不能依赖视觉信息，必须依靠听觉获取准确的信息。特别是在对单词进行辨析时，学生需要根据词义的关系和上下文来判断单词之间的联系。词汇辨析是学生音位能力的反映，即觉察特征与划分节奏。

1）觉察特征。在听力理解的过程中，觉察特征的作用十分关键，人类大脑中存在的神经元网络能够对音频信息中的特征进行辨析，以实现对不同因素的辨别。然而，在母语学习过程中，一些神经元网络可能没有得到充分发挥，甚至慢慢退化。这时，能够辨析音频特征的部分变得至关重要。使得母语听者更容易正确辨认母语音素，但对于二语音素的辨认可能更具挑战性。特别是在英语这样一门复杂的语言中，省略、连读和弱化现象非常普遍，从而为学生在辨认音位方面增加了难度。以连读现象为例，连读是一种在句子和词组中将前一个词的末尾音与后一个单词的开头音连起来读的现象，此种发音方式省时、省力，同时使语音更加连贯和流畅。例如，单词组合“after all”可以连读为 /'a：ftar：l/ 或 /'a：fto o：l/，而“better off”可以连读为 /'betar of/ 或 /'beta of/。在这些情况下，两个单词之间的边界变得不那么明显，出现了连读现象。然而，此种现象可能导致听者的理解误差，他们可能会将前后两个词的词义连接在一起，错误地理解为一个新词，从而产生理解上的偏差和困难。

2）划分节奏。划分节奏是词汇辨析中的一种形式，涉及将听到的语音根据节奏和重音等特征进行切分，以词汇为基础进行处理，并构建意义。划分节奏的整体性使听者能够更好地理解和应对不同语音节奏的变化，从而提高听力理解能力。特萨和斯莫伦斯基（Tesar & Smolensky，2000）提出了一个最优化理论，该理论基于“音位—词汇系统”和“音位—句法原则”，并提供了本族语者切分母语节奏的方法[①]。此方法首先将语流切分为不同的语块，然后将这些语块进一步切分为独立的单词。对于本族语者来说，随着语言能力的提高，他们能够更自动地进行切分，并且切分更加精确。本族语者的切分主要依赖于两个方面：一是重音切分，重音的出现通常标志着新实词的开始，而大多数英语实词的重音通常在第一个音节上出现，使得听者能够根据重音来切分语流，从而更好地理解词汇；二是停顿切分，语流中的停顿单位通常伴随着一个突出的实词、单词或短语。每隔 2~3 秒出现一个意义单位，而这些单位通常需要停顿而进行切分。

（2）片段解码。片段解码是听者在听的过程中将连续的语音流划分为若干单位的过程。此过程不仅涉及对词汇的辨析，还需要学生能够结合节奏和重音等特征进行切分语音流，以便更好地理解和应对不同的语音节奏和重音模式。随着学生年龄的增长和英语水平的提高，他们的词汇辨析能力将与片段或语篇结合起来，从而使他们更好地理解重音的变化和语流的切分，使对话更丰富、更自然，语言交际更真实，此过程即为片段解码。在听力练习中，教师应注重培养学生的片段解码能力。例如，教师可以设计一组对话，要求学生分组练习。当一方听另一方说话时，他们需要记录对方强调的内容。在对话结束后，两位学生可以进行讨论，以检查对方是否理解了自己话语的意图。如果存在不同的观点，教师可以组织全班讨论，以帮助学生更好地理解音素规则和语流切分。通过多次重复训练，学生可以逐渐准确地理解和把握发话人的意图。值得特别注意的是，片段解码不仅关注具体信息，还要准确把握整个片段和语篇的信息。

---

① Bruce Tesar，Paul Smolensky. Linguistics and Philosophy［J］. Learnability in Optimality Theory，2002（1）：7-14.

3. 交互式模型

交互式模型是一种将自上而下模型与自下而上模型结合的听力理解模型。在这个模型中，自上而下模型和自下而下模型相互依赖和相互促进，共同构成了听力理解的过程。听者需要同时进行词汇和语法层面的辨析，以及运用已有知识来增强理解。在某些情况下，区分解码活动可能会有一定的困难，甚至在分清后对听力效果也没有显著影响。然而，对于不同水平的听者来说，情况可能会有所不同。交互式模型强调听力理解是一个综合性的过程，不仅涉及底层的音素、词汇和语法处理，还包括上层的语境和已有知识的应用。因此，听者需要同时进行不同层次的处理，以便全面理解听到的内容。交互式模型反映了听力理解的复杂性，因为不同的听者可能会根据他们的水平和经验在解码和理解方面有不同表现。

对于初级的听者来说，重点应放在自下而上模型，即对语言形式进行解码的阶段。在此阶段，学生需要首先理解发话人所说的话语的字面意义，然后才能进一步理解发话人的真正意图，逐步的理解过程有助于学生建立自信并激发学习兴趣。然而，在设计听力任务时，教师需要注意有关问题，特别是对初学者。初学者通常会更关注听力材料的语音、词汇和语法方面，而忽视了意义的构建。因此，教师应确保听力任务有助于学生在语言形式方面的理解，同时逐渐引导他们关注意义层面的内容。由于初学者的英语水平有限，他们可能对上下文语境的理解能力较差。因此，在设计听力任务时，应尽量简化语境，使学生更容易理解听到的内容。随着学生英语水平的提高，可以逐渐增加语境的复杂性。

对于高级听者来说，听力的重点逐渐转移到意义的阐释上，即处于自上而下的模型中。在此阶段，初级学习者经常会在理解字面意义时遇到困难。因此，高级阶段的学习者需要特别注意将新知识与旧知识相结合，同时考虑语境因素，以弥补初级阶段的学习经验。在听力教学中，教师应首先识别不同学生在听力学习中可能遇到的障碍，包括理解字面意义和处理语境因素方面的障碍。教师可以分析导致这些障碍的原因，并解释学生在不同层面出现的矛盾和不一致之处。通过帮助学生理解矛盾，教师可以确保他们的听力学习顺利进行。

4. 三阶段模型

（1）感知处理。感知处理指对声音和书面信息的原始编码进行感知的过程，在口头语言理解方面，感知处理的主要任务是识别言语。一旦信息进入人的认知系统，它们会在回声记忆中被储存，但此种储存只能保持短暂的时间。在该阶段，听者会将听到的文本储存于短时记忆中，并尝试对其进行解码。此过程是理解口头语言的第一步，它涉及听者的听觉感知和语音识别能力。听者需要将听到的声音与语音库中的元音和辅音进行匹配，以识别出单词和语音单位。然后，识别出的语音单位会被传递到更高级的认知过程中，以进一步理解其含义和构建句子的语法结构。

（2）解析。解析，又被称为句法分析，在口头语言理解中扮演重要角色。听者利用语义、句法结构等线索对话语进行切分和理解，同时运用语言的结构、语义原则和语法规则等，构建有意义的心理表征。

（3）运用。运用阶段是口头语言理解过程中的关键步骤，听者将之前建构的心理表征与长时记忆中的图式和命题结合起来，通过运用真实世界的知识和语言学知识来识别命题的含义，从而更深入地理解口头语言的内容。运用阶段的重要性在于它对于理解起着决定性的作用，通过将抽象的语言信息与已有的知识相结合，听者能够更准确地解释和理解所听到的内容，使之与个人的认知体系相契合，有助于构建更为全面和深刻的理解，确保口头语言的传达和接受在交际中更为成功。

（三）影响听力理解的因素

1. 学习者

（1）语言水平。学习者的语言水平是影响听力理解的主要因素之一，学习者的语言知识越丰富，包括语音、词汇、语法等方面的知识，他们在听力理解方面的表现就会越出色。相反，语言水平较低的学习者在听力理解上可能效果较差。语言知识的积累和掌握为学习者提供了更好的工具，使他们能够更准确地辨别和理解口头语言中的信息。

1）语音。语音是语言的物质外壳。在听力理解过程中，学习者需要具备语音方面的知识和技能。他们需要熟悉每个词汇的标准发音，正确的发音是确保听者能够准确理解口头语言的关键因素之一。了解语流中的吞音、连读、弱化、同化等发音特点同样不容忽视，有关特点在口语中经常出现，如果学习者不了解它们，可能会导致听力理解困难。此外，学习者还应该了解美音和英音之间的发音差异，不同的英语口音可能会对发音产生一定的影响，因此对这些差异的认识有助于更好地理解不同口音的说话者。

2）词汇。足够多的词汇量是听力理解的基础，如果学习者的词汇量有限，他们可能会在听力中遇到许多不认识的词汇，从而导致听力障碍。因此，具备充足的词汇量对于顺利进行听力理解至关重要。然而，有些学习者尽管词汇量很大，但在听力方面仍然遇到困难。主要是因为阅读词汇和听力词汇并不完全等同，学习者需要通过听觉渠道加以巩固，才能将阅读词汇转化为听力词汇。学习者在积累听力词汇的过程中还应关注词组、习语、谚语、俚语、同义词和近义词等，这些词汇和短语在口语交流中经常出现，了解它们有助于更好地理解说话者的意图和整体大意。因此，积累有关知识是提高听力理解能力的重要一步。

3）语法。语法知识帮助学习者在听力中对句式进行甄别，听力材料中经常出现复杂的句子结构，包括从句、虚拟语气、被动语态等，这些句式需要学习者具备良好的语法知识才能正确理解。如果学习者不熟悉这些句式，可能会导致对句子结构的混淆，从而影响对听力内容的准确理解。语法知识有助于学习者捕捉关键信息词，在听力材料中，关键信息词往往隐藏在复杂的句子结构中，而关键信息词直接影响了理解整个句子的意思，如果学习者能够识别句子中的关键信息词，那么他们能更准确地理解说话者的意图和主题。

（2）智力水平。智力是人认知层面的能力，包括观察力、想象力、记忆力和逻辑思维能力等综合素质，对于抽象思维、习得语言和解决问题具有重要意义。智力水平是学习者本身智力所能达到的程度，对听力理解策略的运用产生着深刻影响。一般情况下，学习者如果智力水平较低，需要教师耐心指导，同时学习者自己也需要进行反复训练，以建立起适合自己的听力理解方法。然而，此种方法可能缺乏一定的灵活性，一旦学习环境发生改变，学习者将难以运用已经掌握的听力理解策略解决实际问题。相反，如果学习者的智力水平一般，经过教师的指导和有针对性的听力训练，他们可以逐渐形成适合自身的听力理解策略，更好地掌握听力理解的方法。对于智力水平较高的学习者来说，他们可能具备较高的听力理解能力，能够将课堂讲解的内容与自身经验结合起来，形成适合个体差异的听力理解方法。在听力教学中，教师需要清晰地了解学习者的智力水平，以便采用合适的教学方法传授听力理解策略。同时，学习者应该对自己的智力水平有明确的了解，形成适合自身的听力理解方法，并能够在不同情境下灵活应用。个体差异的存在需要教师关注每位学习者的需求，通过差异化教学帮助他们更有效地提升听力理解水平。在此过程中，学习者的自我认知和理解非常关键，他们应积极参与、反思，以更好地适应各种听力挑战，从而提升自身的智力水平和听力理解能力。

（3）注意广度。注意广度指一个人能够持续集中注意力的时间，尤其在听力活动中，表现为对听的内容不感到厌烦，注意力不分散而能够坚持持续听下去的时间。在听的过程中，人们的注意力高度集中的持续时间为15~20分钟，然后注意力会出现低潮，过一段时间后才再次出现高潮，呈现“升一降一升”的变化模式。经过听力训练的学生在听完一堂50~60分钟的讲座后容易出现过度疲劳感。因此，在听力教学中，教师在进行听力训练时需要考虑注意广度的规律，以提升听力理解的效果。了解听者的注意广度特点后，教师可以采用灵活的教学方法，通过适时的活动和提问来保持学生的注意力集中，避免训练过度导致疲劳。教育者还可结合研究成果，设计更具吸引力和互动性的听力任务，以促进学生在听力过程中的主动参与，延长他们的注意广度。

（4）记忆广度。记忆广度是听力过程中一个重要的因素，涉及人类的短期记忆和长期记忆系统的互动。心理学家普遍认为，人类至少有两种记忆形式，即短期记忆和长期记忆。听到的信息首先进入短期记忆系统存储，然后通过一定的加工过程，转化为长期记忆，以免遗忘。长期记忆系统可看作一个高效的数据存储系统，通过将新信息与原有的相关信息相互参照，进行归类编码存储。此过程快速而短暂，但若听不清信息，可能导致错误的归类编码，使得在回忆时无法准确查找到存储的信息，发生遗忘。特别值得注意的是，中间部分的信息在听力过程中最难记忆。在记忆数字的情境中，人们容易记住首尾的数字，而中间部分容易出现错误记忆或混淆。在听力训练中，学习者对开头和末尾部分的注意力较为集中，因此更容易记忆准确。然而，中间部分需要大脑同时处理前面的信息并听取后面的新信息，导致注意力容易分散，影响记忆的准确性，从而对整体的听力理解产生不良影响。了解记忆广度的特点对于听力教学具有指导意义，在训练过程中，教师可以引导学生更加有效地处理中间部分的信息，通过提高学生对整体信息的关注度和集中注意力的能力来弥补记忆上的缺陷。设计听力任务时，可以选择更具挑战性和多样性的材料，以促进学生在复杂情境中的信息处理能力，提高对中间部分的记忆准确性。

（5）听力习惯。在听的过程中，许多学习者常常因为未听懂一词或一句而停下来思考，进而影响后续的听力内容，最终影响整体的听力理解效果。然而，听力的目的在于把握文章的大意，明确主要内容，而非逐字逐句地听懂每个词、每个句子。因此，学习者应意识到，听力训练的关键不在于片段性的理解，而要注重把握文章的主题和内容，培养整体把握信息的能力。通过强调这一点，学习者可以更有效地提升听力习惯，避免因零碎理解而影响整体理解效果。

（6）听力潜能。听力潜能是学习者在外语习得方面的天赋，是一种能力的倾向，直接影响学习者的听力水平。为提高学习者的二语学习素质，必须培养其综合能力，而听力潜能是测试学习者听力水平的关键指标。学者普遍认为，听力潜能包含四个关键层面。首先，是否具备对语法习得的敏感性，即学习者能否根据语言材料推断语法规则。其次，语音的编码与解码能力是听力潜能的重要组成部分，涉及对语音信息的理解和表达。再次，具备对语言学习的归纳能力，表示学习者能否对语言相关材料进行组织和操作。最后，联想记忆能力，即学习者能否对新材料进行吸收和同化。在听力潜能方面，学习者存在着巨大的差异。因此，教师在制定习得策略时需要考虑学习者的个体差异，采用恰当的教学方法和策略，从而促进他们听力理解效果的提高。教师可以通过有针对性的听力训练，帮助学习者强化其语法敏感性、语音编码解码能力、语言学习归纳能力和联想记忆能力，以最大化发挥听力潜能的潜在优势。

（7）听力策略。听力策略指听者有意识地采用方法和技巧，以更好地理解听力材料的意义。学生在听力过程中使用的策略直接影响听力理解效果，包括认知策略、元认知策略以及情感策略。认知策略涉及对语言材料的实际处理，元认知策略关注个体对自己听力过程的监控和调整，情感策略牵涉到情感和态度对听力理解的影响。为提高听力水平，学习者需要熟练掌握这些听力策略，从而更有效地应对各种听力挑战，并提升整体的听力理解能力。

（8）情感因素。在听力理解过程中，紧张和焦虑可能使学习者难以完全理解所听到的语言信息。因此，学习者需要学会自我情感调控，提高学习信心，避免负面情感对听力理解的不利影响。通过积极的情感态度，学习者能够更轻松、准确地应对听力挑战，提高整体听力理解水平。教育者在教学中也可关注学生的情感状态，提供积极的支持和激励，以促进有利于听力理解的良好情感氛围。

（9）背景知识。在听力理解过程中，学习者所拥有的背景知识对其理解能力产生显著影响。语言和文化紧密相连，它们相互影响、相互渗透。文化背景知识在听力理解中尤为重要，它在预期作用、补充作用和信息选择加工中发挥了不容忽视的作用。文化差异和语言差别可能成为学习的障碍，在听力理解过程中，如果学习者对英美国家的思维方式、生活习惯、风土人情、生活方式等背景信息不了解，就会给听力理解带来一定困难。学习者拥有丰富的文化背景知识，听力理解就更为容易；反之，则较为困难。因此，学生应注重积累相关的文化背景信息，储备充足的西方文化知识，以为听力理解做好准备。

2. 听力材料

（1）听力材料的难度。听力材料种类繁多，内容丰富多样。新闻类听力材料的难度最大，讲座类次之，对话类则相对较易理解。在听力理解过程中，与打乱时间顺序描述的听力材料相比，学习者更容易听懂那些按照时间顺序描写的材料。教育者在教学中应根据学习者的水平和需求，选择适当难度的听力材料。通过逐步提高难度，有助于学生逐渐适应不同类型的听力任务，提升他们的听力理解能力。同时，了解不同类型听力材料的难度特点，为学生提供相应的训练和支持，有助于优化听力教学效果。

（2）听力材料的语速。语速过快可能使学生跟不上信息的流速，从而影响理解效果。相反，语速过慢可能导致学生感到厌烦，材料的真实性也会丧失，从而降低听力理解效果。因此，教育者在选择听力材料时应根据学生的水平和需求，精心搭配合适的语速，使学生既能保持理解的准确性，又能够在挑战中提高听力能力。通过有针对性的听力训练，学生可以逐渐适应不同语速的听力材料，提高其在真实语境中的听力应对能力。

（3）听力内容的熟悉程度。当学生对听力内容熟悉时，他们能够通过常识和联想来理解材料，从而取得良好的听力理解效果。相反，若听力内容对学生不熟悉或不感兴趣，学生可能完全依赖语言信息来理解材料，将导致听力理解力明显下降。因此，教育者在设计听力材料时应考虑学生的背景和兴趣，选择与学生熟悉程度相匹配的内容，以促进更有效的听力理解。通过提供具有挑战性但又符合学生水平的听力任务，可以激发学生的学习兴趣，提高他们在各种语境中的听力应对能力。

3. 听力环境

（1）社会环境。社会环境主要涉及物质环境、文化环境以及人际关系这三个方面。

1）物质环境。在听力理解中，物质环境包括适宜的学习场所和学校内的听力学习设施，优越的物质环境对于展开有效的听力理解和学习具有积极的意义。近年来，随着现代信息技术的蓬勃发展，传统的师生互动教学逐渐演变为人机互动教学。学生能够根据个体差异自主选择听力内容，并制订适合自己的听力计划。现代技术如多媒体和网络为听力课堂注入新的元素，能提供更灵活的学习方式。学生可以自主安排听力学习的时间和地点，同时在学习过程中主动发现和解决遇到的听力困难。信息技术的引入为听力理解的教学与学习带来极大便利，激发了学生的学习兴趣，提高了听力理解水平。学校是否拥有良好的图书馆和相关的听力学习设施也是重要因素，完善的学习环境能够促使学生更好地参与听力学习，提高他们在不同环境下的听力表现。因此，创造适宜的物质环境，结合现代科技手段，利于培养学生在听力理解中的主动性和自主性，推动听力教学的进步。

2）文化环境。文化环境影响了学生的学习方式、价值观念、学习态度和思维方式等，进而对听力理解水平带来不同程度的影响。在中国文化环境下，传统的教学模式偏重知识传授，而忽略了引导学生掌握科学的听力策略。教育体系注重应试能力培养，却忽视了学生创新和自主能力的培养，导致学生缺乏独立思考的能力。教师在传统模式下强调纪律，忽视学生的合作关系建立，学生在听力学习中往往被动学习，机械地接受知识，少参与课堂活动。这种模式不利于培养学生的独立思考和自主学习能力，容易使学生形成依赖心理，对听力理解与听力能力的提高不利。传统听力教学模式的不足之处在于学生被动学习，缺乏主动性和参与度，难以形成科学、独立的听力理解能力。因此，文化环境对学生思维方式、价值观念、学习习惯等的塑造，以及对听力理解策略产生重要影响。在教学中应更注重培养学生的独立思考和自主学习能力，激发他们的学习兴趣，使他们更好地适应多元文化的听力环境，提高听力理解水平。

在听力教学中，要创建良好的文化环境。以学生为中心非常关键，教师在教学中需要转变教学观念，将重心从教师自身转移到学生身上，实现以学生为中心的理念。学生应接受自己作为学习中心的概念，发挥主观能动性，对自己的听力学习负责，逐渐提升听力理解能力。如此一来，才能激发学生的学习兴趣，使他们更加积极主动地投入听力学习中，从而提高听力理解水平。营造听力理解氛围同样至关重要，教师在教学中应努力创造适合学生进行听力学习的氛围。教师需要有意识地引导学生发挥团队精神和整体意识，让学生意识到团队的力量，并发挥自身的价值，通过整合各自的优势，促进学生听力理解能力的提高。协作与合作的氛围有助于学生更好地理解和应对听力环境中的挑战，提高他们的听力水平。

3）人际关系。在听力课堂中，人际关系的建设包括师生关系与同学关系两个方面，两种关系的融洽与和谐能够降低学生在听力学习中产生的焦虑和紧张心理。良好的人际关系不仅能够为学习者在听力学习过程中提供支持，还有助于创造轻松、愉悦的学习氛围，使学生在良好的情境中体验和学习听力。人际关系的建设直接影响听力理解水平的提高，若能够处理好师生和同学之间的关系，保持融洽的交往，学生将会拥有高度的安全感和成就感，这促使他们更积极地为实现听力目标而努力。在此过程中，学生会主动运用听力理解策略，而这种良好的人际关系有利于增强他们的策略应用意识。听力理解策略的使用对于人际关系也有反作用，因此，教师在听力教学中应关注学生的学习兴趣和个体差异，开展符合学生特点的听力实践活动。通过培养积极向上、互相帮助的人际关系，避免过度竞争所带来的负面影响。

（2）学习环境。与社会环境相比较而言，学习环境与学生的英语听力学习关系更加紧密。学习环境是英语听力教学与学习所必备条件的综合体，学习环境是为了满足学生身心发展需求所建立的育人环境，是学生二语习得策略的重要基础，学习环境包括学校环境与个人环境。

1）学校环境。学校环境是学生学习英语听力的关键因素，它包括了多个方面的要素，如课堂教学、所用教材、教学设备、课外学习活动、班级规模、学习者接触英语听力的频率、师生关系、学校文化等，共同构成了学校环境的内涵。学校环境为学生提供了学习的场所和必要的学习手段，对于塑造学生的学习态度和听力理解能力产生着显著影响。在学校环境中，教师的教学水平和对教学的态度直接关系到学生的学业发展。合理安排课堂教学内容和提供高质量的教材，可以激发学生的学习兴趣，促使他们更主动地参与英语听力学习。学校的文化和风气也会对学生的学习产生深远的影响，塑造他们的学习氛围和学科认同感。

2）个人环境。学生的个人环境涵盖广泛，包括经济基础、物质条件、文化素养、英语学习工具、家庭地位、个人态度和学习方式等因素，直接影响学生对听力理解策略的形成和运用。学生的经济状况和文化素养决定了他们能否获得高质量的学习资源，而英语学习工具的可用性则影响了他们进行听力学习的便利程度。

了解学生的学习环境，理解其在听力理解中所处的具体情境，有助于教师更有针对性地设计教学内容和方法。教师需要根据学生的经济基础、文化背景等因素，灵活调整教学策略，以确保学生更好地理解和应用所学知识。在优越的学习环境下，教师能够为学生创造更为理想的课堂学习氛围。通过引入多种听力学习设备和资源，教师可以激发学生的学习兴趣，提升他们的听力水平。良好的学习环境同时为教师提供了更多的教学机会，促使其积累更为丰富的听力教学经验，有助于提升教师的教学素质，使其在教学过程中更具创新和应变的能力。学习环境对学习者的影响同样不可忽视，学生的个人环境包括经济基础、文化素养等，直接影响其学习方式和态度。通过建立有利于学生学习的环境，学生可以更充分地利用多样的听力资源，提高学习效果。例如，学生可以利用图书馆、广播等途径，开展各种形式的听力练习，不断形成适合自己的听力理解策略。在听力学习过程中，良好的学习环境还有助于培养学生的学习意识，使其更主动地参与听力学习。通过接触丰富的听力资源，学生可以逐渐熟悉不同语境下的语言使用，培养出更为灵活和适应性强的听力技能。在此过程中，学生能够形成自主学习的能力，逐渐摆脱依赖心理，更好地应对各类听力挑战。

（四）英语听力教学的内容

1. 听力知识

听力知识是英语听力教学中涉及的广泛领域，包括语音知识、语用知识、策略知识和文化知识等。其中，语音知识在听力教学中占有重要地位。教师在传授语音知识时，不仅要注重学生对语音的准确感知，还要关注听音、意群、重读等方面的训练，应涵盖词、句，甚至段落和文章，使学生更加熟悉英语的表达方式和语言节奏，帮助他们适应英语的语流，从而促进听力理解的提高。语用知识、策略知识、文化知识同样不可忽视。语用知识帮助学生真正理解话语的内涵，使他们能更深刻地领会所听内容的含义。策略知识则有助于学生在不同的听力任务和材料中选择合适的听力策略，从而提高听力效果。此外，文化知识在听力理解中能够帮助学生准确理解听到的内容，并弥补他们在听力过程中可能漏掉的细节。

2. 听力技巧

听力技巧包括猜测词义、抓听关键词、预测和推断等，听力技巧的灵活运用能够提高听力理解能力。学生通过正确掌握这些听力技巧，能够更敏锐地捕捉到语言中的关键信息，从而更准确地理解所听内容。听力技巧的训练不仅有助于提高学生对英语听力材料的把握能力，还能够培养他们在现实语境中灵活地运用这些技能的能力。因此，在听力教学中，教师应注重对学生听力技巧的系统性培养，使其能够在各种语境和听力任务中游刃有余地应用这些技巧。

3. 听力理解

听力理解是一个渐进的过程，通常包括辨认、分析、重组、评价与应用等阶段。首先是辨认，涉及语音、信息和符号的识别。学生需要具备准确辨认所听内容的能力。其次是分析，学生需要将听到的信息转化成图表等形式。再次是重组，要求学生能够用自己的语言口头或书面表达所听到的信息。最后是评价与应用，学生基于前面的阶段进行信息评价和应用，运用自己的语言进行表达。这几个环节是有序的，构成了一个听力理解的完整过程。不论在哪个听力学习阶段，都需要经历这些阶段，从而逐步提高听力能力。通过一系列过程，学生能够更全面、深入地理解所听到的信息，不仅提高了对语音、信息和符号的敏感度，还培养了他们整合、评估和应用信息的能力。

4. 逻辑推理

在英语听力教学中，语法和逻辑推理知识是确保正确判断和理解语言材料的关键因素。学生需要巩固语法知识，以确保对语言结构的准确理解。同时，逻辑推理的训练能够帮助学生在听到的信息中进行合理推断，语法知识有助于学生正确解析句子结构，而逻辑推理能力使他们能够更好地理解信息的内在关系和逻辑框架。

（五）英语听力教学的目标

《大学英语课程教学要求》为英语听力教学设定了明确的目标，分为一般要求、较高要求和更高要求三个层次，旨在帮助学生逐步提高英语听力水平。

在一般要求层次，学生需要具备基本的听力技能，包括听懂授课、日常英语谈话、一般性讲座以及语速较慢的广播和电视节目。该层次注重学生对常见英语表达形式和主题的理解，以及基本听力技巧的应用。

在较高要求层次，要求学生能够听懂更复杂、篇幅较长的广播和电视节目，包括专业性的内容。此时，学生需要更强的听力技能，能够掌握大意、抓住要点和相关细节，对于英语谈话和讲座的理解也要求更为深入。

在更高要求层次，是针对更高水平的英语听力能力，学生需要能够听懂英语国家的广播电视节目，包括正常语速的谈话，同时能够理解用英语讲授的专业课程和英语讲座。该层次要求学生在广泛的语境下灵活运用听力技能，从而实现对更复杂信息的准确理解。

二、英语口语教学概述

（一）英语口语教学的内容

从信息加工的角度看，口语表达是一种动态、双向的语言信息传递与交流的过程。此过程涉及口语信息的发出者、口语信息本身以及口语信息的接收者，三者之间形成互动关系。在口语教学中，不仅需要注重学生的语言输出，还要强调对学生语言输入和语言理解加工过程的培训。口语交际的本质是信息的传递，而这种传递建立在“可理解性”的基础上。说话者在口语交际中首先需要接收对方传递的信息，并进行信息加工理解，然后才能够产生对方可以理解的信息。此过程涉及多个因素，包括语音、语调、词汇意义、语用知识、文化以及思维习惯等方面的因素。

口语能力的发展是一个阶段性渐进的过程，因此，在不同阶段应采用相适应的训练手段，以培养学生的口语技能并逐渐提升口语能力。口语教学过程可划分为三个阶段，即“潜口语”期、口语能力构建期、口语策略发展期。第一阶段是“潜口语”期，注重语言可理解性输入，这是学习者习得语言的重要时期。此过程不局限于口语教学阶段，大学英语学习者在大学课程前的语言输入都可作为这一阶段的外延。在该阶段，学生主要通过接触大量的语言输入，提高对语音、语调、词汇、语法的敏感度，为后续口语能力的发展奠定基础。第二阶段是口语能力构建期，强调语言可理解性输出。在此阶段，口语教学注重“对子练习”“场景练习”“主题演说”“问题辩论”等手段，为学生提供了构建口语能力框架的机会。通过反复的“练习”“构建”循环，学生逐渐形成自己的英语思维习惯，这种思维影响语言的构建并促进口语交际的发展。第三阶段是口语策略发展期，依然强调“练习”但难度提高。目的是锻炼学习者口语交际的应变能力和实际操作能力，使其能够在交际场合中灵活运用英语语言，预测并解决交际中的未知困难。高水平的英语口语交际应该具备本族语的思维习惯，唯有如此，才能够成功地应用各种交际策略，达到有效交际的目的。

英语口语教学与其他英语教学环节有着独特之处，教师在教学中需特别关注口语的言语行为功能特点。口语教学注重强调口语言语行为的功能，即通过特定的语言表达特定的功能，包括问候、介绍、告辞、请求、致谢、赞美、祝贺、道歉、原谅、建议、同意与不同意、批准与不批准、承认与否认，以及同情、鼓励、申诉、劝说、允许、许诺等。英语口语的语体特点是其与其他英语教学环节的主要区别因素，口语中更多地使用短语、并列从句、问答和祈使句，同时允许出现重复、停顿、补充和修正等策略。英语口语教学强调口语受到年龄、性别、文化和情绪等因素的影响，因此，口语教学不仅仅是语言领域的教学过程，更是一个涉及语言的综合运用的复杂过程。在口语教学中，教师需关注学生的情感、文化差异等，以更好地引导学生理解并运用口语言语行为。通过侧重于口语的功能性特点，学生能够更灵活地运用口语表达不同的语言功能。教师的任务是帮助学生培养这些功能，使他们能够在实际交际中更自如地运用英语口语。因此，英语口语教学旨在培养学生在各种情境下流利、得体、准确地表达自己的能力，使口语教学成为一个综合语言能力的集合体。

英语口语教学需注重学生的知识训练、知识重建、知识内化与知识外现过程。其中，培养学生语言能力和交际能力是口语教学的首要任务，口语学习是一个持续训练的过程，关键在于通过自主意识的控制，进行认知与实践，以提升自我表达能力为核心。口语教学的训练过程不可简化，学生需通过不断练习，建立对语言的深刻理解。口语教学训练要求学生自主参与，因为外在的强化因素只能在一定程度上提供辅助。考虑到学习者的语言条件、思维方式、心理素质、环境氛围等多方面因素，口语教学应全面兼顾。在实际教学中，需要将有关因素纳入英语教学实践和课程内容设置中，将解决有关问题视为英语口语教学不可缺少的内容。英语口语教学的目标不仅仅是简单的语法传授，更重要的是全面提升学生的口语表达能力。通过注重学生的自主参与、训练过程的全面性，口语教学能够更好地满足学生在不同语境下的交际需求，使他们具备更灵活、自如的英语口语表达能力。因此，英语口语教学是一个综合性的过程，旨在培养学生在不同情境下流利、得体、准确地表达自己的语言能力。

（二）英语口语教学的理念

英语口语教学的理念应秉持“以人为本”的教育理念，充分考虑学生因素，确保以学生为中心，激发学生学习的热情，并培养他们的学习情感。口语课堂的氛围应该是轻松愉悦的，以有趣的课堂活动为主导，辅以一些有趣的知识讲解。教师可以通过设立鼓励学生积极参与的活动，让学生感受到学习的满足感和自信心。逐步增加话题的难度，并结合知识讲解，使学生在学习知识的同时体验到用英语进行沟通和交流的愉悦。在课堂教学中，要培养学生自我管理的意识。口语学习不应该仅仅依赖于课堂活动，因为有限的课堂时间并不能满足口语学习的需要。学生需要成为口语学习的主导者，教师应该给予学生足够的练习自由度，让他们自主选择话题、练习时间和场地，进行实际的口语操练。英语口语教学应该着眼于口语输入和口语输出的模式，任何非口语形式的输入都可能导致学生非口语化的输出，这是口语教学中需要避免的一个误区。口语的表达不仅仅是语言输出，更应该注重真实的口语交流。在口语教学中要充分利用网络和多媒体教学环境，口语教学需要大量的语言知识输入，而各种形式的输入，包括声音、文字、图像、视频，都能够对口语教学起到积极的辅助作用。通过多媒体和网络资源，学生可以更加生动地感受到语言的应用场景，从而更好地理解和运用口语知识。

（三）英语口语教学的意义

英语口语教学是提高学生英语语言应用水平的主要手段，语言学习过程涉及输入和输出两个阶段，而英语口语练习是关键的输出手段。学生的英语水平很大程度上通过口语表达的准确度、流利度和得体性体现。因此，英语口语教学成为提高学生语言应用能力的关键途径。英语口语教学有助于促进其他相关语言项目的教学，在整个英语教学过程中，英语课教学不是孤立的，需要与语法、听力、写作等方面有机地融合。通过科学、有效的英语口语教学，可以更好地促进其他相关领域教学水平的提高，实现全面的语言能力提升。英语口语教学有助于提高学生的英语学习自信心，学习自信心是提高学习者语言能力的基本前提。很多学生对英语学习产生畏惧心理或对英语学习缺乏信心，主要因为他们觉得自己的英语口语表达不够流利、不够地道。因此，通过科学的英语口语教学，帮助学生进行良好的言语表达，能够有效地提升他们在英语学习中建立的自信心，使他们更有勇气、更有信心在学习道路上走得更远。英语口语教学的重要性还在于它有助于促进整体教学水平的提高。通过加强对英语口语教学的关注，可以更好地促进其他相关领域教学水平的提升，实现整体教学水平的提高。

（四）英语口语教学的心理机制

英语口语教学牵涉到听与说两个方面，只有学习者能听懂对方的话，才能够做出反应。口语教学的核心在于帮助学习者解决言语表达、语言感知和交际的实际问题，使他们能够自如地进行言语表达、感知语言并进行有效交流，涵盖自然地运用所学词汇和语法规则，按照正确的发音规则进行口头表达的能力。口语表达要求学习者在交流中运用本族语词汇，遵守本族语语法规则，符合发音习惯。因此，英语口语教学的目标是让学生能够灵活运用所学知识，将其转化为实际口头表达的能力。口语课程不同于词汇、语法或语音课程，需要学习者具备一定的知识储备。口语学习受到多种因素的影响，包括年龄、学习态度、对习语的理解以及天赋等。口语学习更趋向于一种习得过程，不是强制性的学习，而是通过适当的语境，激发学生可理解性的输出，主要建立在学生对特定内容的可理解性输入的基础上，是一种更为自然的学习方式。

（五）英语口语与书面语的区别

目前，大多数课堂上英语教学存在一个普遍问题，即缺乏对学生运用所学语言进行交流的重视。尽管学生在多年的学习中已经掌握了大量的英语词汇和语法知识，但在实际生活中，他们往往难以用英语进行口头表达，尤其是当他们需要面对母语为英语的人时，常常感到不知所措，不清楚如何表达才显得礼貌和得体。这种现象的主要原因在于长期以来英语教学偏重语言形式，如语法、词汇等纯语言方面的内容，而对语言在社会中的实际应用和口语交流的能力缺乏足够的关注。虽然学生具有较为扎实的语音、语法和词汇基础，但难以用流利的口语参与实际交流。说明书面英语并不能简单等同于口语英语，而英语口语作为一种重要的交际手段在教学中应该得到更多的关注。要更好地实现交流的目的，学生必须学会使用地道的口语英语进行面对面的交流，而不能简单地用书面英语代替口头交流。尽管口语英语和书面英语在某些方面是相似的，但口语英语并不是书面英语的翻版，它们之间存在一些明显的区别。

1. 参与方式

在英语口语教学中，学生和教师都面临一个共同的挑战，即开口说话。学生通常认为用英语开口说话是最困难的事情之一，而对于教师来说，帮助学生克服口语障碍也是一项具有挑战性的任务。在口语交流中，说话者需要勇敢地开口说话，最好能有观众参与交流。然而，在课堂上实现这一目标通常较为困难。除非所有学生同时说话或者全体学生都专心聆听，否则一个学生的说话声音就可能会干扰到其他学生。相比之下，书面英语的练习方式就有所不同。学生在进行书面练习时可以按照自己的速度独自完成，不会对其他学生造成干扰。例如，在阅读理解练习中，教师可以为每个学生提供一份材料，这样一来，每个学生都可以独立完成书面练习，而不会受到其他学生的影响。

2. 表达途径

口语中的表达途径更加灵活，不仅仅依赖于语言本身，还可以通过语音特点如重音、语调、连读以及非语言元素如动作和面部表情等方式传达意思。多元化的表达方式使得口语交流更为生动、丰富。与之不同，书面英语的表达主要依赖于文本、语段和词汇，相较口语显得更为受限。书面英语注重文字的准确和结构的完整，口语更注重情感的传递和实时的交流氛围。

3. 词汇

口语中的词汇使用常常不够准确，且容易出现重复。一般来说，口语表达更注重实时性和流畅度，因此使用的词汇可能不够精准，甚至存在一些口头化的表达方式，如“sort of”“guy”“by a hair or so”“you got to”等。尽管这些表达在书面英语中可能被视为不够规范和准确，但在口语中有助于听者更好地理解，同时为说话者提供了组织语言的时间。口语表达中常见的现象是重复使用词汇，包括说话者重复自己先前使用过的词汇，以及对前一位说话者使用的词汇进行重复，这有助于凸显谈论的主题一致性，并使说话者更轻松地组织思维，因为他们可以方便地运用刚刚说过的词汇。相反，书面英语对词汇使用提出更高的要求，要求准确无误，避免含混不清的表达。在书面语境中，重复使用同一词汇可能被视为缺乏表达的丰富性，因此在书写时要避免过度重复，注重词汇的精准和多样性。

4. 句法

通常情况下，口语的句子结构相比书面语更为简单。除了非常博学的人可能在口语中使用复杂的句子结构外，大多数口语表达更趋向于简练明了。这包括少量的从句和一些明显表达思考过的词语，如“in the first place”“in the second place”“finally”。口语英语更倾向于由并列的短句组成，相较书面英语更为简单，口语的典型特征之一是使用大量简单陈述句。从所举的例子中可以看出，口语中几乎都是以主动语态和肯定句为主的陈述句。与此相反，在书面英语中，更加注重使用多样化、复杂的句式。口语中的一句完整话语在书面英语中可能只是一个短语，而口语中常常伴随着言语停顿和一些错误。在口语中，句子的长度通常相对较短，更为松散和冗长，表达方式更为直接。相比之下，书面英语则追求使用更为复杂和多样的句式，以避免语言表达的单调，展现更高的语法水平。

5. 信息的密度

由于口语句子结构的松散性，相较于书面英语，口头表达在相同篇幅内所包含的信息量显著较少。在口语中，罕见地出现了书面英语中常见的使用多个形容词修饰一个名词的现象。口语更倾向于每次只传递一条信息，使句子结构简单，信息密度较低。相比之下，书面英语通过后置修饰、频繁使用副词等结构来增加句子的信息密度，使表达更为精练。在口语中，说话者通常选择简单的结构，每个语言单元传递一条信息，有助于更容易理解。与即刻的口语交流不同，书面英语更注重语言的准确性、简练性和优美性，通过增加修饰成分和精练的句子结构，提高了语言表达的深度和丰富度。

6. 语言的功能

从功能的角度看，语言可以分为执行功能和相互功能两类。执行功能主要强调信息的传递，是作者向读者传递信息的过程。相互功能则侧重于语言在社会关系中的作用，强调语言在不同角色间的转换。书面英语主要体现了执行功能，因为作者的主要任务是清晰地传递信息。在书面交流中，信息的准确表达至关重要，因为读者需要理解作者所传递的内容。书面语言更注重结构化、准确性，目的是确保读者能够准确理解作者的意图。相比之下，口语更侧重相互功能。口语交流需要在参与者间创造一种友好舒适的环境，以维持社会关系。口语交流中主题的不断变换体现了这一特点，其目的是表达友好、交换信息、分享思想。口语的相互功能强调彼此之间的交流和互动，强调在对话中的共享和共鸣。尽管口语中也包含执行功能，但此种情况更强调单向信息传递，而不是双向的互动。在口语中，即使一方没有完全理解对方，仍然可以通过点头微笑等方式表达参与的意愿。因此，口语和书面语言在功能上存在差异，反映了它们在不同交流场景中的目标和作用。口语注重于建立社会关系和交流情感，而书面语更强调信息的准确传递。

（六）英语口语教学的理论基础

1. 构建主义理论

建构主义，或称结构主义，是认知心理学中的一个重要派别。该理论的核心概念是图式，它表示个体对世界进行知觉、理解和思考的方式，可以看作心理活动的框架或组织结构。图式是认知结构的起点和核心，也是人类认识事物的基础。因此，图式的形成和变化是认知发展的实质，图式的形成和变化受到同化、顺应和平衡三个过程的影响。同化指个体在感受刺激时，将其纳入已有的图式中，使其成为自身的一部分，是对外界刺激进行过滤或改变的过程。顺应指学习者调节内部结构以适应特定刺激情境的过程。当学习者不能用原有图式同化新刺激时，需要修改或重建原有图式以适应环境。平衡指学习者通过自我调节机制，使认知发展从一个平衡状态向另一个平衡状态过渡的过程。

（1）构建主义的教学思想。构建主义所蕴含的教学思想主要体现在知识观、学习观、学生观等方面。

1）构建主义的知识观。建构主义认为知识不是对现实的纯粹客观反映，而是人们对客观世界的一种解释和假设。符号系统（如语言）并非绝对真实的表征，而是一种主观构建，它们随着人们认识程度的提高而不断变革、升华和发展。知识并非问题的最终答案，而是一种不断演进的理解方式，随着时间和经验的积累而发生改变。建构主义主张知识不能绝对准确无误地概括世界的法则，也不能提供对所有活动或问题解决都通用的方法。在具体问题解决中，知识不能一用就准确、一用就有效，需要根据具体情境对原有知识进行再加工和再创造。知识的灵活性和可塑性使其能够适应多样化的问题和情境，而非僵化地应用于所有场景。建构主义强调知识不可能以实体的形式存在于个体之外，虽然通过语言等符号赋予了知识一定的外在形式，获得了普遍的认同，但学习者对这种知识的理解却可能因个体的经验背景而异。真正的理解是由学习者自身基于个体的经验背景而建构起来的，取决于特定情境下的学习活动过程。

2）构建主义的学习观。建构主义认为学习不是简单地教师向学生传递知识，而是学生自主建构知识的过程。学生不仅仅是被动地接收信息，而是通过主动地建构知识的意义来理解和吸收信息，是独特且无法由他人代替的，凸显了学生在学习中的主体性和独立性。学习不是被动接收信息刺激，而是学生主动地根据自身的经验背景选择、加工和处理外部信息，从而提升自己的能力。学习者在学习过程中通过主动的参与，对外部信息进行选择和加工，从而使学习更具个性化和针对性。学习的意义获得是每个学习者以自己原有的知识经验为基础，对新信息进行重新认识和编码的过程。学习者通过重新构建对新知识的认识，使原有的知识经验因新的经验而发生调整和改变，实现认知结构的不断发展。同化和顺应是学习者认知结构发生变化的两种途径，同化是认知结构的量变，而顺应是认知结构的质变。此种循环往复的过程中，平衡与不平衡、同化与顺应相互交替，构成了学习者认知水平发展的关键动力。学习过程并非简单的新旧知识经验之间双向的作用，而是学习者与学习环境之间不断互动、调整和适应的过程。

3）构建主义的学生观。当面对问题时，学习者会根据以往的经验，依赖自身认知能力，形成对问题的解释和提出假设。表明了每个学生都是独特的，拥有自己独特的学习路径和认知方式。教学在建构主义学生观中不能忽视学习者已有的知识经验，传统的"填鸭式"教学方法不再适用，而应该将学习者原有的知识经验视为新知识的生长点，引导他们在原有知识的基础上构建新的认知结构。此种方法认为学生已有的知识是他们学习的基础，通过与新知识的融合和拓展，实现对知识的更深层次理解。在建构主义的学生观中，教师与学生、学生与学生之间的互动至关重要。探索共同问题、相互交流和质疑是学习的重要手段。通过与他人的合作和讨论，学生可以从不同的角度理解问题，拓展自己的思维。

4）师生角色的定位与其作用。在建构主义理论中，师生角色的定位及其作用经历了显著的变革。教师不再是传统的知识传授者，而是学生学习的辅导者和合作伙伴。教师的作用在于支持学生的知识建构，创设良好的学习环境，并提供认知和情感目标的引导。教师的角色首先是成为学生建构知识的忠实支持者，应该鼓励学生发现并解决问题的多重观点，提供复杂的多解问题，激发学生的思考。同时，教师需要创设良好的学习环境，确保学习活动和内容的平衡。为了实现这一目标，教师要提供学生元认知工具和心理测量工具，以帮助学生认知和评估自己的学习过程。教师需要成为学生建构知识的积极帮助者和引导者，激发学生的学习兴趣和保持学习动机。通过创设情景和提示新旧知识之间的联系，教师引导学生构建知识的意义。协作学习被认为是有效的方式，教师应组织和引导学生之间的合作、讨论和交流，促使学生在协作中建构知识。学生在建构主义中被视为教学活动的积极参与者和知识的建构者，他们需要面对认知复杂的真实情境，完成任务，并采取新的学习风格和认知加工策略。学生要成为知识与理解的建构者，采用探索法和发现法去建构知识的意义。在这一过程中，学生需要主动收集和分析信息，提出假设并进行验证。联系和思考是建构意义的关键，最好与协商过程结合起来，以实现最佳效果。

5）构建主义的学习环境。学习环境中的情境必须有利于学习者对所学内容的意义建构，教学设计需要在现实情境中创造出有助于学生理解和应用知识的场景，能够激发学生的学习兴趣，使他们更容易在实际情境中建构起对知识的深刻理解。协作应该贯穿于整个学习活动过程中，教师与学生之间以及学生与学生之间的协作是学习环境中至关重要的一环。协作可以体现在学习资料的收集与分析、假设的提出与验证、学习过程的自我反馈以及学习结果的评价等多个层面，学生能够通过协作，从彼此的经验和观点中获得不同的见解，促进对知识的共同建构。交流是协作过程中最基本的方式，学习小组成员间通过交流进行讨论，商讨如何完成规定的学习任务，达到共同的意义建构目标。交流不仅包括学生之间的互动，还包括学生与教师以及学生与外部资源的有效沟通。学生通过交流，能够更好地理解问题、分享见解，并及时获得反馈与指导。意义建构是教学过程的最终目标，学习的最终目的是使学生能够对所学知识进行意义建构，理解事物的性质、规律及事物之间的内在联系。教师在整个学习环境的设计中应注重引导学生将零散的信息整合成有机的知识体系，使学生能够深刻理解知识的本质和应用。

6）构建主义的教学原则。建构主义教学要将所有学习任务置于为了更有效地适应世界的学习中。教学应紧密结合实际情境，使学生在学习中能够直接应用知识，提高他们对现实世界的适应能力。教学目标应与学生学习环境中的目标相符，教师提出的问题应使学生感到这是他们自身的问题。构建主义的教学原则鼓励教学设计更加贴近学生的实际需求和兴趣，激发学生的学习热情。建构主义强调设计真实的任务，开展真实的活动，是教学的重要特征。通过在课堂中布置真实任务，教师能够培养学生解决实际问题的能力，促使他们将学到的知识应用于实际生活。建构主义教学要设计能够反映学生在学习结束后就从事有效行动的复杂环境，学生在学习中需要面对具有挑战性的任务，以培养他们在实际情境中应对复杂问题的能力。给予学生解决问题的自主权是建构主义教学的核心原则之一，教师应该刺激学生的思维，激发他们自己解决问题的热情，鼓励学生在学习过程中主动探索和学习。建构主义还倡导设计支持和激发学生思维的学习环境，包括提供多样化的学习资源、创设启发性的学习场景，以及鼓励学生在合作和交流中共同构建知识，鼓励学生在社会背景中检测自己的观点是为了培养学生对多元观点的理解和接纳，提高他们的社会交往能力。建构主义教学支持学生对所学内容与学习过程进行反思，发展学生的自我控制技能，使其逐渐成为独立的学习者。建构主义原则强调培养学生对学习的自主性和主动性，使其能够更好地掌握学习过程。

（2）构建主义的教学模式与教学方法。建构主义的教学模式强调以学生为中心，通过整个教学过程中教师的组织、指导、帮助和促进，使学生成为知识意义的主动建构者。在该模式中，教学的核心是使学生能够有效地实现对当前所学知识的意义建构。教学过程中，教师不再是简单的知识传授者，而是扮演着组织者、指导者、帮助者和促进者的多重角色。教师的任务是创设情境、激发学生的学习兴趣，引导学生主动探索和建构知识的过程。通过在学生中引发积极性和首创精神，教师促使他们更深入地理解和运用所学内容。学生在这种模式下成为知识意义的主动建构者，他们通过协作、探索、会话等学习环境要素，充分发挥自己的主动性和积极性。① 教材不再是教师传授的内容，而是学生主动建构意义的对象，学生需要通过对教材的深入理解和探索，从而构建知识的意义。媒体在建构主义的教学模式中也发挥着重要作用，不再是简单的传授工具，而是用来创设情境、进行协作学习和会话交流的认知工具。学生通过媒体参与协作式的学习，创造性地运用媒体资源，促使信息的更深层次理解和知识的更为综合性建构。

基于构建主义的教学模式下，目前相对来说已经成熟的教学方法主要有以下几种：

1）支架式教学。支架式教学是一种以学习者为中心的教学方法，旨在为学生提供概念框架，通过概念框架逐步引导学生深入理解问题，该教学方法基于维果斯基的“最近发展区”理论。支架式教学开始于搭建脚手架，围绕当前学习主题建立概念框架。该框架中的概念旨在促进学习者对问题的深入理解，将复杂的学习任务分解，使学生逐步发展对问题的认识。进入情境是支架式教学的重要步骤，学生被引入一定的问题情境，通过情境的设置，激发学生对学习主题的兴趣，使其更容易投入学习活动。独立探索是支架式教学中的一大环节，学生在教师的启发引导下，开始独立探索学习。在探索过程中，教师会适时提示和帮助学生沿着概念框架逐步深入理解问题，促使学生主动思考和分析。一个重要的步骤是协作学习，学生进行小组协商和讨论，通过相互交流，共同建构知识。协作学习有助于学生在团队中分享不同的观点和理解，促进深层次的学习。支架式教学进行效果评价，包括学生个人的自我评价和小组对个人的学习评价。评价的内容主要涵盖学生的自主学习能力、对小组协作学习的贡献以及是否完成对所学知识的意义建构，学生能够更好地了解自己的学习状态，教师也能够更有针对性地进行指导和支持。

---

① 韩俊秀，吴英华，贾世娇. 任务型学习法与高校英语教学［M］. 广州：广东旅游出版社，2019.

2）抛锚式教学。抛锚式教学模式被形象地比喻为“像轮船被抛锚固定”，其核心理念是以感染力和代表性的实例为基础，帮助学生深刻认识事物的性质、规律以及它们间的相互关系，从而构建认知图式。抛锚式教学通过选定的有代表性的教学案例或问题，即“锚”，为学生提供了深刻的学习体验，使他们更容易理解和记忆，同时锻炼了解决现实问题的能力。抛锚式教学也被称为“实例式教学”“基于问题的教学”“情境性教学”。抛锚式教学的第一环节是创设情境，教学应该使学习在和现实情境基本一致或相类似的情境中发生，情境的设置有助于激发学生的学习兴趣，使学习更具实际应用性。确定问题是抛锚式教学的关键步骤，在先前创设的情境下，选择与当前学习主题密切相关的真实性事件或问题作为学习的中心内容，问题即成为“锚”，起到引导学习的作用。自主学习是抛锚式教学中的环节，学生不是被直接告知如何解决问题，而是教师向学生提供解决问题的线索，特别关注培养学生的自主学习能力，促使学生更积极地参与问题解决的过程。学生通过讨论和交流，通过不同观点的交锋，补充、修正、加深对当前问题的理解。协作学习方式有助于学生从不同角度理解问题，提高问题解决的综合能力。抛锚式教学进行效果评价，在学习过程中，教师随时观察并记录学生的表现，评价的内容包括学生在自主学习和协作学习中的表现。实时评价有助于调整教学过程，使学生能够更好地理解和应用所学知识。

3）随机进入教学。随机进入教学模式是建构主义的一种教学方法，源自“认知灵活性理论”或“弹性认知理论”。它强调通过不同途径、方式、时间和环境，以满足不同学习目的，开展教学活动，使学生能够多方面认知同一问题或事物。与传统教学方法相比，随机进入教学模式避免了简单机械地重复相同内容，力图使学生对问题达到更深刻、更全面的理解，以增强其理解能力和活学活用的能力。随机进入教学的第一环节是呈现基本情境，在此阶段，教师向学生呈现与当前学习主题相关的基本内容，为学生创设一个初步认识的框架。随机进入学习阶段是该模式的核心，学生根据个体兴趣和选择，随机选择学习内容，并呈现与当前学习主题不同但特性相关联的情境，有助于拓宽学生的认知领域，使他们能够从多个角度对同一问题进行思考。思维发展训练是随机进入教学的关键步骤，由于随机进入学习的内容通常较为复杂，教师需要特别关注发展学生的思维能力，包括提高学生的分析、综合、判断等认知技能。在随机进入学习的基础上，小组协作学习是必不可少的环节。学生围绕呈现的不同侧面情境展开小组讨论，相互交流各自的认识。在讨论中，每个学生都会受到他人及教师的考查和评论，促使他们深入思考，并对他人的观点进行反馈。学习效果评价是该模式的总结与检查，评价包括学生的自我评价和小组评价，内容涉及自主学习能力、小组协作学习所做出的贡献以及对所学知识的意义建构。

（3）构建主义的教学设计原则。建构主义学习理论强调学生是认知的主体和知识意义的主动建构者，教师的角色是帮助和促进学生的意义建构。学生应在学习过程中发挥主动性，具备首创精神，有机会在不同情境下应用所学知识，并且能够根据行动的反馈信息来形成对客观事物的认识和解决实际问题的方案。学习总是与特定的社会文化背景即“情境”相联系，学习者通过与情境的交互来建构新知识的意义。情境的生动性与多样性能够提供学习者丰富的生动体验，有助于意义的建构。构建主义强调“协作学习”对意义建构的关键作用，学习者在协作环境中，通过内部协商和相互协商，共同完成对知识的意义建构。协作学习环境促使学习者共享思维和智慧，共同解决问题。同时，强调对学习环境的设计，学习环境应为学习者提供自由探索和自主学习的场所，包括各种工具和信息资源。教学设计应以学习环境为中心，而不是仅仅关注教学环境。教学者应为学习者提供各种信息资源，包括教学媒体和教学资料，以支持他们的自主学习和协作式探索。在建构主义学习环境中，学习者对知识的意义建构被视为整个学习过程的最终目的，所有学习活动都应有利于完成和深化这一目标。

2. 二语习得理论

二语习得理论是20世纪60年代开始研究语言习得机制的领域，尤其是外语习得机制。它综合了多个学科领域，包括语言学、神经语言学、语言教育学、社会学等。随着时间的推移，该领域发展成为一门独立的学科，通常称为“二语习得”。自20世纪70年代以来，对二语习得的研究涵盖各种不同的方面，并采用多样化的研究方法。研究的理论来源和研究视角多种多样，涵盖了心理学、社会学、神经语言学、外语教学等不同角度的讨论。多元化的研究格局使得二语习得领域的理论层出不穷，为人们更深入地理解语言习得提供了丰富的视角和理论支持。

（1）普遍语法理论。人类天生具备一种天赋的语言专门知识，被称为“普遍语法”，该理论强调了天赋的语言机制和语言的共同规律对语言习得的重要性。普遍语法理论认为，如果没有天赋的语言知识，无论是第一语言还是第二语言的习得都将不可能。语言是说话人心理活动的结果，婴儿天生具备学习语言的能力，他们不需要语法纠正，随着年龄的增长，他们会在生活实践中自我纠正。该理论强调了语言知识的天赋本质，它们存在于大脑中，是生物性的天赋，无需学习，也无法违反。普遍语法理论的基本概念包括“原则”和“参数”。原则适用于所有人类语言，是高度抽象的语法属性。参数反映了语言之间的差异，不同语言具有不同的参数值。

在第二语言习得方面，普遍语法理论强调建立语言参数值的过程，将第一语言和第二语言中的语言规律与特性联系起来，以解释第二语言习得的现象。该理论试图证明第二语言来自一个独立的语言机制，而不是认知系统。然而，普遍语法理论受到一些学者的质疑。他们认为，尽管理论强调语言的共性，但语言具有个体差异，并且在不断变化中，因此无法简单地预测第二语言习得的速度。学习速度受到年龄、学习策略等多种因素的影响。此外，由于理论相对抽象，它在具体教学方面的指导有限，无法解决如何推动习得进程以及如何改变已建立的参数值等具体问题。尽管存在争议，普遍语法理论仍然为语言习得研究提供了重要框架，并促使研究者不断探索语言习得的机制和影响因素。

（2）监控理论。监控理论由克拉申提出，是影响最大的二语习得理论之一，它深入研究了人们获得语言能力的机制，特别是获得外语能力的机制。监控理论包括五项基本假说，即语言习得与学习假说、自然顺序假说、监控假说、语言输入假说、情感过滤假说。根据监控理论，人的大脑拥有两个独立的语言系统，一个是有意识的监察系统，另一个是潜意识的系统。在语言使用时，这两个系统都可以被激活。儿童习得第一语言是潜意识的习得，而学习是以监控者的身份运用自己学到的语言，对所说的话起监控和修正作用。习得和学习是监控理论中的核心概念。习得指通过与外界的交际实践，无意识地吸收语言并流利、正确地使用它，学习是有意识地研究和理解语言的过程。监控理论强调通过习得掌握某种语言的人能够轻松流利地使用该语言，而通过学习掌握的人只能运用语言的规则进行监控和修正。因此，习得方式比学习方式更为重要。此观点得到了幼儿习得母语的过程的支持，幼儿的语言习得是在大量的语言交流中无意识地进行的。监控理论还提出了自然顺序假说，认为第二语言的规则是按照可以预示的顺序习得的，与课堂教学顺序无关。输入假说是监控理论的核心内容，强调学习者通过可理解的语言输入来逐步习得第二语言。情感过滤假说则解释了为什么学习者的学习速度和最终达到的语言水平各不相同，且情感因素对语言习得产生重要影响。

监控理论的综合性和全面性使其成为成功的二语习得理论之一，它考虑了内在认知过程和外在输入过程，同时考虑了情感、年龄、个体差异、第一语言等因素对第二语言习得的影响，该理论为二语习得研究和教学提供了重要的指导。在教学中，应采用更多幼儿自然习得母语的方法，为学习者创造更丰富的语言环境，以促进他们更好地习得第二语言，监控模式的应用对二语习得研究和教学具有重要的指导意义。

3. 交际法教学理论

20 世纪 60 年代末期，美国语言学家开始对听说法的理论基础进行反思。与此同时，英国语言学界也对当时盛行的情景教学法提出了质疑。在英、美、欧各地，几乎同时出现了对当时语言教学理论的重新思考，并开始关注提高“交际能力”的教学理念，逐渐形成了交际法语言教学理论。该理论的发展过程中，各国语言学家在乔姆斯基的“语言能力”理论基础上，引入了“交际能力”的概念，并不断完善交际教学法。20 世纪 70 年代初，美国的人类学教授和社会语言学家德尔·海姆斯首次提出了交际能力学说理论。随后，在 20 世纪 80 年代初，加拿大学者卡纳尔和斯温对这一理论进行了补充，创建了专门针对第二语言教学与测试的交际能力模式。20 世纪 90 年代，美国著名应用语言学家巴克曼进一步发展了卡纳尔和斯温的交际能力模式，并提出了新的交际能力理论模式，被誉为“语言测试史上的里程碑”。

（1）交际教学法的发展及其基本内容。海姆斯提出了与乔姆斯基的语言能力概念相对立的概念，即交际能力。语言能力只是交际能力的一部分，交际能力包括语法知识、心理语言知识、社会文化知识和实际存在的知识，强调了语言的社会文化特性、语言的交际功能以及语言的上下文关系。海姆斯的理论对应用语言学和语言教学产生了重要影响。卡纳尔和斯温的交际能力理论提出了，交际能力由四个子能力组成，包括语法能力、社会语言能力、语篇能力和策略能力。该理论丰富了海姆斯的交际能力学说，特别是强调了语篇能力和策略能力的重要性，此模式在应用语言学界产生了广泛的影响。巴克曼将交际语言能力分为语言能力、策略能力和心理生理机制三个部分，语言能力包括语言组织能力和语言使用能力，强调了语用能力的重要性，策略能力包括评估策略、确定目标策略、制订计划策略和实施策略，为实现交际目标提供指导，心理生理机制涉及生理和心理过程，包括听觉和视觉渠道以及发音器官和手指的技能，这一理论在语言测试领域产生了重大影响。

（2）交际法教学理论与英语教学。交际法教学理论是一种在语言教学领域中具有重要影响的理论体系，它的核心观点是“用语言去学”和“学会用语言”，旨在培养学生的交际能力，特别是口语交际能力。该理论体系最早由海姆斯首先提出，并经多名学者的补充和完善，已经成为一种相对成熟的教学理论，对语言教学产生了深远的指导意义。

1）交际教学法的学习原则。交际教学法并不是一种单一的、固定的教学模式，学生在课堂学习中处于实际的沟通情境中，通过真实的语言交流增强学习效果，教学应该模拟真实生活中的交际场景，让学生在交往中学习。交际教学法通过任务设计中的语言沟通而达到学习目的，学生需要通过完成任务来实现语言学习的目标，从而更积极地参与学习。教学内容必须对学习者有意义，教学应该关注学生的需求和兴趣，让他们感到学习的内容具有实际意义。

2）交际教学法的教材和教法。交际教学法的主要目标是培养学生运用语言表达意思、完成交际任务等能力，教学应该注重实际语言运用能力的培养，而不仅仅是语法和词汇知识的传授。交际教学法的课程安排以能够实现实际交际功能的任务为主要内容，如旅游、商务、描述物品或景物、表达意见等。学生在完成这些任务的过程中不仅学习语言，还提高了交际能力。交际教学法的教学活动多样化，包括功能性活动和社会互动性活动。功能性活动包括看图比较、信息互补、自由选择、看图重组等，此类活动强调语言的功能性。社会互动性活动包括会话、角色扮演、小组讨论、即兴表演、辩论等，此类活动鼓励学生在社交情境中运用语言进行互动。

第二节　认知语言学视域下的英语听力教学方式转变

一、认知语言学对英语听力教学的启示

如今，随着认知语言学的发展，图式理论逐渐发展成了认知语言学理论研究中的关键理论，可以说，图式理论是语言学与心理学方面密切结合的产物。

（一）认知语言学视域下的英语听力理解实现过程分析

从认知心理学的角度看，英语听力理解是一个涉及多个认知过程的复杂活动，此过程包括感知、推理、判断、领悟、记忆和理解等多个阶段。在英语听力理解的过程中，听者的感知能力起到关键作用。听者通过听觉器官接收声波，将声音转化为神经信号，然后大脑对这些信号进行处理。在此阶段，听者需要识别语音中的音素和语音特征，以便进一步地理解。接下来是推理和判断阶段，听者根据声音的特征和上下文信息来推测词义和语句的含义，涉及大脑中的语言知识和经验的运用，以便对所听到的内容进行逻辑推理和判断。记忆也是英语听力理解的重要一部分，听者需要有意识地记住有价值的信息，以便后续的理解和应用。记忆的过程包括短时记忆和长时记忆，听者需要将信息从短时记忆转移到长时记忆中，以便长期保持。最终，听者通过一系列的逻辑思维过程来领悟说话者所传达的真正意义，包括将听到的词汇和语句组合成有意义的段落或句子，并理解其背后的逻辑关系和意图。

从认知语言学中的图式理论角度看，英语听力理解是一种创造性的思维加工过程，涉及多个语言图式的运用。语音图式在英语听力理解中起着一定作用，听者通过识别和分辨语音的音节和发音，辨别听到的单词。例如，当听到"I think this dish is delicious"这句话时，听者首先会运用语音图式来识别每个单词的发音和音节，以便后续的理解。接下来是词汇图式的应用，听者根据已有的词汇知识，明确各个单词的意思。涉及将听到的单词与已知的词汇图式进行匹配，以理解句子中的词汇。语法图式和句法图式发挥了无可替代的作用，听者通过语法图式和句法图式来确定句子的结构和语法规则，从而理解句子的语法结构。在例句中，听者会根据语法图式和句法图式推断句子的结构。语篇图式是听力理解的关键因素，听者需要将听到的句子放入上下文中，与大脑中的语篇图式相匹配，以获得句子的真正意图。在例句中，听者可以利用上下文理解说话者对食物的评价。

（二）认知图式理论对英语听力理解的启示

在英语听力理解的过程中，图式理论贯穿了听力理解的方方面面。英语听力理解并不仅仅是依靠耳朵听英语句子的简单过程，还是一项复杂的活动，涵盖了多个方面，听者需要运用自身所具备的语言知识、生活经验以及心理活动等各种要素去处理。其中，学生的背景知识是否丰富，知识面的广度和信息量的大小都构成了背景图式框架的一部分，影响着他们对学习材料的理解水平。因此，图式理论强调在英语听力教学中，教师应注意有效挖掘学生自身的背景知识和图式。教师应该帮助学生发掘并利用他们已经掌握的知识和经验，以便更好地理解听力材料。学生通过挖掘和应用现有的图式，可以建立坚实的理解基础，从而提高他们的听力技能。

1. 认知图式为英语听力理解提供心理准备

在英语听力理解的实际过程中，要求听者完全听清每一个音素、音节或单词是不切实际的，也不必要。听者进行听力学习和训练的目标是获取所需信息，而不是过于注重每一个语音细节。在此过程中，认知图式发挥着关键作用，为听者提供了一种积极的心理准备状态，使他们能够更好地理解所听到的材料。图式在这里起到了缓冲的作用，特别是背景图式，为听者提供了整体框架和心理准备的前提。听者可以根据已有的知识和经验，将所听内容置于一个整体的上下文中，从而更容易理解和吸收信息。整体性的理解有助于听者在后续的理解过程中更加流畅地达到完全理解，而不必过于纠结于每一个语音细节。

2. 认知图式使英语听力理解有的放矢

在英语听力理解的过程中，认知图式使听者能够有的放矢地理解听力材料，此过程通常包括两个阶段：在听听力材料之前和在听力过程中。在听力材料之前，听者会根据自己已有的图式，包括语言图式和背景图式，持续不断地对说话者将要说的内容进行推测。他们会根据已有的语言知识来预测可能出现的词汇和句子结构，同时考虑到背景知识图式，如说话者的身份、场景等因素。使得听者在听力材料开始之前就建立了一种期望，有助于他们更有针对性地倾听和筛选信息。在听力过程中，听者会根据已获得的信息对图式进行调整，并对重点听的地方进行额外注意，他们会根据已听到的内容修正他们的推测，并在接下来的听力过程中不断地更新图式。动态的图式调整使听者能够更好地理解信息，避免冗繁混乱地处理听到的内容。例如，如果听者在题目中看到句子“Blaire will visit America next month”，他们会立即激活与此相关的图式知识，包括 Blaire 的身份、他访问美国的计划等。然后在听材料时，他们会注意搜索与这些图式知识相吻合的信息。如果听到类似于“Next month，the host of White Palace will welcome the arrival of the Prime minister of Great Britain”这样的语句，那么有关信息与他们激活的图式知识相符，因此他们能够做出正确的判断。

（三）认知图式理论对英语听力教学的启示

1. 引导学生预测听力内容，拓展学生想象思维

在英语听力理解中，有效地预测促进了学生的想象思维的拓展。预测听力内容是一个积极主动的过程，它涉及图式的激活和信息的关联，有助于学生更快地理解听力材料。学生在预测听力内容时，大脑中的相关图式被激活，包括语言图式和背景图式，它们与学生已知的知识和经验相联系。通过将已知知识与新信息相联系，学生可以及时协调大脑中的图式与输入信息之间的差异，从而逐步实现对听力材料的完全理解。此过程使学生能够更主动地参与听力理解，而不仅仅是

被动地接收信息。通常情况下，听力材料的标题或第一句话可以被视为主题句，它们提供了一些背景知识，教师可以引导学生在听完标题或第一句话后对未听内容进行预测。主要是因为标题或第一句话通常会提供背景信息，激活学生大脑中与此相关的背景图式。随着进一步的听力内容，学生可以逐渐建立对所听内容的合理理解。例如，当学生听到"The social problems of America"这个标题时，他们可能会联想到失业、暴力、种族歧视等问题，预测有助于学生更好地理解听力材料。教师还可以有效引导学生关注听力材料中的关键词，并帮助他们进行预测，进一步有效促使学生的听力理解更加有针对性，提高效率。同时，通过对关键词的预测，学生可以挖掘出潜在的搭配和概念，对于他们进一步理解听力材料非常有帮助。

另外，心理素质好的学生通常能够冷静应对各种难度的听力材料，而心理素质较差的学生在面对较难的材料时可能会感到紧张和不安，可能会影响他们唤起已有图式的能力。因此，心理素质的强弱对学生的听力理解有重要影响。新奇和运动的刺激物可以有效地激发学生已有的图式，有助于学生排除紧张和不安的情绪，使他们能够在轻松的环境中扩展自己的想象力，从而更容易地进行听力理解。在教育环境中，可以采用创新的方法和活动，引入新奇和有趣的元素，以帮助学生放松并更好地应对听力挑战。因此，教育者应该关注学生的心理素质，尤其是在英语听力教学中。通过提供积极的学习环境和创新的教学方法，可以帮助学生克服紧张和不安，提高他们的听力理解能力。

2. 传授学生背景文化知识，引导学生克服本族语影响

大学英语听力教学面临一个独特的挑战，即学生的知识水平和生活阅历相对较狭隘，使得学生形成的图式在某些情况下可能不够完善，难以应对多样化的听力材料。然而，大学英语听力材料本身通常涵盖了广泛的知识领域，包括科技、风土人情、人物传记等，因此听者的背景文化知识的丰富程度将直接影响他们对材料的理解。为了克服这一挑战，教师在进行听力教学时应考虑补充社会文化背景知识的讲授，可以通过引入相关的背景信息、文化背景和专业知识实现。这样一来。教师可以帮助学生扩展他们的知识面，使他们更好地理解听力材料中涉及的各种主题和概念，将有助于学生更好地激发与听力内容相关的图式，从而提高

听力效果。教师还应鼓励学生积极主动地寻找和学习与听力内容相关的背景知识，可以通过阅读相关文章、观看相关视频或参加相关讨论来实现。通过自主学习和积累，学生可以增加他们的知识储备，更好地应对各种听力挑战。

考虑到我国学生大多是在母语文化的氛围中长大的，他们的价值观念、评判标准和文化背景与目标语言的文化存在差异，可能导致他们在进行英语听力理解时曲解听力材料的真正内涵。为了更好地优化英语听力教学的效果，教师可以采取一系列策略来帮助学生克服这些文化差异，提高他们的文化敏感性，并逐步培养英语思维的习惯。教师可以引导学生置身于一个完整的语言背景中，为学生提供更多的英语语境，包括英语国家的文化、习惯和社会背景。学生可以通过观察和体验语言背景，更好地理解英语听力材料中涉及的文化元素，减少误解的可能性。教师可以鼓励学生有意识地对中西文化进行比较，比较不同文化间的价值观念、习惯和信仰，从而更好地理解为什么某些听力材料中的表达方式在不同文化中会产生不同的含义，有助于提高学生的文化敏感性，使他们能够更准确地理解英语听力内容。最重要的是，教师应该逐步培养学生英语思维的习惯。这意味着学生需要逐渐抛弃他们头脑中固有的母语文化模式，快速适应英语的思维方式，主要可以通过英语角、英语沉浸式环境和与英语国家的交流等方式实现。通过一系列方法，学生可以更快地、更有效地理解英语听力材料，并在英语思维中更自如地表达自己的想法。

二、认知语言学在英语听力教学中的实际应用

（一）借助认知图示进行信息编辑、整合及重构

英语听力理解是一个涉及信息输入和输出的复杂过程，其中认知图式在一定程度上影响了信息的编辑、整合和重构方面。在实际的英语听力理解中，听者需要不断地接收新的信息，借助自身的认知图式与这些新信息进行互动，以获取所需的信息，此过程可以分为信息输入和信息输出两个关键阶段。在信息输入阶段，听者持续接收来自听力材料的信息，与他们大脑中已有的认知图式相互作用，以获取所需的信息。当相关的图式被激活时，听者可以更好地组织和编辑新信息。

此过程使他们能够理解所听到的内容，并将信息储存在大脑中，最终形成一个知识体系，此种编辑和整合过程在涉及文化元素的情况下尤为重要。

例如，在 New English Person to Person 中，存在着下面一段对话。

Dominic：By the way，where do we keep the olive oil?

Michelle：It's in the cabinet over the sink.

Dominic：Oh，I know. Thanks.

以一个对话为例，如前所述，听者可能会在对话中遇到一些涉及西方文化的元素。如果听者的图式包含有关西方文化的信息，他们可以更容易地理解对话中的文化元素，并与他们已有的知识联系起来。文化图式的编辑、整合和重构有助于听者更好地理解和记住听力材料，特别是在跨文化交流中。然后是信息输出阶段，当听者需要提取和应用他们所听到的信息时，大脑中的认知图式再次发挥关键作用。与信息结构相关的知识框架的各个部分在听者的头脑中被激活，使信息能够被提取和应用。

（二）结合认知图式实现英语听力理解中的扩展性补充

在日常交谈中，人们常常需要依赖语境来填补信息的缺失，从而推断说话者的意图。此种情况下，认知图式提供的总体框架可以有效地帮助人们推理出听力理解中的缺失信息。语言具有不完整性的特点，有时人们无法用语言完整地表达某个概念或事件。然而，大脑中激活的认知图式可以提供有关缺失信息的线索，帮助人们进行相应的推断和补充。例如，当描述与“去商店购物”相关的情景时，虽然可能没有提及具体的购物过程，但购物这一图式会自动地启动，帮助人们推断出“选物—取钱—付钱—找零—取物”等一系列相关信息。

图式的扩展性补充作用在处理言外之意的对话时特别明显，因为在此种情况下，仅仅听清每个词是远远不足的，需要依赖图式来理解说话者的真实意图。举例来说，考虑以下对话：

A：Could you lend me 200 dollars?

B：My boss has not delivered my salary.

Question：What does B mean in the conversation?

在听取这则听力材料时，需要理解会话中说话者 B 的真正意图，同时激活大脑中的图式。在对话中，涉及借钱和薪水发放等概念，以及有关概念之间的关系。没有图式的帮助，很难理解 B 的真正意图。通过激活相关的图式，可以推导出 B 的真正意图是委婉地拒绝借钱的请求。这个例子突出了图式在听力理解中的作用，图式有效扩展了人们的认知，补充了人们在理解对话时所需的知识。图式的扩展性作用有助于更好地理解复杂的对话和语境，尤其在处理言外之意或隐含信息时。因此，图式在英语听力理解中的应用有助于更顺利地理解多层次和复杂的信息，提高了听力理解的效率和准确性。

（三）应用元认知策略展开英语听力教学

听力理解在语言学习中涵盖个体的记忆能力、概括能力、预测能力以及语言转换能力，是语言学习的一个综合体。然而，长期以来，听力一直被认为是学习者最难学习和掌握的语言技能之一，而学生的听力水平与其元认知水平和应用的策略密切相关。因此，元认知策略的培训对提高听力水平有无形的影响。有效激发学生的元认知意识，应让学生明确听力学习的任务和目标，从而制订相应的学习计划。学生需要明白他们在进行听力学习时的具体目的和条件，有助于提高他们的学习效率。元认知策略的训练包括任务的目标和条件，以及师生之间的沟通和交流方式。学生需要了解如何有效地应用元认知策略去解决听力难题，包括如何预测、概括和记忆关键信息。另外，学生需要具备自我监控和评价的能力，可以通过自我报告来记录他们在应用元认知策略时的思考和想法，这被称为“内省报告”。这有助于他们更清晰地了解自己的学习过程和策略的有效性。还可以通过写日记或笔记的方式来监控和评价自己的学习进展，从而帮助他们更好地规划学习，找到解决问题的有效方法。

教师需要有意识地引导学生掌握有关策略，并改变传统的以教师为中心的教学方法，将学生置于教学的核心地位，帮助他们熟悉和理解元认知理论和策略。元认知策略的培训可分为以下三个步骤，以帮助大学生更好地应对听力教学。

1. 听前活动

该阶段是在听力教学开始之前进行的，教师需要制定听力学习的长期或短期目标，并明确听力任务的主题。使学生为听力做好心理准备，集中注意力学习。教师还可以引导学生使用听力材料中的线索来预测主题内容和可能的障碍，从而减轻学生的心理压力。并且与学生讨论适用的听力策略，介绍相关的理论知识，如记忆的信息加工过程、集中注意力的方法等，以增强学生的策略意识。在听前活动阶段，教师需要教导学生如何有效地应用元认知策略来解决听力难题，包括任务的目标和条件，以及师生之间的沟通和交流方式。学生需要了解如何预测、概括和记忆关键信息，以提高听力效率。学生应具备自我监控和评价的能力，可以通过自我报告记录在应用元认知策略时的思考和想法，以及通过写日记或笔记来监控和评价自己的学习进展。这有助于他们更好地了解自己的学习过程和策略的有效性，找到解决问题的有效方法。

2. 听中活动

在听力教学过程中，听中活动是帮助学生有效监控自己的听力过程的重要步骤。元认知监控指在认知活动进行的整个过程中，将自己的认知活动作为意识对象，不断地进行自我监视、控制和调节。在听力理解中，这一过程尤为关键，因为它涉及学生对学习内容的领会程度、采用的学习策略是否适当、注意力是否集中以及是否抓住了听力理解的重点。教师在听力教学中需要引导学生学会对自己的思维过程和心理过程进行及时监控和有效评估，并在此基础上调整对听力学习的心态和学习策略。教师在此过程中应注意引导学生学会自我检测，发现自身错误并进行纠正。教师可以在听力训练前、中、后引导学生进行自我提问和回答，例如询问自己是否采用了正确的听力策略以及对所听的语言材料理解了多少。注意力是听力学习的重要因素，学生需要集中自己的全部注意力，同时有选择地注意听某些信息。教师应指导学生及时调整注意力，跟上听力材料中说话者的思路，并分清主要信息和次要信息，有选择地进行听。在听语言材料时，要能够识别关键词和段首句，因为段首句通常表达了段落的主要内容。掌握听力材料中语篇的衔接和连贯手法，以便理解语篇的展开过程和中心思想。关联词如“first of all”“besides”“furthermore”“in fact”“moreover”“then”“in conclusion”等可以帮助学生理解材料的内容和说话者的态度。教师可以通过课堂教学让学生了解听力理解的实质，背景知识与听力的关系，以及母语与英语听力的相似点和不同点。学生需要进行系统的预测策略训练，从而提高他们的预测能力。

3. 听后活动

听后活动有助于学生巩固听力内容、发现问题、改进策略，并提高听力能力，该阶段包括自我测试和自我评估，通过一系列策略和活动，学生可以更好地应对听力学习的挑战。自我测试是学生发现自己的听力问题并进行改正的过程，在听完录音材料后，学生可以进行自我测试，更全面地了解自己在听力学习中的表现，明确需要改进的方面，并为下一次的听力学习提供有针对性的指导。

自我评估包括两个方面的内容：首先，学生需要评估自己是否听懂了材料以及听懂了多少。其次，他们需要评估自己的听力成绩是否在一段时间的训练后有所提高。学生可以问自己以下问题：是否达到预定的听力目标？在听之前的预测是否正确，哪些预测需要修正？是否抓住了听力材料中的重点内容？是否成功地理解了听力材料的主旨？自我评估有助于学生更全面地了解自己的听力能力和进展，并为调整学习策略提供依据。

第三节 认知语言学视域下的英语口语教学方式转变

一、认知语言学对英语口语教学的启示

对于许多英语学习者来说，他们追求语言学习的最终目标是能够流利交流。因此，大学英语口语教学的核心任务之一是提升学生的口语表达能力。然而，在实际的英语口语教学中，常常会遇到诸多不利情况。一些学生已经掌握了大量的词汇知识和语法知识，他们的英语写作能力也相当出色，但在口语表达方面却感到力不从心，此现象很大程度上源于英文学习环境的匮乏。虽然这些学生学了很多知识，但他们很少有机会将这些知识用于实际交流中。结果，虽然他们的语言知识掌握得很好，但在实际运用时却表现出明显的不足，包括句子的语音和语调把握不够准确，也难以在讲话中突出重点。

根据认知语言学的原型范畴理论，单词成员可分为中心成员和边缘成员，两者之间存在地位的不平等现象，在构成句子时也表现出重要的差异，涉及单词的重读和非重读，而且每个单词都有其自己的重音。在口语表达中，语音和语调都起到了不同作用，同一个句子中不同成员的重读可以导致不同的含义。因此，许多学生在英语口语中难以准确把握句子的重音，从而造成了不清晰的英语表达，也难以传达句子的中心思想。为了解决该问题，教师在教学过程中应该有意识地教导学生如何确定句子中的中心成员和边缘成员，提供正确的范例，并鼓励学生进行模仿。在此过程中，教师还需要及时纠正学生可能出现的发音和语调错误。

根据认知语言学的理论观点，人们只有通过对原型的感知才能更好地理解外部世界，并因此形成了意向图式和认知模式。此外，一些认知语言学家明确指出，人类的语言能力与一般的认知能力密切相关。由于个体所处的环境和背景不同，人们对外部世界的认知通常存在明显差异。因此，语言被认为是认知能力的表现方式，由于对事物认知的不同，学生在与外国人交流时可能会出现听懂某个词的字面意思，却无法准确理解对方话语的真实意图的情况。因此，在口语表达过程中，了解目标语言文化有助于实现无障碍的交流和沟通。举例来说，英文中的“lucky dog”意味着“幸运儿”，但在汉语中，称某人为“狗”是对其的一种侮辱。如果学生没有掌握所学语言的认知模式，很容易曲解词汇的含义。因此，在语言教学中，除了教授语言本身，还应该结合所教语言的文化背景。教师可以创造一个有助于学生理解语言背后文化含义的语言环境，帮助学生建立和完善他们的图式结构。

在实际的英语教学过程中，教师可以利用媒体工具如新闻和影视作品，向学生传授英语文化背景，从而培养他们的认知能力，更好地达到教学目标，激发学生学习英语的积极性。学生通过观看新闻和影视作品，可以接触到丰富的英语语境，了解词汇和表达方式的真实应用，同时也可以深入了解英语国家的文化和社会背景。媒体作为教学工具具有很强的吸引力，学生更容易产生浓厚的兴趣，愿意主动参与学习。此外，通过讨论和分析媒体内容，学生可以提高他们的分析和思考能力，培养批判性思维，从而更好地理解和运用英语语言。

二、认知语言学在英语口语教学中的实际应用

（一）将认知观念引入英语口语课堂中

在英语口语教学中，教师应该将认知概念引入英语课堂，以揭示基于认知语言学理论的认知网络，让学生真正体验到中英两种语言虽然是两种不同的语言，但它们都反映了人们对现实的感知。将认知概念引入英语课堂的方法可以让学生积极地发现英汉两种语言之间的联系，从而增加他们学习英语语言的自信心，同时减少学生在学习异国语言时的焦虑情绪。具体来说，将认知概念引入英语口语课堂教学，可以以词汇知识的积累作为切入点。通过探讨词汇的认知网络，学生可以更好地理解单词之间的联系，如同义词、反义词等。他们可以学习如何将自己母语中的词汇知识映射到英语中，并意识到不同语言间的语义差异。而比较和映射的过程有助于学生更深入地理解两种语言的语法和结构，从而提高口语表达的准确性和流利度。

口语表达的流利性通常需要建立在坚实的词汇基础之上，而认知语言学的理论为有效积累词汇提供了途径。根据认知语言学的观点，词汇并非孤立存在，而是在复杂的联系网络中相互关联。不论涉及哪种概念或事物，都可归类于特定的认知范畴内。这一认知范畴分为三个主要层次：下级类层次、基本类层次、上级类层次。

（二）重视学生抽象隐喻认知培养的方式

在基于认知语言学的英语教学中，教师的任务不仅是帮助学生掌握词汇的基本概念，还要引导他们深入理解基本词汇背后的抽象隐喻认知方式。培养隐喻思维利于学生更好地理解英语的思维特点和概念模式，而不仅仅是表层的语言形式。隐喻是将一个概念映射到另一个概念的认知方式，在语言中，隐喻可以用来传达更深层次的意义和抽象概念。例如，人们常用“时间就是金钱”这个隐喻表示时间的宝贵。通过引导学生理解和运用这种隐喻思维方式，教师可以帮助他们更好地理解英语中的类似隐喻，并更准确地表达自己的思想。将隐喻思维纳入教学，学生可以逐渐习得英语中的隐喻表达方式，有助于他们更深入地理解英语的文化

和思维方式。除此之外，还可以提高学生的语言表达能力，使他们能够更自如地运用隐喻来传达复杂的概念和情感。

在口语课堂中，教师可以引入隐喻和转喻这两大概念，以便帮助学生更好地理解同一概念在不同语言中的不同表达方式，以及不同语言之间在类似概念上的异同。通过以“死亡”这一常见概念为例进行具体分析，可以看到这两种概念在英汉两种语言中存在着相似的隐喻和转喻。在英语口语教学中，常常涉及关于“死亡”的话题。这个概念在中英两种语言中都有类似的隐喻和转喻，例如，“go out”“the last voyage”等基本范畴词。这些词的隐喻和转喻含义超越了它们最基本的字面含义，引申出了与“死亡”相关的义项。随着时间的推移，有关义项在日常语言中逐渐固定下来，成为人们常用的词汇表达方式。在情景模拟的课堂中，学生通过认知概念看到不同语言表达的相似之处，而无须过于强调词汇的字面含义，有助于减少死记硬背的痛苦，同时丰富了学生的语言表达能力。学生不需要过分关注词汇的记忆，而是可以通过母语文化和外来语文化间的相似点来理解这些表达方式的认知基础。教师引入隐喻和转喻的概念，可以帮助学生更好地理解英语语言中的思维方式和概念模式，能够促进学生的语言表达能力的提高，还能有效降低学习焦虑，让学生更轻松地学习和运用英语口语。

概念隐喻是一种强大的认知工具，它能够将两个不同的知识领域相联系，帮助人们理解看似不相关的语言表达形式与底层概念结构之间的关联。人们可以通过概念隐喻，更深刻地理解语言形式背后隐藏的概念。在英语教学中，培养隐喻思维对于学生的语言学习至关重要。在具体培养隐喻思维时，教师需要注意的是，一些词汇和表达法不能孤立地学习，而应该放置在特定的语境中。主要是因为学习语言仅仅在抽象的语境之外是不够的，学生需要将词汇和表达法与实际语境相结合，以更好地理解其含义和用法。为了实现这一目标，教师可以将同义词汇集合在一起形成词汇场，通过了解词汇场的构成方式和来源，帮助学生理解词汇间的语义联系。此种由表及里的联系将更有效地激发学生的学习兴趣，培养他们通过个人体验和直觉来观察语言的意义和使用特点。

第五章　认知语言学理论下的英语词汇与句法教学策略创新

第一节　英语词汇与句法教学概述

一、英语词汇教学

（一）英语词汇结构

1. 词素

词素是语言中表达意义的基本单位之一，通常情况下，人们认为词语是表示独立意义的独立单位，可以通过查词典或词表来理解和使用。因此，学生常常以为只要记住单词就能轻松学好外语。然而，实际上，语言中存在更小的单位，被称为词素。词素是构成词语的最小意义单位，它们可以独立或与其他词素组合以形成词语。例如，许多词语中都包含词素“自”，如“自发”“自觉”“自费”“自行车”“自动化”，都与自己或自行有关。另一些词语中的“自”表示天然或非人为，如“自流”“大自然”“自然规律”。而一些词语则由多个词素组合而成，如“自由职业”，它由“自由”和“职业”两个词素组成，表示一种由知识分子凭借个人知识从事的职业。

2. 词根

已知英语中的词是由词素组成的，它们构成了单词的基本成分。单词可以分为单词素词和多词素词，前者由一个词素组成，后者由多个词素组合而成，包括双词素词、三词素词，以此类推。简言之，单词素词由单个词素构成，而多词素词由多个词素组合而成。词根和词缀都属于词素的范畴，它们是构成词汇和单词的重要组成部分。词素可以分为两种主要类型：自由词素和黏附词素。词根可以分为两种类型：自由词根和非自由词根。自由词根与自由词素的概念是相互重叠的，可以互换使用。在英语中，它们通常构成了单词素词，这些词由单个词素或词根构成。另外，非自由词根不能独立使用，它们只能与其他自由词根、非自由词根或词缀结合以构建单词。黏附词素也不能独立运用，它们只能附着在自由词根、非自由词根或由多种词根组合或词根与词缀组合而成的词上，用于构建单词。

词根指一种语言单位，具有独立的意义，但在形态上不能再分割成更小的语言单位。从语义的角度看，词根通常承载着词汇的主要意义，是词汇中的核心部分。而从历史的角度看，词根通常代表着词汇的最早形式，它们经过漫长的语言发展过程而成。自由词根通常可以在句子中独立使用，它们构成了英语中使用频率最高的词汇部分。自由词根也常被称为单词素词，因为它们可以构成单独的词汇单位，具备独立的词义。相比之下，非自由词根通常不能独立在句子中使用，它们需要与其他词汇成分如自由词根或词缀结合，才能构建出完整的单词。非自由词根在构建英语单词时发挥着重要作用，它们为词汇的多样性和丰富性做出了贡献。词汇单元不仅具备独立运用的能力，而且在日常语言交际中频繁使用，还可以与其他各种词素或词汇组合，形成大量可以独立运用的词汇。此类词汇表现出了极强的构词能力，为英语的词汇多样性和丰富性贡献了很大的力量。

除了自由词根，英语中还包含大量的非自由词根。非自由词根在英语的口语和书面语中广泛存在。正如前文所述，它们无法独立使用，必须与其他词素（如词缀、自由词根或非自由词根）组合才能构成完整的单词。然而，尽管是非自由词根，它们依然具有强大的构词能力，能够组合出大量的单词。需要指出的是，英语中的非自由词根主要源自希腊语和拉丁语，其中以拉丁词根为主。这些词根在希腊语和拉丁语中通常是可以独立运用的词汇，但在引入英语后，它们仅能作为构词元素使用，并且通常只与源自希腊语或拉丁语的词素结合。因此，了解非自由词根及其含义对于理解英语中许多单词的构成和核心词义非常有帮助。

以两个例子来说明这些非自由词根的应用：

“abl/able”是一个拉丁词根，表示“能力”，它在英语中被用于构建许多与能力相关的单词，如“unable”（不能的）、“ability”（能力）、“disable”（使无能力）、“ably”（有能力地）、“enable”（使可能）等。

3. 词缀

词根是具有独立意义的词素，无法进一步分解为更小的语言单位。从语义角度看，词根通常是带有主要词汇意义的词素。历史上，词根是词的最早形式，它们承载着单词的基本含义。在英语的漫长历史中，词根发展成两类：自由词根和非自由词根。自由词根通常可以在句子中独立使用，而非自由词根需要与其他词素（包括自由词根、非自由词根和词缀）组合，才能构建完整的单词。自由词根也被称为单词素词，它们是英语中使用频率最高的词汇部分。与词根不同，词缀无法独立构成词语，它们必须附着在词干上才能发挥作用。此外，词缀的意义通常不像词根那样清晰和固定，有些词缀几乎没有明确的语义。相对于词根的数量（成千上万），词缀的数量相对较少，顶多只有几百个。在英语中，词缀通常分为前缀和后缀，前缀位于词干前面，后缀位于词干后面（如图 5–1 所示）。

前缀：
“co–”（一起）：如“co–occur”（一起发生）
“peri–”（周围）：如“peri–meter”（周长）
“mid–”（中间）：如“mid+night”（中夜）
“re–”（归还）：如“re+turn”（归还）
“mis–”（虐待）：如“mis+treat”（虐待）
“un–”（未）：如“un+filled”（未填充的）
后缀：
“–act”（动作）：如“act+ion”（动作）
“–ish”（幼稚）：如“child+ish”（幼稚）
“–or”（行动者，演员）：如“act+or”（演员）
“–hood”（童年）：如“child+hood”（童年）
“–less”（无）：如“child+less”（无儿无女）

图 5–1 具有清晰意义的前缀和后缀示例

然而，需要注意的是，大多数词缀并非都如上述例子一般清晰。这些词缀通常被称为黏附词素，它们在历史上曾是独立的词汇，但后来失去了独立性，变为附着在词根或词干上的构词元素。例如，“less”原本是一个形容词，表示“缺乏”或“没有”，但它可以附着在许多词后面，如“childless”（无儿无女），其意义仍然明确。同样，后缀“-dom”“-hood”“-ship”也曾是名词，具有独立的意义，但在英语中被用作词缀，用来构建新的名词。英语中的一些数目字也源自希腊语和拉丁语的词根，提供了许多黏附词素，如“penta-”（表示“5”）构成“pentagon”（五角）、“sept-”（表示“7”）构成“septet”（七重唱）、“oct-”（表示“8”）构成“octagonal”（八角）、“uni-”（表示“1”）构成“unilateral”（单边）等。

在英语的词汇构建中，词缀通常被视为附着在词根或词干上的构词元素，用于赋予单词更多的含义或语法功能。虽然词缀在构建单词时起着重要作用，但将词缀变为自由词素的趋势却相对较少见。相反，人们经常看到的是将词缀提升到自由语素的地位，此种现象在英语中并不罕见。举例来说，考虑词缀“anti-”，它表示反对或对抗。在某些情况下，可以将“anti-”附着在词根或词干前面，构建新的单词，如“antisocial”（反社交的）、“antibacterial”（抗菌的）等。然而，有时也可以将“anti-”视为自由词素，独立使用，并赋予新的含义。例如，当人们说“He is so stubborn，he’s bound to be anti”（他如此固执，肯定是反对派）时，“anti”在这里表达了对某种态度或立场的强烈反对。尽管词缀在此种情况下被看作自由词素，但它们仍然保留了原有的黏附词缀功能。这意味着它们可以根据需要附着在不同的词根或词干前面，构建具有不同含义的单词。类似的情况也出现在其他词缀上，如“hyper-”（超过）、“mini-”（迷你）、“maxi-”（特大）和“stereo-”（立体声）。这些词缀可以在需要时被视为自由词素，用于构建新的单词，并且仍然具有附着在其他词根或词干上的能力。

词缀在英语中担负着两种重要的功能：

一种是参与新词的构建，这些词缀被称为派生性词缀（derivational affixes）。在派生中，词根扮演着核心的角色，而词缀则像卫星一样，围绕核心旋转，就像太阳系中的行星一样。以单词“uninhabitableness”为例，其中的词根是“habit”（居住）。如果人们想构建一个表示“不宜于居住性”的词，不能简单地在词根前加上“un”，因为“unhabit”不是英语中的有效词汇。在这一派生过程中，首先要加上“in”，这在古英语中表示方位，其次将“inhabit”这个动词变为形容词“inhabitable”，再次添加否定词缀“un”，最后再加上名词后缀“ness”，从而形成了“uninhabitableness”这个名词。此过程显示了派生性词缀的功能，它们能够帮助人们构建新的单词，扩展词汇，以便更准确地表达概念和思想。词缀的选择和组合方式可以根据需要来进行调整，以创造具有特定含义的单词。

另一种是参与屈折变化，而与新词的构建无关，这类词缀被称为屈折词缀（inflectional affixes）。与古英语、拉丁语和希腊语相比，现代英语中的屈折词缀数量相对较少，主要是句法的一部分。它们用于表示语法意义，例如，时态词缀“-s”和过去时词缀“-ed”分别表示动词“play”（游戏）的现在时和过去时，如“plays”和“played”；而单数词缀“-s”和复数词缀“-es”表示名词“girl”（女孩）的单数和复数形式，如“girl”和“girls”。因此，屈折词缀通常被视为句子结构和组织的标记，它们的主要作用是在句法上起作用，而不参与新词的派生。然而，也存在一些例外情况，屈折词缀有时可以衍生出新的词义。例如，将词汇“custom”（习俗）、“new”（新的）、“spectacle”（景象）后面加上“-s”，就分别形成了“customs”（海关）、“news”（新闻）和“spectacles”（眼镜）。类似地，现在分词和过去分词形式既可以表示屈折变化，如“They were building the new dorm”（他们正在建造新宿舍）和“They painted the wall”（他们粉刷墙壁），也可以像派生性词汇一样，创造新的词类，如“The building on the corner”（在拐角处的建筑物）和“the painted wall”（粉刷好的墙）。

（二）英语词汇教学的主要内容与基本原则

1. 英语词汇教学的主要内容

（1）词汇意义。在学习一门外语时，学生需要了解单词的含义，以便正确运用它们。然而，词汇的意义往往受到语境的影响，因此在词汇教学中，理解语义和语境之间的关系至关重要。词汇教学的首要任务之一是帮助学生掌握单词的基本含义，在此过程中，教师可以通过各种方式向学生传授单词的定义和词汇解释。例如，教师可以提供清晰的单词定义，以及在句子中的示例用法，以帮助学生理解单词的含义，这有助于学生建立起对单词的基本认知。词汇的含义通常需要在特定的语境中理解，学生需要了解单词在不同语境中的用法和意义。例如，单词“makeup”可以表示“编造”“组成”“化妆”，但具体的含义取决于句子的上下文。因此，教师应该通过阅读材料或对话来展示单词在实际语境中的用法，帮助学生理解语义和语境之间的关系。近义词的辨析也是词汇教学的重要任务之一，在英语学习中，存在许多意思相近但用法略有不同的词汇，对于学生来说可能是一个挑战。例如，“fight”“battle”“struggle”“war”“campaign”“combat”都可以表示“战斗”，但它们在具体用法和语气上有所不同。[①] 在此种情况下，教师应该帮助学生辨析这些词汇，理解它们的细微差别，以便在写作和口语表达中正确选择合适的词汇。

（2）词汇场合。词汇的使用场合是词汇教学中一个重要的方面，不同的词汇在不同的语境中有不同的含义和用法，因为它涉及他们如何在实际交流中正确使用词汇。词汇的搭配是关键，学生需要了解哪些词汇通常会一起出现。例如，词汇“hot”在书面语中通常用来形容温度高，而在口语中可以用来形容一个人的外貌迷人，涉及词汇的语境和搭配。习语和短语也是词汇使用场合的一部分，学生需要了解一些固定的词汇组合，因为这些组合在特定语境中有特殊的含义，不容易从字面意思推断出来。不同的语域和风格也会影响词汇的含义和用法，正式语境和非正式语境下，同一个词汇可能有不同的语法和语义。

（3）词汇信息。词汇信息包括词汇的基本构成和特征，如词类、前缀、后缀、发音和拼写等基本信息，影响了学生正确理解和运用词汇。了解词类是词汇学习的基础，学生需要知道不同词汇可以分为名词、动词、形容词、副词等不同的词类，有助于他们更好地理解词汇在句子中的作用和用法，提高语言表达能力。词汇的前缀和后缀也是词汇信息的一部分，学生需要学会识别和理解常见的前缀和

---

① 孙艳波. 认知语言学与英语词汇教学［M］. 长春：吉林出版集团股份有限公司，2022.

后缀，因为它们可以改变词汇的意义和词类。例如，前缀“un-”可以表示否定，将“happy”变成“unhappy”表示不快乐，掌握这些词汇构词规则，有助于学生记忆和识别更多的词汇。

（4）词汇用法。词汇用法涵盖了各类词汇在语言中的不同应用方式，包括名词的可数与不可数形式、动词的及物性和不及物性以及及物动词的宾语要求，包括何种宾语、是不定式还是动名词、是否能接从句或复合宾语等。学生需要逐步掌握这些用法，以提高他们的语言表达能力。

2. 英语词汇教学的基本原则

（1）直观性。在英语教育中，特别是在基础英语教材中，许多词汇与人们的日常生活或常见事物紧密相关，包括名词、代词、动词、形容词等。为了有效教授这些词汇，采用直观的教学方法是最佳选择。利用实际物品、图片、幻灯片、简笔画、课件等辅助教具，结合表情、手势等方式进行词汇教学，以直观、生动、形象的方式展示词汇的含义，可以留下深刻的印象，有助于记忆。心理学研究表明，通过观察物品和场景学习词汇，可以激发学习兴趣，使记忆更加深刻。因此，直观教学在英语教育中具有重要意义，可以让学习者更容易记住单词，并在实际生活中触发记忆，帮助他们回忆和运用所学的词汇。直观教学特别适用于教授表示具体事物和具体动作的名词，以及表示情感的动词和形容词等。例如，教学中可以展示实际的书本作为“book”的代表，同时辅以书的图片，以直观的方式传达“book”的含义。值得注意的是，在处理抽象名词和语法术语等更为抽象的词汇时，可以采用翻译法，以更直接的方式帮助学生理解，避免不必要的困惑和时间浪费。

在英语教育中，实施直观教学方法是非常有效的。直观教学方法强调在教室环境中直接利用实物来教授词汇，教师可以灵活运用教室内的各种物品，或者事先准备好与语言项目相关的实物，以帮助学生直观理解和记忆词汇，通过触摸、观察实物，学生可以更深刻地体验词汇的含义。直观教学方法利用模型、图片、卡片、简笔画、电教设备等形象化的工具来呈现语言项目。虽然没有实物一般实际，但形象化的工具能够帮助学生将抽象的词汇概念可视化，使学习更加生动有趣。直观教学方法强调通过多种方式来吸引学生的注意力，包括听、说、唱、做、演、画等。教师可以运用生动的语言、形象的动作和表情来传达词汇的含义，从而使学生更容易理解和记忆单词。①

（2）三维途径。英语词汇学习是一个复杂的过程，有多种途径可以帮助学习者扩大词汇量。在此过程中，有三个关键的学习途径，即直接词汇教学、附带词汇学习和独立策略发展。直接词汇教学是一种有针对性的专门教学方法，包括对词汇的语义、语音、结构、用法等方面的讲解和操练。直接词汇教学方法通常由教师引导，通过课堂教学来传授词汇知识。直接词汇教学在英语学习的初级阶段尤为重要，它可以帮助学习者建立坚实的词汇基础，掌握基本的语言技能。附带词汇学习是一种间接的词汇学习方式，通常发生在学习者进行其他学习活动时，包括观看英语电影、听英语歌曲、与人进行英语对话等。在有关情境中，学习者会不自觉地接触到新的词汇，从而扩大词汇量。附带词汇学习可以让学习者在日常生活中不断积累词汇，使学习更加自然而然。独立策略发展指学习者有意识地使用和优化词汇学习策略，以扩大英语词汇量，包括使用词汇卡片、制订学习计划、利用记忆技巧等方法以提高词汇记忆和掌握的效率。独立策略发展需要学习者积极主动地参与，并根据自己的学习需求来选择合适的策略。

（3）直接法与间接法结合。该原则指在听、读等意义聚焦的语言活动中，教师和学生可以结合使用直接和间接的教学方法学习词汇。直接方法指通过有针对性的词汇教学来直接传授词汇知识，包括词汇的语义、语音、结构和用法等方面。直接法与间接法结合方法可以在课堂教学中进行，教师可以解释词汇的含义和用法，让学生掌握基本的词汇知识。然而，直接方法不能满足所有的词汇学习需求，因为它忽略了语境和实际运用的重要性。间接方法指在其他语言学习活动中附带地学习词汇，如在听、读的过程中通过上下文推测生词的意义。直接法与间接法结合方法是一种自然而然的学习方式，学生在实际语境中接触到词汇，并尝试理解它们的意思，有助于学生在真实情境中运用词汇，提高他们的听力和阅读能力。

---

① 黄贞贞. 认知语言学与英语词汇教学［M］. 长春：吉林人民出版社，2020.

将直接方法和间接方法相结合可以取长补短，直接方法可以为学生提供系统化的词汇知识，帮助他们建立词汇基础，而间接方法可以让学生在实际语境中运用词汇，提高他们的语言技能。教师在教学中应灵活运用这两种方法，根据学习者的需求和水平选择合适的方式来教授词汇。为了鼓励学生附带学到词汇，教师可以提供生词率为2%左右的语言输入，以确保学习的难度适中。如果学生需要复习和巩固词汇，可以提供一些新材料，其中不包含他们已经学过的单词或短语，可以激发学生的兴趣和动力，因为他们可以轻松地理解新材料的内容。

（4）语境原则。语境原则强调将词汇教学融入实际语境和情境中，以帮助学生更好地理解、掌握和运用词汇。传统的词汇教学方法通常是将词的读音、拼写、构成、语法、意义、用法等方面孤立地教授，容易让学生感到枯燥和失去兴趣。因此，语境原则的应用有利于提高词汇教学的效果和学生的学习兴趣。教师可以通过创造文字情境或动作情境，示范给学生如何在特定情境中运用词汇造句，使学生能够将词汇放入实际语境中，理解词义和用法，并提高他们的语言表达能力。教师可以在教授新词汇前播放与词汇相关的录音，让学生通过听力猜测即将学习的单词，激发学生的兴趣和好奇心，使他们更主动地参与词汇学习过程。除课文中提供的语境，教师还可以为学生创造更多的语言情境，让他们在不同情境中运用所学的词汇，从而促使学生更全面地理解词汇的用法，同时提供更多的练习机会。通过将词汇教学融入语境和情境中，学生能够更好地理解词汇的意义和用法，而不仅仅是死记硬背。若词汇学习更具有趣味性和实用性，将有助于学生更快地掌握英语词汇，提高他们的语言能力。

（5）复现原则。复现原则指通过反复呈现已学知识，以增强记忆和巩固学习成果。学生需要多次接触一个词汇，5~16次，才能真正掌握它。因此，教师在教学中应充分认识到词汇复现的重要性，并采取相应措施帮助学生巩固词汇。

1）及时复习。艾宾浩斯遗忘曲线强调了记忆内容的遗忘规律，这一规律表明学习者在学习后的短时间内会快速遗忘大部分内容，但随着合适的复习，遗忘速度逐渐减缓。这与词汇复现原则密切相关，因为及时复习是巩固记忆的有效方法。根据艾宾浩斯遗忘曲线，学生学过的内容在20分钟后就会忘记40%，当天忘记

70%，第二天忘记75%。如果学生不立即或及时复习所学内容，他们可能会遗忘大部分知识。因此，词汇复现原则需要遵循这一遗忘规律。为了提高词汇记忆的效果，学生应在学习新词汇后立即进行复习，晚上再复习一次，之后隔一天再复习一次，隔两天再次复习，以此类推。渐进的复习方法有助于保持记忆率在高水平，最终使学生能够牢固记住词汇。通过及时复习，学生可以充分利用艾宾浩斯遗忘曲线的规律，降低遗忘的速度，并确保知识长期存在于他们的大脑中。

2）分散复习。分散复习是一种学习和记忆的有效策略，相对于集中复习而言，它更有利于长期记忆和知识的巩固。分散复习的核心思想是将复习时间分散在不同的时间段，以便更好地保持和加强所学内容的记忆。分散复习方法与集中复习相比有着明显优势。很多学生常常在考试前采用集中复习的方式，专门把复习时间集中在一段较短的时间内，进行高强度的背诵和复习。然而，集中复习存在一些问题，它容易导致大脑疲劳，记忆效果下降，学生可能很难集中注意力。集中复习可能会让学生感到枯燥乏味，失去复习的兴趣，从而降低了学习效率。相反，分散复习将复习时间分散在多个时间段，有利于更好地巩固记忆。通过在学习后的不同时间点进行复习，可以提高记忆的持久性，确保知识长期存储在大脑中，减轻了学习的压力，还使学习更有针对性和高效率。为了实施分散复习，学生可以随时记录需要掌握的词汇或知识的相关信息，包括词义、词性、重要搭配、固定表达和相关例句等。

3）开展记忆词汇的教学活动。单一的形式复习可能会显得枯燥乏味，而多样的教学活动可以增加学习的趣味性和参与度。以下是一些开展记忆词汇的教学活动的建议：编故事竞赛，规定一段时间，要求学生使用本单元的词汇编写一个故事，评选出谁能编写最有趣、最富创意的故事；句子编写竞赛，在规定的时间内，学生需要用本单元的任意两个单词组成句子，看谁能构建出最多的句子；故事创作竞赛，学生可以选择本单元中的5~10个单词或词组，编写一个富有创意的故事，评选出最有新意的故事；语篇编写竞赛，从本单元中选择一个单词或词组，要求学生迅速编写一个有意义的语篇，看谁能在最短时间内完成并做得最好。

4）多接触英语。为了提高英语单词的复现率，学生需要多接触英语并进行反复练习，教师需要和学生一起努力，并提供多样的练习和应用机会，以巩固词汇记忆并提高词汇的实际运用能力。在课堂上，学生应该主动与同学进行英语对话练习，参与各种课堂活动，从而在实践中使用英语，记忆牢固。通过参与大量的课堂活动，学生可以实现在学习中用英语，同时在用英语中学习，这有助于他们更好地理解和应用所学词汇。课下时间是提高词汇复现率的关键，学生可以通过多种途径拓展英语练习的机会，如听英语广播，观看英语电视节目，阅读英语书籍，参加英语角活动等活动，让学生在不同情境下接触和使用英语，帮助他们更好地记忆和掌握词汇。

（6）文化性。语言和文化紧密相连，它们之间相互影响，因此在英语词汇教学中，应该注重词汇的文化内涵，帮助学生理解不同文化背景下词汇的意义和用法。英语词汇具有丰富的文化内涵，教师在教学中应该引导学生由词汇的意义逐步拓展到文化层面。例如，英语中的词汇“green”在某些情况下表示嫉妒，而在汉语中主要表示绿色。此种对比不仅有助于学生更好地理解词汇，还可以帮助他们了解不同文化间的差异。通过跨文化对比，学生可以更深入地了解不同民族的文化特征和背景。词汇教学不应该局限于词汇的字面意义，还应该引导学生探讨词汇背后的文化内涵，包括特殊文化背景、一般文化背景以及相通文化背景。学生需要了解词汇在不同文化语境中的使用方式，以便更好地进行跨文化交际。

（三）英语词汇的认知分析

1. 语音的认知

语音在语言中具有四个关键特征，包括音色、音长、音高和音强，能够帮助学习者区分不同词汇和语音。音色指元音与辅音间的区别，不同的元音和辅音会产生不同的音色，在英语中经常发生，例如“sheep”和“ship”的区别。音长指发音的长短，一些词汇的发音持续时间较长，而其他词汇的发音较短，这会影响词汇的意义。例如，“thirteen”和“thirty”的音长差异。音高表示声音的高低，不同的声音具有不同的音高，这可以帮助区分词汇。例如，“boot”和“book”的音高差异。音强表示声音的强弱，某些音节的发音更强烈，而其他音节的发音较弱，此种差异也有助于词汇的区分。

在英汉两种语言中，不同的因素组合形成了不同的声音体系。汉语以单音节为特征，而英语单词由相对自由的音素构成，导致英语中存在许多单音节词，同时有很多双音节和多音节词，对中国学生的英语学习带来了语音认知上的挑战。一个具体的例子是学生在区分“green house”和“greenhouse”这两个词时可能会遇到困难。这两个词在发音上的差异可能对学生造成困惑，因为它们在语音上的结构不同。单词在组合成短语或句子时，可能会受到重音、连读和失爆等因素的影响，导致语音变异。在连续发音过程中，人们会自然而然地调整邻近音的发音，以适应口腔和声带的位置变化，可能导致邻近音之间的语音变异，包括同化（音素相似化）、异化（音素差异化）和脱落（音素丢失）等现象。语音变异可能会使学生原本熟悉的词汇变得陌生，从而影响对词语的理解和发音准确性。

语音中的发音气流强弱在很大程度上反映了语音的轻重和重要程度，发音的强度变化不仅仅影响到单词的发音，还直接关系到词性、词义以及句义的改变。举例来说，考虑英语单词“produce”，如果将重音放在第一个音节上，它将作为名词使用，表示为“农畜产品”。然而，如果将重音移到第二个音节上，它则成为动词，表示“生产”的意思。这个例子凸显了重音在语言中的重要性，它不仅改变了单词的发音，还在一定程度上改变了单词的意义和用法。

汉语和英语在语音结构上存在明显的差异，对于学习英语的中国学生来说可能会带来一些挑战。在汉语中，词汇的语音结构通常是“辅音 + 元音”，使得在瞬间将发音器官移动到连读所需的位置变得困难。相比之下，英语单词的语音结构更加灵活，既可以是“辅音 + 元音”，也可以是“元音 + 辅音”，使得唇、齿、舌的位置变化更容易实现，从而能够更轻松地进行连读。这种语音结构的差异导致连读成为语音认知中的一个问题，例如，当中国学生尝试连读英语词组“some of you”时，可能会被误听为“summerview”，因为他们的语音习惯、音位系统与英语不同。

在英语发音中，连读和失爆是两个重要的语音现象，它们在语音认知中可能会引发一些困难，特别是对于以汉语为母语的学生来说。失爆指在同一意群中的前后两个词之间，通常由于辅音相邻，前一个词为爆破音，而在快速语流中，前一个辅音常常不被发音。例如，在单词“brightly”中，/t/ 音由于被后面的 /i/ 音挤压而不发音。英汉两种语言在发音上存在明显差异，因此学生在学习英语时需要调整他们的语音辨别思维，适应有关差异。要解决由重读、连读和失爆引起的语音认知困难，学生应避免孤立地学习英语单词的发音。相反，他们应该练习在连读情境下正确发音，尤其是在词组和句子中的语音连贯性，有助于他们更好地理解和运用英语语音规则，减少发音误差。

2. 词形的认知

词形指词素的形态构成，词素是构成词语并赋予语言意义的最小单位。英语单词可以由一个或多个词素构成，词素可以分为黏着词素和自由词素，同时有派生词素和屈折词素之分。黏着词素是附加在词根或词的基础上，起到连接或修饰作用的词素。例如，在单词“books”中，“book”是名词词根，而词尾“–s”表示复数概念，这个词尾起到了黏着词素的作用。自由词素可以独立存在，有自己的词义的词素，不依附于其他词素。词的派生指通过在现有词或词根上附加派生词缀，构成新词的过程，派生词缀可以改变词的词性和意义。例如，从“social”这个形容词词根派生出“sociable”（形容词，表示善社交的），“unsociable”（形容词，表示不善社交的），“sociability”（名词，表示社交性）等词，这些词的派生词缀改变了词的词性和意义。另外，词的屈折变化是由于语法需要而导致词形发生变化，以表达与其他词的关系。例如，动词“walk”可以变化成“walks”（第三人称单数形式）、“walked”（过去式）、“walking”（现在分词形式），这些变化在语法上有不同的用途，用于表示不同的时态和语态。

词的形态复杂性直接影响了词的识别过程，在听力测试中，词的形态复杂性会影响听者对词的识别所需的时间。具体来说，词缀的复杂性对词的反应时间产生影响。例如，后缀“–ion”相对较复杂，而“–ence”比它稍复杂，“–ment”更为复杂。因此，词汇如“decision”的反应时间通常比“existence”的反应时间长，而“existence”的反应时间又比“government”的反应时间长，此现象可以解释为两个主要因素所致。在心理词典中，一些词根与词缀可能是单独存在的，或者词根条目中只包含一些组合规则。因此，在识别有关词汇时，需要暂时进行组合，从而导致反应时间较长。另外，一些词缀与词根常常一起出现，它们在心理词典中作为一个整体词存储。[①] 因此，当遇到这些常见的词汇时，反应速度较快，因为它们已经作为一个单元被存储在大脑中，无需额外的组合过程。

3. 词义的认知

（1）词义的构成。词的意义构成涉及基本意义和特征意义两个层面，基本意义指词的一般、广义的意义，通常只有一个，它是词的大概念，具有广泛性。相反，特征意义指词的具体、事例性的意义，可以有多个，它们是词的小概念，可以具体到特定的情境或用法中。以“follow”这个词为例，有多种定义性解释，其中的基本意义是“to come，arrive，go，or leave after；move behind，in the same direction”，这一基本意义主要涉及空间关系。其他的解释都是特征意义，它们直接受到基本意义的影响。此种关系可以解释为一种逻辑关系，即特征意义是从基本意义派生出来的，通过意象图式和隐喻与转喻的方式，将抽象的概念转化为与人的身体运动经验相关的具体意义。该理论强调了语言中词义的复杂性和多维性，一个词可以在不同的上下文中具有不同的特征意义，主要取决于其基本意义如何与特定情境相互作用。

（2）词义的演变。词义的演变是动态而丰富的过程，受到多种社会因素的影响，反映了语言与文化的不断发展和变化。在此过程中，词汇的意义可以随着时间、地域、职业、社会价值观和文化因素的变化而发生扩大、缩小或改变。词义的历史性变化通常由社会历史所引起，不同时代的社会背景和文化环境会影响人们对词汇的理解和使用。例如，英语单词“nice”在莎士比亚时代的意思与乔伊斯时代的意思截然不同，反映了社会价值观和文化的演变。词义的地域性变化受地域影响而形成，不同地区的语言和方言可能对同一词汇有不同的解释和用法。例如，英国英语和美国英语对“cracker”一词有区别性的理解，反映了地域因素对词义的影响。词义的职业性变化是由社会职业构成的，不同职业领域可能会赋予同一词汇不同的含义。例如，金融行业和非金融行业对“intention”一词的理解

① 苏岚. 认知语言学视域中的英语词汇教学研究［M］. 贵阳：贵州人民出版社，2017.

可能不同，这是职业性变化的结果。词义的扩大和缩小也可以反映社会因素的影响，社会交往频繁的体现可以导致词义的扩大，如“take French leave”和“Dutch courage”等词是外来语，具有强烈的感情色彩。社会发展和科技进步也可以导致词义的变化，如“straw”一词最初指“稻草”，现在则指“吸管”，反映了科技的进步。词义的变化还可以反映人们对价值观和文化的改变，人们在使用语言时，可能会使用一些委婉语表达敏感话题，如“to pass away”和“to be gone”代替“死亡”，这反映了文明和进步。词义的变化也可以反映人们对种族、性别差异的看法的改变，使用更加包容和中性的词汇来替代原有的词汇是反映社会进步的体现。例如，使用“black”代替“Negro”，使用“chairperson”代替“chairman”。

（3）词义的认知理据。根据认知语言学的观点，词义的延伸并非偶然的，而是有一定理据的。多种认知理论，如语义关系模式、原形理论和图式理论等，都为人们深入理解词义的认知提供了有益的视角。揭示了词义的内在结构和联系，为人们理解词汇的多义性、同义性以及上下义词等提供了认知基础。义关系模式强调词与词之间在意义层面存在的联系，可以将词汇分为多义词、同义词和上下义词等不同类别。通过分析这些语义关系，人们可以更好地理解词汇的多义性，即一个词汇可以在不同上下文中具有不同的意义。原形理论提出了词汇的核心意义和边缘意义的概念，词汇的核心意义是其最基本的、固定的意义，通常体现了某一概念的最典型特征。例如，词汇“break”的核心意义是及物性的，表示“打破”一个具体的物体。而非核心意义则可能是不及物性的，如“The waves broke on the rock”这一理论有助于人们理解词义的变化和延伸。图式理论将词义与概念以及表达概念的词项联系在一起，强调了概念作为图式的组成部分，可以在图式中进行明确。当图式被激活时，相关概念的词项也会被激活，从而影响词义的理解和使用。该理论有助于人们理解词汇与概念之间的关系以及如何在语境中进行词义的推断和延伸。

隐喻理论提供了对词义演变的最合理解释，认为隐喻是词义演变的主要机制。隐喻不仅是词义的产生方式，还是表达的机制、同义和多义的来源、强烈感情的释放方式，以及填补词汇缺口的方法。该理论强调了隐喻在词义演变中的重要性，它对词汇的多义性和同义性起着决定性作用。隐喻性思维在词义演变中具有普遍性，对一词多义的普遍性起着关键作用。当一个词汇产生后，语言使用者通常会借助隐喻的方式来扩展和延伸词汇的基本意义。词汇的基本意义通常是具体的，与人们的生活经验密切相关，而隐喻意义是抽象的。隐喻通过将抽象概念与具体经验联系起来，帮助人们理解和表达新的意义。举例来说，考虑词汇“follow”，其最初意义是“沿着走，跟随”。然而，通过隐喻的方式，这一基本意义被引申为“采纳”“遵循”“仿效”“领会”等意义。同样地，词汇“demolish”的本义是“拆毁、拆除（建筑物）”；但当这一词汇被用于拆毁观点或理论时，它具有了“推翻、驳倒”的意义；当拆毁的对象是物体时，它的意思变成了“狼吞虎咽地吃”。这些例子充分表明，隐喻通过将不同领域的概念相互联系，扩展了词汇的意义范围。

二、英语句法教学

句法教学的成功与学生的认知机制密切相关。因此，在句法教学过程中，教师需要采用新颖的教学方法，摆脱传统的机械翻译和解释方式。相反，应该将认知语言学的相关理论运用于教学中，以帮助学生改变传统的句法学习方式，创新的教学方法有助于提高教学效果，使学生更好地理解和掌握句法结构。

（一）英语句法的基础知识

英语句法的习得是一种认知的、心理的过程，学习者在熟悉句法和其运用过程中，会进行多重的认知活动，包括从不同的角度观察、运用不同的思维模式和表达方式，以深入体验和理解句法结构。此过程不仅涉及语言的形式，还涉及对语言背后的逻辑和含义的理解。由于受到价值观念、思维习惯等多方面因素的影响，英语句法与汉语句法间存在着比较明显的差异，具体包括以下内容：

1. 采用意合构建的方式

具体来说，以形显义是英语句法的一个重要特征。为了满足句子表达的需要，有时需要将句子中的词语、短语、分句或从句连接起来，英语通常使用各种句法手段，如关联词、引导词等，以在意义和结构两个方面实现句子的完整性。例如，

“And he knew how ashamed he would have been if she had known his mother and the kind of place in which he was born，and the kind of people among whom he was born”（他有这样的母亲，出生在这样的地方，出生在这样的人中间，要是这些都让她知道的话，他知道该有多丢人），这个句子包含一个宾语从句、一个条件状语从句以及两个定语从句。尽管结构复杂，但其中的逻辑关系非常清晰，这正是英语形合的典型特点。形合在英语中的应用对于构建结构严谨、连贯有力的句子至关重要，使作者和演讲者能够通过层次化地组织信息而传达复杂的思想和关系。

2. 大量使用被动句

在英语句法中，被动句的大量使用是一种常见现象，它通常涵盖以下几种情况，这些情况为语言的精确表达提供了更多的可能性：

（1）实现语气委婉，措辞得当的表达效果。例如：“Visitors are requested to wear formal clothes”（来宾请穿正装），这种用法使语言更加礼貌和委婉，适用于正式场合和礼仪要求较高的情境。

（2）实现上下文的衔接与连贯。例如：“Mike’s idea is shaped by and shapes his sister’s idea”（迈克的思想受他姐姐的影响，同时又影响了他姐姐的思想）被动句在这里用于连接和平衡两个动作的关系，使句子更加连贯和完整。

（3）无从说出动作的实行者是谁。例如：“You’re wanted on the phone”（你的电话），这种情况下，不需要指明电话的发起者是谁，被动句强调的是接听电话的重要性。

（4）动作的对象是谈话的中心话题。例如：“The task has been finished”（任务已经完成了），这里被动句突出了任务的完成状态，而不需要具体说明是谁完成了任务。

（5）没有必要说明或不知道行为实施者。例如：“All the girls are asked to form a line”（请所有的女孩站成一队），这个例子中，强调了行动的目标，即女孩们站成一队，而无须明确指出谁发出了请求。

被动句的使用增加了句子的多样性和表达方式的选择，它允许说话者根据不同的语境和目的来调整句子的结构，以更好地传达信息。

3. 句子重心位置靠前

英语表达习惯中的一个典型特点是句子重心位置靠前，这意味着重要的信息通常位于句子的开头部分。句子重心位置靠前的表达方式反映了英语语言的直线性思维方式，其中，思想、感情、态度、意见等内容常常在句子的开头进行表达，前重心的表现方式具有以下常见情形：

（1）对逻辑思维的表达。在需要表达逻辑思维时，通常将结论、判断等放在句子的前部，将事实、前提、条件等放在后部，以便清晰地传达信息。

（2）表态与叙事的并存。当句子中同时包含表态和叙事内容时，通常将表态部分视为重要信息，放在前面，而将叙事部分视为次要信息，放在后面，以突出表态的重要性。

（3）叙事情境的呈现。在叙事情境下，通常将事件本身前置，将事件的背景或前提后置，以便先介绍事件，然后提供背景信息，以帮助听者理解故事的发展。举例来说，考虑以下句子："It is very kind of you to help me so much！"（你帮我这么多，真是太好了！），在这个例子中，表态部分"It is very kind of you"位于句子的前面，强调了表态信息，而叙事部分"to help me so much"则后置，用来支持和解释表态部分。前重心的句子结构有助于英语中的清晰表达和有效沟通，使重要信息更容易被听者或读者捕捉，同时符合英语语言的习惯和逻辑思维方式。因此，在学习和使用英语时，理解和应用这种表达方式非常重要，可以提高语言表达的准确性和效果。

4. 修饰语位置灵活

英语主要是以综合型为主，向分析型过渡的语言，语序相对而言较为稳定，同时呈现出灵活变化的特征。因此，定语、状语等修饰语的位置通常来说较为灵活。

（1）定语的位置。英语中定语的位置和排列顺序是语法结构中的重要部分，它对句子的表达和理解起着关键作用。

1）定语的位置。通常，英语单词作为定语一般位于名词前。例如："ajustcase"（正义的事业）中的"just"是名词"case"的定语。短语和从句作定语时，大多数情况下位于名词后，但在少数情况下也可将词组放在名词前。例如，"an epoch-making event"（划时代的事件）中的"epoch-making"是名词"event"的定语。

2）定语的排列顺序。多个形容词定语的排列顺序通常遵循以下原则：数量—外观—形状—年龄—颜色—国籍—材质—用途。例如，"a beautiful old Chinese vase"（一个美丽的老式中国花瓶）中的形容词按照此顺序排列。多个不同词类的前置单词定语的排列顺序为限定词定语—形容词定语—分词定语—动名词定语—名词定语。例如，"Mark Twain was a famous American writer"（马克·吐温是一位著名的美国作家）中的词类按照该顺序排列。需要特别注意的是，有些形容词的排列顺序比较特殊，如表示颜色的形容词需放在表示情感特征与性格特征的形容词后面，描述身体特征的形容词需放在表示情感特征与性格特征的形容词前面。此外，如果同时有两个或两个以上的单词定语位于所修饰的名词前，通常将说明事物本质的定语放在最接近其所修饰的名词的位置，以确保句子表达清晰。例如，"a small red wooden table"（一张小红木桌子）中，"wooden"作为"table"的主要定语放在了最后，强调了桌子的本质材质。

（2）状语的位置。英语中的状语位置和排列顺序相对复杂，根据需要可以放置在不同的位置，包括动词前、动词后、句首或句尾。

1）单词构成的状语。单词构成的状语一般可以放在动词前或动词后，具体位置取决于句子的需要。例如，"Given bad weather，I will stay at homo"（假使天气不好，我就待在家里）中的"Given bad weather"是放在句首的单词构成的状语。"She can never speak English without making serious mistakes"（说英语她总是出大错）中的"without making serious mistakes"是放在动词后的单词构成的状语。

2）多个状语的连用。当句子中存在多个状语并需要连用时，英语的习惯语序是先单词、后短语、先地点、后时间、先小概念、后大概念。例如，"She went out of the room at a quarter to 22：00 last night and then disappeared into the dark"（她昨晚十点从房间里出来，然后消失在黑暗中）中的状语按照这个顺序排列。

（二）句法教学的意义

不论从语言的本质属性以及语言教学特点方面探索，还是从学生语言认知能力的培养方面进行考虑，句法教学都体现出关键的意义与作用，主要体现在了以下几方面：

1. 推动英语技能持续发展

学习英语时，学生常常面临语言知识和技能的停滞和瓶颈期，即所谓的“石化”现象。通过句法教学，学生可以更深入地理解英语句子结构和语法规则，从而打破这种瓶颈，实现语言学习的连续性和渐进性。句法教学有助于夯实学生的语言基础，理解句子的构建方式、语法规则和句法结构是学习英语的基础，为学生提供了牢固的语言基础，使他们能够更自信地运用英语进行交流和表达。英语技能的长远进步需要持续地学习和不断地提高，句法教学提供了一种系统性的学习途径，使学生能够更好地理解英语句子的结构和含义，从而在听、说、读、写各方面技能中有更大的进步空间。通过句法教学，学生不仅学会了如何分析和理解句子，还培养了自学和深化语言知识的能力，使他们在毕业后能够继续自主学习英语，深化自己的语言技能，适应职业和国际交流的需求。

2. 提高听说能力的精确化程度

句法教学使学习者熟悉句子的构建方式和语法规则，使他们能够在听力理解和口语表达中更准确地应用这些规则。例如，学生可以根据句法规则正确地构建句子，使其更易于理解和表达。句法教学应该围绕实际的交际任务展开，有助于学生在真实交际环境中练习和应用句法知识。通过此种方式，学生可以更好地理解何时以及如何使用句法规则，以确保交际的精确性和有效性。中式英语表达通常指受到母语影响，使用不够精确的英语表达方式。句法教学可以帮助学生避免中式英语表达，使他们能够更接近规范英语的表达方式，提高交际的精确性，避免歧义和误解。句法教学不仅关注句子结构，还涉及词汇的选择。学生学会如何选择适当的词汇，以使听力和口语更加准确。例如，区分“contagious”和“infectious”的用法，根据上下文选择正确的词汇，以确保精确的表达。句法教学能够使学生更好地理解和使用英语的交际规则，包括礼貌用语、口头表达方式等。

3. 强化学生语言基础

根据实质看，句法属于一种对于语言进行有效组织的途径以及方式。在英语教学活动中，句法发挥的作用尤为基础且关键，主要体现在下面几点：

其一，英语句法教学关注的是英语语言中的句子构建规则，包括句子结构、语法规范、词汇选择等。学生通过学习这些规则，可以更好地理解和运用英语语言。英语句法教学不仅仅是对语法知识的传授，更是对语言逻辑和表达方式的培养。句子构建规则帮助学生构建合乎逻辑和语法规范的句子，从而提高他们的语言表达能力。英语句法教学的重要性在于它可以帮助学生进行句子的准确构建，在英语中，词汇的排列和句法结构是句子的基础。只有遵循句法规则，才能构建正确的句子，在语法上合乎规范，在逻辑上更容易理解。句法知识是学生进行语言组织和表达的基础，它确保了句子的清晰和准确。句法知识有助于学生更好地理解和解释他们接触到的英语材料，通过掌握句法规则，学生能够更准确地理解文本中的句子结构和语法用法，从而提高阅读和听力理解能力，对于学生在英语学习中更深入地理解和分析文本和口语表达至关重要。英语句法教学有助于学生提高他们的英语表达能力，学生可以利用句法规则构建自己的句子，从而更好地表达自己的思想和观点。句法知识使学生能够组织他们的语言，使其更具逻辑性和连贯性。英语句法教学在国内的英语教学环境中具有特殊的重要性，由于课堂外的英语实践活动相对较少，课堂内的句法教学成为学生进行语言学习的关键途径之一，学生可以在受限的语言环境中提高他们的语言能力，从而更好地应对英语学习的挑战。

其二，在实际的英语教学中，句法模块对英语语言的输入和输出有着深远的影响。句法影响了英语语言的输入，语言输入是语言学习的基础，而句法知识在理解和处理英语语言符号时发挥着关键作用。当学习者具备良好的句法知识时，他们能够更快速、高效地理解和吸收英语材料。句法知识帮助他们识别句子结构、语法规则以及词语间的关系，从而更好地理解语言材料。因此，句法教学利于提高学生的语言输入能力。语言输出包括口语表达和写作能力，而句法规则是构建正确和流畅的句子的基础。学生需要借助句法知识来构思和组织自己的表达，确保其语言表达符合语法规范。如果学生的句法知识不足或不正确，他们的语言输出可能受到限制，导致表达不清晰或语法错误。因此，句法教学有利于提高学生的口语和写作能力。正确认识和处理语言输入是实现语言输出的先决条件，如果学生无法正确理解语言输入，则他们很难产生准确和流畅的语言输出。句法知识帮助学生在这两个过程间建立桥梁，确保他们能够有效地转化和运用所学的语言知识。因此，句法教学有助于维持语言输入和输出之间的平衡，可有效促进语言技能的全面发展。

（三）句法教学的基本原则

英语句法有着灵活多变的特点，因此应该在句法教学中遵循有关的原则，从而帮助学生提升学习效果。

1. 学习与习得相结合

英语句法教学应该遵循学习与习得相结合的原则，以提高学生的语言准确性和流利度，两者之间相辅相成，共同构成了有效的语言学习过程。学习的目的是提高学生的语言准确性，在句法教学中，学生需要了解英语的语法规则、句子结构和语法术语。学习与习得相结合有助于他们构建正确的句子，避免语法错误，并提高语言的准确性。教师可以通过清晰的解释和示范来帮助学生理解有关规则，从而在语法层面上提高他们的语言能力。习得的目的是提高学生的语言流利度。语言习得是通过实际语言使用和练习来实现的，它涉及语言的自然运用和流畅表达。在句法教学中，教师应该创造更多的语言环境，让学生有机会将所学的句法规则运用到实际的语境中，其主要可以通过对话、口语练习和写作等方式实现，以帮助学生培养流利的语言表达能力。在句法教学中要将学习和习得有机结合起来，学生不仅要理解句法规则，还要在实际语言运用中逐渐习得这些规则。教师可以设计各种实际情境的练习，让学生应用所学的句法知识，并提供反馈和指导，以帮助他们逐渐习得这些语法规则。

2. 精讲多练

精讲多练原则涵盖了教学内容的讲解和学生的实际练习，旨在帮助学生更好地理解句法规则并掌握其应用。教师在讲解句法规则时应减少冗赘的表述，重点突出关键概念。避免使用过多的专门术语，而是采用形象、直观的方式解释规则。通过生动的例子和实际语言应用情境，使学生能够迅速理解句法规则的要点。教具如图表、示意图等可以帮助学生更好地理解抽象的句法概念，从而更容易掌握。精讲之后，大量的练习是必不可少的。练习的方式应当多样化，包括英汉互译、错误改正和应用性写作等训练方式，可帮助学生巩固所学的句法规则，并将其运用到实际语言中。练习的多样性可以满足不同学生的学习需求，提高他们的语法技能。选择例子时要贴近学生的现实生活和工作，并具有时代特点。避免使用过时的例子，而应选取与学生相关的话题和情境，增加学生的兴趣，激发他们的思维，使他们更加积极地参与学习。教师还应注重培养学生的结构辨识和运用能力，令他们理解句法规则，在实际运用中识别句法结构并正确运用。

3. 系统性

语言本身是一个完整的系统，因此，在句法教学中应该遵循系统性原则，确保教学内容符合语言系统的基本规律，并满足现代交际的需要。句法教学应基于教材中的句法系统，包括教授标准的语法规则和结构，教师需要确保学生能够理解和掌握基本的句法知识。同时，句法教学应考虑到句法发展的基本规律，因为语言是不断演变的，某些句法现象可能会随着时间而改变。因此，教师需要向学生传授当前语言使用的句法规则，以确保他们能够适应现代交际的需求。句法内容的选择应符合现代交际的原则，教师应选择那些在实际交际中经常使用的句法结构，以满足学生在现实生活中的语言需求。一些不常用或过于复杂的句法结构可以在教学中略过，以便更好地集中精力教授学生需要掌握的句法知识。句法教学应该贴近学生的生活实际，教师可以选择与学生相关的话题和情境来教授句法知识，使学生能够更容易地理解和应用这些知识，可以通过举例、实际对话和情境模拟实现，以提高学生的学习兴趣和参与度。教师应善于归纳总结已接触过的句法现象，建立系统性的教学方法，可以帮助学生从整体上把握句法结构，而不仅仅是记住一些零散的规则。

4. 动机性

学生的学习动机直接影响他们的学习效果，教师应该将教学活动与学生的观点、亲身经历和情感联系起来。个性化活动可以让学生更容易地参与到句法教学中，因为他们能够在真实的交流中内化语言规则。教师可以鼓励学生分享自己的故事和观点，从而使句法教学更加生动和有趣。教师应尽可能地创造真实的语境，通过视觉物体如幻灯片和图画为学生提供视觉刺激。以此帮助学生更好地理解句法规则，并在实际交流中应用它们。情景创设可以帮助学生表达真情实感，增强他们的学习兴趣。活动的类型应该多样化，包括开放性和交际性的活动。教师可以减少机械性的束缚，鼓励学生发散思维，参与有趣的讨论和互动。多样化的活动类型可以让学生更好地参与到句法教学中，增加他们的学习动机。话题的选择是激发学生学习动机的关键，教师应该选择适合学生年龄和认知能力的话题，与学生的生活经验紧密相关，且话题应该能够激发学生的想象力和好奇心，使他们更愿意参与到句法教学中。通过选择引人入胜的话题，教师可以增强学生的学习动机，并提高他们的学习效果。

5. 语境化

语境化原则强调语法教学应该紧密结合语境，通过模拟或创造情境让学生更好地理解和应用句法规则。语境化原则基于语言学理论的观点，认为词汇、句法和语境是相互关联的要素，只有它们共同作用才能实现理解和有效的交际。因此，在句法教学中，教师需要灵活运用教学方法，通过模拟或创造情境让学生在具体语境中理解和应用句法规则。语境化方法能够生动、直观地呈现句法知识，激发学生的积极性，应鼓励他们主动参与到交际活动中。与课文教学和交际话题的教学相比，句法教学的语境化要求更高。教师需要根据班级情况和教学内容，与学生的实际生活联系，进行巧妙的情境构建和精心的设计。例如，在教授非谓语动词的用法时，教师可以创设多种情境，如洗衣服的情境，以便让学生更好地理解这一句法现象。教学情境可以包括动名词表用途、不定式作后置定语、过去分词表被动完成、现在分词表正发生的主动动作等。语境教授句法的方法能够使学生更好地理解句法规则，并在具体情境中加以运用。

6. 交际性

根据社会语言学家的观点，语言的主要功能是交际。交际能力包括语言能力，而语言能力是交际能力的基础。没有一定的语言知识，语言的实际运用就无从谈起，真正的语言能力是在实际的交际活动中培养和发展起来的。因此，在句法教学中应该注重体现交际的成分，将语法规则与实际的交际情境相结合。语言学习和语言使用不应该割裂开来，而应该紧密相连。学习一门语言的最终目标是能够流利地运用它进行交际，语言是在使用中获得的，因此学生需要通过不断的练习和在不同情境中的实际应用来掌握语言。句法结构在语言中起着重要的作用，但如果句法结构不在真正的交际中使用或缺乏真正的交际意图，学生将无法真正地掌握和运用它们。

7. 文化关联

每种语言都有其特定的文化联系，因此，在英语句法教学中，应该注意文化因素对句法学习的影响，包括与英语国家的文化联系，应将英语语法规则还原到当时的文化语境中，以便帮助学生更好地理解和记忆。文化关联原则的重要性在于它有助于减少学生在学习句法时可能遇到的困惑，语言不仅仅是一种符号系统，它还承载着特定文化的价值观、传统和习惯。了解文化背景可以帮助学生更好地理解为什么某些句法结构在特定情境下被使用，以及如何正确运用它们。通过将句法教学与文化联系起来，教师可以帮助学生更深入地理解英语语法规则的背后文化含义，有助于学生更好地理解语法的实际用法，并使他们能够在不同文化情境中更加得体地运用句法知识。

8. 情景性

在大学句法教学中，坚持情景性原则强调将句法知识与实际生活情景相结合，而不仅仅是教授抽象的句法规则。这意味着教师需要注重句法点的设计，尽可能多地运用与实际生活相关的教学素材，并围绕学生感兴趣的情景呈现语法规则。从而使句法教学更加活泼生动，更容易被学生理解和记忆。情景性原则要求教师以生动的方式呈现语法规则，例如，通过真实的生活情景、案例分析、故事讲解等方式解释句法知识。这样一来，学生能够更好地理解句法规则的实际用法，而不仅仅是死记硬背规则。此外，教师可以利用一些真实材料如新闻、时事等进行精心设计和编排，使其成为师生间或学生间开展交互活动的素材。

第二节　认知语言学理论下改进英语词汇教学的策略

一、认知语言学对英语词汇教学的启示

（一）提供理论基础

认知语言学与英语词汇教学之间存在密切的联系与互相影响，为词汇教学提供了重要的理论基础。应用认知语言学理论于英语词汇教学中，利于提高学生记忆英语词汇的效率，促进他们更好地掌握词汇。认知语言学强调了树状记忆法等有效的教学方式，可以加深学生对英语词汇的理解。通过引导学生使用联想和想象等认知技巧，教师可以帮助他们更轻松地学习和记忆词汇，培养了学生的学习自主性，激发了他们学习英语的积极性。基于认知语言学的理论依据，教师可以引导学生进行实践性学习，逐渐提高他们的词汇认知能力。通过实际运用词汇，学生能够更好地理解词汇的用法和语境，从而提高语言思维能力。

（二）加深学生对词汇的理解

将认知语言学理论应用于英语词汇教学，可深化学生对词汇的理解。此方法拓展了学生对单词的联想空间，使他们能够更深入地理解词汇的含义。在基础性词汇教学中，教师可以注重词语的原型释义分析。通过讲解词语的原型释义，学生可以了解词汇的基本含义。然后，教师可以要求学生通过阅读包含该词的语言材料，并结合材料的上下文来推测词汇的深层含义。鼓励学生积极参与词汇的理解过程，使他们能够更好地掌握词汇的深层含义。学生通过自己的分析和总结，可以逐渐熟练掌握词汇的深层含义，从而提高对英语词汇的记忆能力。这有助于培养学生的总结能力，使他们更加灵活地运用词汇，进一步促进了他们的英语词汇学习能力的提高。

（三）提供学生思维逻辑能力

英语词汇的含义受到所在语境的影响，通过认知语言学的教学方法，学生可以更好地理解词汇的原型释义，并将其拓展到不同的语境中。在此过程中，学生

的逻辑推理能力得到培养。他们可以将不同的词汇知识点进行关联，从而更灵活地应用于实际语境中，提高学习效率。例如，“I am only a small potato in this office”（我在这个办公室里只是个小人物），这个例子中，词组“small potato”被引申为“小人物”，学生通过语境的分析，理解了这一含义。再如，“A beautiful enough girl，but nothing upstairs”（小姑娘的确够漂亮的，但是脑子却是一张白纸），这个例子中，词汇“upstairs”被引申为“在头脑里”，学生通过上下文的线索推断出这一意义。结合具体的语境和例子，学生可以逐渐培养出逻辑推理能力，他们能够深入理解词汇的原始含义，并且能够将词汇应用于不同的情境中，从而提高他们的思维逻辑水平。

二、认知语言学在英语词汇教学中的实际应用

（一）借助隐喻理论讲解多义词

利用隐喻理论讲解多义词是一种有效的教学方法，因为联想、发散性和跳跃性是隐喻思维的特点，而这些特点恰恰与多义词的形成有关。在英语词汇教学中，教师可以利用隐喻理论引导学生更好地理解和记忆多义词，培养他们的隐喻思维能力。多义词通常具有一个核心义项，而其他义项则通过隐喻方式从核心义项扩展而来的。在教学中，教师可以要求学生对同一个词的多重意义进行联想。例如，对于词组“plunge into”，学生可以联想到不同的场景和情境，从而理解其多义性。教师可帮助学生将多义词的不同义项进行分类和对比，找出它们间的联系和区别，从而促使学生更系统地记忆词汇。教师可以指导学生找出多义词的核心义项，即最常见和基本的含义，有助于学生建立词汇的基础，然后再理解其他义项。例如，对于词组“plunge into”，教师可以通过隐喻方式展开教学。核心义项是“to push，jump，or rush suddenly or violently all the way into something deep，thick，etc”，这是最基本的含义。当学生遇到句子“The naughty boy plunged into the swimming pool”时，他们可以轻松理解该词组的意思。然后，通过隐喻，可以延伸出第二个义项，即“jumping into something is staying in a particular condition”，如句子“The room was plunged into darkness”，此方法有助于学生理解和记忆多义词的不同义项。

隐喻是词义延伸的重要方式，特别在英语词汇教学中。教师在解释多义词时，常从词汇的本义出发，引导学生进行联想和思考，促使他们主动探索词汇的不同含义，这有助于学生建立清晰的语义网络图，使他们更容易理解和记忆多义词。学生从本义出发，可以将词汇的不同含义联系在一起，形成一个逻辑和有机的词义网络，使得学生能够更深入地掌握词汇的各种含义，并在实际运用中更加灵活地使用这些词汇。随着学生逐渐建立起这样的语义网络，他们对多义词的学习和记忆将变得更加高效和有条理。

（二）利用相似性理论教学

能指与所指是索绪尔符号学中的两个重要概念，用于描述语言中的符号与它们所代表的概念之间的关系。能指是指语言中的具体形象、符号或词汇，而所指表示能指所代表的概念、事物或现实世界的存在。在两者之间，相似性理论起到了连接的作用，将语言的内容与形式联系在一起。相似性理论认为，人们通过感知和认知客观世界，形成了对事物的概念性认识，概念性认识构建了语言的结构和表达方式。例如，当人们看到一只猫时，会将这一形象与猫这一概念联系起来，并用词汇表示这一关联，而关联是基于我们的认知和学习经验形成的。将相似性理论应用于词汇教学可以帮助学生更好地理解和记忆词汇，教师可以通过将词汇与具体的形象或概念联系起来，帮助学生建立词汇与概念之间的关联，有助于学生更深入地理解词汇的含义，并提高记忆效率。

相似性理论在语言学中涵盖多种类别，其中包括距离相似性、隐喻相似性、借代相似性、类比相似性、提喻相似性、书写相似性、词素相似性等，反映了语言的多样性和特殊性，对于英语词汇教学具有重要的启示。距离相似性指语言中词汇之间的关系，包括近义词和反义词。教授近义词和反义词可以帮助学生更准确地理解词汇的含义，并扩展他们的词汇量。隐喻相似性和借代相似性涉及词汇的比喻和转喻，通过比喻和转喻，学生可以将一个概念与另一个概念联系起来，从而更深入地理解词汇。类比相似性涉及语言结构和形式的相似性，教师可以通过教授类似结构的词汇和短语帮助学生记忆和运用词汇。提喻相似性和书写相似性关注词汇的形式和外部特征，通过教授词汇的拼写和发音规则，可以提高学生的拼写和发音能力。词素相似性涉及词汇的构词法，通过教授词根、词缀和词汇构词规则，可以帮助学生理解和记忆词汇的构成。

距离相似性原则在英语中的形容词顺序中发挥着重要的作用，影响了形容词在修饰名词时的顺序，反映了一定的主客观意念和认知特点。以形容词修饰名词的顺序为例，可以更深入地理解此原则。当形容词修饰名词时，名词是中心词，而形容词则描述名词的特征和属性。形容词的顺序体现了它们在修饰名词时的相对距离，距离中心词越近的形容词越接近名词的本质特征。在英语中，形容词可以分为主观形容词和客观形容词两类，它们的顺序也反映了一定的主客观意念。举例来说，考虑以下短语："the splendid big old pink wooden house"（辉煌的大旧粉色木屋）。在这个短语中，名词是"house"（屋子），中心词是"wooden"（木制的），它强调了房子的本质特征。而形容词"splendid"（辉煌的）带有主观意念，它位于限定词"the"之后，距离中心词较远，表示了一种主观评价。这个例子说明距离相似性原则不仅影响形容词的顺序，还反映了形容词之间的主客观性和认知特点。这种原则通过英语表达方式体现出来，进一步有利于学生更好地理解形容词的修饰顺序和含义。

（三）利用原型范畴理论教学

原型范畴理论在英语词汇教学中具有认知属性，根据这一理论，人类的认知包括低层次范畴、基本层次范畴以及高层次范畴。在英语词汇教学中，教师可以利用原型范畴理论帮助学生更好地理解和记忆词汇。可以将词汇按照其性质和含义进行分类，上位词（hypernyms）代表了一个更一般或更抽象的概念，而下位词（hyponyms）代表了具体的实例，基本范畴词（prototypical terms）是原型范畴中最具代表性的词汇，通过分类可以使学生清晰地看到词汇之间的层次关系。教师可以引导学生以原型词汇为基础，思考词汇的核心概念和特征。例如，以动物为原型词汇，然后讨论不同动物的特征和分类，使学生更深入地理解词汇的含义。

词汇的原型范畴具有一定的灵活性和模糊性，词汇的核心意义是其原型，但在这个范畴内可以存在多个相关的词义，模糊性对于学生理解文章和培养推断上下文能力非常有益。当学生掌握了词汇的原型范畴后，他们可以更好地理解不同文本中词汇的具体含义。因为原型范畴为他们提供了一个基本的概念框架，允许词汇在不同语境中灵活运用，使学生能够更好地适应不同文章的语境，理解作者的意图，推断上下文中词汇的确切含义。学生通过学习词汇的原型范畴，也培养了他们的语境推断能力。他们可以根据文章的整体语境和逻辑推断出特定词汇的意义，即使他们不熟悉该词汇的具体定义。

学生的词汇教育的关键之一是牢记名词的范畴划分，基于 Berlin 等的研究，将动植物划分为五级范畴，包括科属名词、标名、物种、生物类别和存在形式。科属名词指的是物种所属的科和属的名称，例如，狗科（Canidae）和狗属（Canis）都属于狗的科属名词。标名是特定物种的正式名称，如狗（Canis lupus familiaris）。物种则是更具体的生物分类，描述了同一种生物的各种亚种。生物类别是更广泛的分类，可以包括多种相关物种。存在形式是描述生物的外观、特征和习性的词汇。在词汇教学中，教师应该引导学生首先掌握这五级基本词汇，然后逐渐扩展延伸，包括学习不同动植物的名称、特征以及它们在生态系统中的作用。通过建立词汇的层次结构，学生可以更好地理解生物学概念，并能够更自信地进行科学讨论和写作。

相似性理论中的其他类别也反映了语言结构的重要特性，包括结构的识别性、句子的叙实性以及句子与事实之间的可替换性。语言结构的性质在英语词汇教学中具有重要意义，有助于学生通过对英语单词的词形进行分析，更深刻地理解其不同的含义，从而推动学生更好地学习英语词汇。

（四）利用意群教学

根据 Pawley 与 Syder 研究，即使第二语言学习者可以达到与本族语言者相似的流利程度，但他们仍然容易被本族人轻松地识别出不是本国人，主要是因为第二语言学习者在用词、词语搭配方面与本族语言存在差异。在英语词汇教学中，利用意群教学可以帮助学生更好地理解和掌握词语的正确用法和搭配。意群指在语境中具有特定语义关联的一组词语，它们经常一起出现，形成了一种语言习惯。教授意群可以使学生学会哪些词语通常一起使用，以及它们在不同语境中的应用方式。

人的大脑具有储存大量词汇的潜力，但在词汇存储与使用中存在着一系列的规则和平衡，反映了人类思维方式的特征，它们对词汇的清晰性和省力性进行了权衡和制约。优选论（Prince and Smolensky，1993）提出了“清晰性”“省力性”作为发音的两个基本规则。两个规则之间存在平衡，要求发音既要清晰明了，又要省力有效。类似地，在交际过程中，存在着“最大限度交际需要”“最省力愿望”的制约与平衡，这是人脑思维方式的表征之一，要求人们在表达思想时既要有足够的词汇传达不同的含义，又要保持系统性，以便随时调用。在此背景下，词汇的存储方式变得重要。词汇往往不是单独存储的，而是以意群为单位存在。意群是在语境中具有特定语义关联的一组词语，它们经常一起出现。有助于在交流中实现清晰性和省力性的平衡。通过将词汇按意群存储，可以有效压缩词汇的存储空间，避免重复存储相同的单词。

优选论的核心在于不同制约条件间的交互作用，制约条件既具有普遍性又可违反。这一理论指出，词汇的存储与使用是一个复杂的过程，其中一个重要概念是可重复存储。可重复存储意味着一个单词可以在不同的语境或搭配中进行重复存储，这在母语词汇的记忆中同样适用，也在第二语言学习中发挥着重要作用。学习者只有在掌握大量的意群（词语的语义相关性群组）的基础上，才能够使用地道的搭配和习语进行交际。此观点强调了语言学习的实际应用，尤其是在第二语言习得过程中。学习者需要积累并理解不同词汇的意群，以便能够准确地在不同语境中加以使用，不仅涉及词汇的记忆，还涉及对词汇在实际交际中的用法和搭配的理解。

第三节　认知语言学理论下创新英语句法教学的策略

一、认知语言学对英语句法教学的启示

从认知语言学的角度看，句法是一种“约定俗成的语言单位有结构的总体”，在语言中存在着一种共识或约定，关于语言单位的结构和组织方式。虽然每个语

言单位的内部结构可能非常复杂，但随着人们的熟练和灵活运用，这些结构变得相对简单而自然。这里的“约定俗成”并不是指毫无根据或随意的语言结构，而是指语言结构的形成是有一定理据和共识的。语言单位形成一个连续体，其内部结构和组织基于丰富的语言规则，使不同语言单位间没有明显的小分类，而是构成了一个整体的语言系统。同时，这些“约定俗成的语言单位”也是“有结构的”，意味着它们之间存在等级差异。不同的语言单位在句法结构中扮演不同的角色，具有不同的重要性和地位，等级差异有助于构建复杂的句子和表达丰富的语言信息。

语言能力与人类的其他认知能力间没有明确的划分界限，它们之间是相互交织、紧密联系、不可分割的，语言能力与认知能力间存在着密切的关联和相互影响。语言能力的形成是人类与客观世界相互作用的结果，在人类与外部世界的互动中，语言能力得以发展和演化。人们通过感知和经验获取信息，并将其转化为语言表达。句法的形成和运用也是在这个相互作用的过程中逐渐发展起来的，通过观察和体验客观世界，人们形成了认知策略和规律，用以构建句子和理解语言。因此，语言能力不是孤立存在的，它与人的感知、思维、记忆等认知能力密切相关。语言是一种认知工具，用于表达和传递思想、感觉和经验。语言的句法结构反映了人类思维和认知的方式，它是认知过程的产物。

句法规则在语言中的存在和运用反映了人们的认知方式，它们是概念结构的符号化和象征化的体现。句法的分析和理解离不开人的认知能力，因为人的认知方式直接影响了语言的表达形式。语言是一种复杂的符号系统，它用词汇和语法规则表达人们的思想和感知。句法规则是对思维和认知过程的抽象化和形式化，它们将概念和概念之间的关系转化为语言结构，符号化和象征化的过程使得人们能够通过语言进行交流和传递信息。人们的认知方式和思维方式直接影响了句法规则的形成和运用，不同的文化和语境中可能存在不同的句法结构，反映了人们对世界的不同认知方式。因此，句法的分析和理解需要考虑到人们的认知过程，包括感知、思考、记忆等。

认知语言学为句法教学提供了新的视角，将各种认知能力与经验相联系，有助于句法教学的研究和改革。认知语言学的应用可以将句法教学与实际生活实践相结合，使学生能够更好地理解和记忆句法规则，避免了枯燥的句法教学。传统的句法教学侧重于教授抽象的语法规则，而学生往往难以将这些规则与实际语言应用相联系。认知语言学的方法强调将句法规则与学生自身的经验和认知能力相结合，使学生能够更好地理解为什么语言表达会采用特定的句法结构，可帮助学生更容易地掌握句法规则，并将其应用于实际交流中。认知语言学还强调了语言的认知本质，即语言是一种反映认知过程的工具。因此，句法教学更加注重培养学生的思维能力和分析能力，使他们能够更灵活地运用语法规则表达自己的想法。

认知语言学将各种认知能力与经验相联系，为句法教学的研究和改革提供了新的视角。将认知语言学的相关理论应用于句法教学中，有利于句法教学与实际生活实践相结合，将枯燥的句法规则与学生自身的经验相联系，加深理解和记忆。传统的句法教育通常侧重于传授抽象的语法规则，使学生难以将这些规则与实际语言使用联系起来。认知语言学强调了句法规则与学生自身经验和认知能力的融合，帮助学生理解为什么在语言表达中使用特定的句法结构，培养了学生的分析能力和批判性思维，使他们能够灵活应用语法规则，从而有效传达自己的思想。

二、认知语言学在英语句法教学中的实践应用

（一）强调学生主体作用

传统的句法教学往往将重点放在教授抽象的语法规则上，而忽视了学生的实际语言运用能力，传统教学模式存在一定的误区，因为学生仅仅掌握了句法规则并在考试中取得高分，并不意味着他们能够流利地运用英语表达自己的思想和与他人交流。认知语言学提醒教师要更注重学生的兴趣和需求，教师应该以学生为中心，考虑他们的实际应用场景，挖掘句法规则的深层意义，并引导学生进行多层次、多方面的思考，有助于学生将句法规则与实际语言使用相结合，使他们能够在实际交流中更灵活地选择合适的语言表达方式。特别需要强调的是，教师应该认识到学生在句法学习和语言使用中的作用。教师的任务不仅仅是传授知识，还包括激发学生的语言学习兴趣和自信，使他们能够在实际语境中自如地运用句

法规则，表达自己的思想和观点。这样，学生能够在考试中取得好成绩，并在实际生活中流利地运用英语，从而提高他们的综合英语能力。

（二）有机结合形式与意义

埃利斯提出的语言教学原则强调了在句法教学中将形式与意义有机结合的重要性，该原则在认知语言学的框架下得到了更深刻的解释和应用。关注意义是埃利斯提出的第一条原则，意义在语言教学中是十分关键的，因为语言不仅仅是一种形式的组合，更是一种传达意思和信息的工具。意义包括语言意义和语用意义，教师应该帮助学生理解句法规则背后的意义，而不仅仅是机械地记住形式。如此，学生可以更好地运用句法规则表达他们的思想和意图。形式在句法教学中同样重要，因为它是句法规则的具体表现。教师需要确保学生理解句法规则的形式，但不仅仅停留在形式上，还要将形式与意义相结合。这意味着学生不仅要知道如何构造句子，还要知道句子的意义和用法，以便在实际交流中正确地运用句法结构。在认知语言学的观点下，句法结构具有符号性的特征，它们是用来传达意义的符号。句法规则并不是孤立存在的，而是从具体的句法表达式中抽象出来的，以构式图式的形式表示。图式化的形式表征有助于学生更好地理解句法规则的意义和目的，而并非死记硬背句法规则的形式，有效丰富了当代高校英语课程教学的形式，为广大教师设计教学思路提供了依据。

第六章　基于认知语言学的英语阅读与写作教学策略构建

第一节　当代英语阅读与写作教学分析

一、英语阅读教学简述

（一）英语阅读的基本知识

英语阅读是一个心理认识的过程，通常情况下，需要经历由文字到语音再到意义、由声读到直接理解、视觉信息与非视觉信息联合并用等几个阶段。

1. 由文字到语音再到意义

当学习者进行阅读训练时，通常会经历一系列的认知过程，从文字到语音再到最终的意义的建构。此过程的分离对于英语学习者来说非常明显，特别是考虑到英汉两种语言之间的重要差异。初始阶段，学习者看到文字后，大脑中会形成一种视觉影像。此过程涉及视觉活动，学习者的眼睛会捕捉文字并将其传送到大脑中。随后，高级神经活动开始发生，包括文字的语音化，表示学习者开始尝试将文字转化为相应的语音。最终，听觉活动被激活，学习者开始接受和理解文字的意义，此过程可以被描述为从文字到语音再到意义的逐步建构。在英语学习中，文字与语音之间存在紧密的联系，与中文等其他语言存在显著差异。英语的拼读规则较为复杂，字母和音素之间的对应关系并不是一一对应的。因此，学习者需要通过学习单词、词组或短句的拼写和发音来建立文字与语音之间的联系，这也是为什么传统英语教学通常强调从字母到拼写的训练。然而，在阅读训练中，理解单个字母的发音并不能产生意义。实际上，阅读的单位应该是单词、词组或短句，因为只有通过组合文字形式和语音，学习者才能真正理解句子的意义。阅读速度不是特别快的情况下，发音运作可能会对句子单位的阅读产生影响，因为学习者可能会花更多的时间在发音上，而不是专注于理解句子的含义。

2. 由声读到直接理解

声读通常包括内心默读、不出声但声带活动的读，以及出声的读，而声读方式在程度上有所不同，但都受到声音对阅读速度的制约和影响。在英语学习的早期阶段，朗读是一种最常见的声读形式，能够帮助学生更深入地理解文章，并留下深刻的印象。然而，朗读的局限性在于它可能会阻碍学生默读能力的发展，因为学生习惯于发声阅读，而不是默读。因此，教育者需要意识到朗读在阅读教学中的作用，同时要重点关注默读的培养。将书面语转化为口语的解码过程并不一定对学生的直接理解有所帮助，实际上，快速的阅读理解不需要将每个字都转化为声音，而是通过直接理解文字的含义来实现的。因此，声读、口语和语音与有效的阅读并没有太大的关联。

"文字—声音"的阅读方式并不是实现高效阅读的必要条件。相反，快速的阅读理解可以通过只看到部分文字或一部分文字来实现对整个文本的理解。因此，教育者需要重点关注声读的不同形式，并教导学生如何快速理解文本，而不必将每个字都转化为声音。在教学中，应该系统地教授从声读到直接理解文本的过程和规律，以帮助学生提高阅读速度和理解能力，从而改变学生普遍阅读速度偏低的现状，使他们能够更有效地阅读英语文本，不受声读方式的制约。

3. 视觉信息与非视觉信息联合并用

阅读是一个复杂的过程，其中既包括视觉信息的感知，也涉及非视觉信息的调动和运用。视觉信息是通过眼睛感知文本信息的部分，而非视觉信息包括学生的知识修养、逻辑常识、生活经验以及文化背景等方面的知识，其总和被调动和运用以帮助理解文本，而其作用通常是潜在的。正是通过视觉信息和非视觉信息的联合并用，人们才能够在一看到文本时就理解其意义。非视觉信息在阅读中可以被视为对视觉信息的加工和补充，其中，文化背景知识是非常重要的因素，尽管在阅读过程中学生可能会遇到新的词汇、短语或语法现象，但凭借文化知识，他们可以更轻松地完成阅读任务。文化背景知识可以帮助学生理解文本中的隐喻、比喻、文化符号等，通常是文本理解的关键因素。非视觉信息的重要性在于其改变了人们对阅读活动的传统看法，传统观念认为阅读是通过视觉处理文字的活动，因此眼睛的训练被认为是阅读训练的关键。然而，非视觉信息的作用提醒我们，大脑的训练在阅读中同样具有重要地位。学生需要培养通过理解和意义来驾驭文字的能力，要求他们具备丰富的非视觉信息，特别是文化知识。

（二）英语阅读教学的意义

1. 利于语感培养

因为与数学公式等硬性规则不同，语言很难被统一地标准化，它更多地受到具体语境的影响和变化。因此，英语教学的成功与否在很大程度上取决于学生的语感。语感可以被定义为对语言表达方式进行快速理解与判断的能力，简单来说，它是对语言的感觉。要获得良好的语感，需要经过长期、大量的语言接触和持续的思维训练。在此方面，阅读发挥了重要的作用。学生通过阅读可以熟悉规范的语言表达方式，并体验不同修辞手法的实际效果，以及不同表达方式所带来的情感色彩。阅读能使学生熟悉规范的语言表达方式，学生在阅读各种文本的过程中，可以接触到正确的语法结构、词汇用法以及句子组织方式，从而更好地理解什么是地道的表达方式。阅读让学生感受不同修辞手法的实际效果，文学作品中常常运用各种修辞手法增强表达的效果，例如，比喻、隐喻、排比等。通过阅读文学作品，学生可以体验修辞手法的魅力，从而更好地理解语言的多样性和灵活性。另外，阅读可以帮助学生体会不同表达方式的情感色彩。不同的表达方式会传达不同的情感和态度，学生通过阅读学会如何在不同语境下表达自己的情感和观点，从而更富表达力。最重要的是，通过阅读来提升语感，学生几乎感受不到过多的压力。

2. 利于词汇量扩大

词汇是语言的基本组成部分，在英语学习中，扩大词汇量是至关重要的任务，特别是在阅读方面。每位学习者都面临着掌握单词的多重含义和用法的挑战，而通过阅读来记忆单词可以事半功倍。主要是由于在阅读过程中，学生可以充分利用文本中提供的具体语境来理解和记忆单词，这不仅有助于记住单词的拼写和发音，还使学生对单词的使用方法、相关搭配以及语用含义有了更深入的了解。阅读还有一个重要的好处，即通过不断的阅读活动，学生会不断深化对单词的印象。重复性的阅读可以巩固词汇的记忆，并帮助学生更好地掌握单词的不同含义和用法，从而提高其词汇量和语言表达能力。此外，阅读还能够让学生接触到各种不同主题和领域的词汇，从而扩大他们的词汇量。阅读不同类型文本的过程中，学生可以学到关于科学、历史、文化、社会等各个领域的词汇，使他们在不同情境下能够流利地表达自己的想法和理解他人的观点。

3. 利于全面提升英语能力

除了阅读，听、说、写、译等都是英语技能的重要组成部分，阅读不仅对阅读能力的提升有积极作用，还对其他技能的提升发挥着重要促进作用。听力是一种在短时间内完成的思维活动，以耳朵获取信息，阅读可以通过培养语感为听力能力打下坚实的基础。阅读可以使学生接触到不同类型的文本和语境，从而提高他们对英语语音和语调的敏感度，帮助他们更好地理解口语表达并提高听力水平。口语是通过语音、语调来表达信息的活动，是一种输出信息的方式。朗读训练是阅读活动的重要组成部分，有助于学生在不知不觉中学会连读、失爆、弱化等语音技巧，养成良好的语音语调习惯，从而提高口语表达的流利程度。写作是文字信息的输出，而阅读是文字信息的输入，这两种能力相互促进。阅读本身是学习写作的过程，通过阅读不同类型的文本，学生可以积累丰富的词汇和句型，并了解不同文体和写作风格，从而提高学生的写作能力，使他们能够更准确、流利地表达自己的想法和观点。翻译是两种语言之间的转换，而掌握两种语言在表达方式、文化背景方面的差异是翻译的重要前提。阅读能够为翻译活动打下良好的语言与文化基础，能帮助学生更好地理解不同语言之间的差异，从而进一步保障翻译的准确性。

（三）英语阅读教学的原则

1. 真实性

（1）阅读材料的真实性。在英语教学中，选择合适的阅读材料是基础，直接影响了学生的阅读兴趣和学习效果。教师应选择与学生的兴趣和日常生活相关的阅读材料，激发学生的阅读兴趣，使他们更加愿意投入阅读中。当学生发现阅读材料与他们的生活经验或兴趣爱好相关时，他们会更主动地参与阅读，从而更容易理解和吸收内容。教师需要关注阅读材料中的语言使用情况，阅读材料的语言水平应与学生的实际语言水平相适应。如果阅读材料的难度过高，学生可能会感到挫败并失去兴趣。因此，教师应根据学生的水平选择适当难度的阅读材料，以确保他们能够理解并从中受益。为了提高学生的综合阅读能力，教师可以选择不同体裁和题材的阅读材料，这利于学生在不同领域的阅读中培养多样化的阅读技能。学生接触不同类型的文本，可以扩大他们的阅读视野，提高他们的文化素养和综合阅读能力。

（2）阅读目的的真实性。教师在英语阅读教学中应深刻理解阅读的多重目的，以此为基础设计多样丰富的练习，并选择适当的教学方法。学生的英语阅读目的各异，有些人追求语言知识的积累和验证，有些人寻求娱乐消遣，还有些人希望深入思考和批判作者的观点。因此，教师需要根据学生的不同需求，采用不同的教学策略和练习。对于追求语言知识的学生，教师可以设计词汇和语法练习，帮助他们巩固和扩展词汇量，理解语法规则。对于寻求娱乐的学生，教师可以引入有趣的阅读材料，激发他们的阅读兴趣，让阅读成为一种愉悦的体验。对于希望批判性思考的学生，教师可以鼓励他们分析文本中的论点和证据，培养他们的思辨能力。

2. 兴趣性

兴趣是激发学生学习兴趣和积极性的强大动力，因此在英语阅读教学中，教师应采取兴趣性原则，通过多种方式调动学生的学习兴趣，使他们更积极地参与英语阅读活动。枯燥的教学内容和方法会降低学生的学习积极性，因此，教师可以通过引入趣味性的教学活动和互动，使课堂充满活力，让学生在学习中感到愉悦和兴奋。多样化的教材和话题可以吸引不同兴趣爱好的学生，教师可以选择与学生相关的话题，或者用各种类型的阅读材料，如小说、新闻、科普文章等激发学生的兴趣。差异化的教学内容可以满足不同学生的需求，提高他们的学习动力。丰富教学手段是实现兴趣性原则的关键，教师可以运用多种教学方法，如角色扮演、游戏、小组讨论等，以增强学生的参与感和互动性。教师实施创造性的教学活动，则学生能更容易地沉浸在英语阅读中，培养他们的学习兴趣和动力。

3. 渐进性

阅读能力和阅读速度是英语阅读教学中两个相关但又不完全相同的概念，许多学生常常误解它们之间存在正相关关系，即认为阅读速度越快，阅读能力越强。然而，实际情况是，二者之间没有绝对的关系，因为学生的阅读速度和理解能力可以出现各种组合。在教师进行英语阅读教学时，应根据学生所处的阶段和学习目标来灵活调整阅读速度，以使之适应学生的需求。在英语阅读教学的初期，教师应将学生对阅读材料的理解作为重点。这时，不必过于强调阅读速度，而应鼓励学生慢慢阅读，确保他们能够充分理解文章的内容，进而建立学生对阅读的信心和基础，培养他们的理解能力。随着英语阅读教学的深入，学生的词汇量不断增加，语法知识也会提升，同时语感也会逐渐形成。在此阶段，教师可以逐渐提高对阅读速度的要求。学生需要能够更快地阅读文章，但仍然要保持对文章内容的深刻理解，教师可以通过规定时间要求或加大阅读训练的强度来帮助学生提高速度。

4. 关联性

在英语阅读教学中，教师应该灵活运用关联性原则，以激活与阅读材料相关的话题、图式、作者背景以及词汇语法知识，从而帮助学生更好地理解和应用阅读材料。教师需要了解阅读材料的背景知识，包括作者的背景和文章的主题，此类信息对于理解文章的内容非常重要，因此教师应该在教学中适当介绍这些信息，但不要让其喧宾夺主。正确的做法是将背景知识自然地融入教学过程中，以帮助学生更好地理解文章。教师应引导学生关注与阅读材料相关的话题和图式，在讨论与材料相关的话题时，学生可以更深入地探讨文章的主题，从而提高对文章内容的理解。图式可以帮助学生组织和整合信息，使他们更容易理解和记忆文章。教师应注意将相关的词汇和语法知识引入教学中，帮助学生更准确地理解文章，同时有助于他们提高英语语言的运用能力。

5. 针对性

在英语阅读教学中，针对性原则强调了个体差异，认为每个学生都有独特的特点和学习方式，因此应该根据学生的特殊需求制定教学策略，以最大限度地发挥他们的阅读潜能。教师需要深刻理解学生的个体差异，每个学生在阅读学习过程中可能表现出不同的兴趣、弱点和学习方式。因此，教师需要与学生建立密切的联系，了解他们的需求和挑战，以便更好地满足他们的学习需求。针对性教学需要根据学生的表现和水平来制订具体的教学计划，对于成绩较好的学生，教师可以为他们提供更具挑战性的阅读材料，以激发他们的积极性。对于成绩中等的学生，教师可以选择相对容易理解的材料，逐步增加难度，以增强他们的信心和阅读能力。

二、英语写作教学概述

（一）英语写作的基本知识

1. 由视觉到运动觉

在书法学习过程中，从视觉到运动觉是心理机制的第一步，也被称为“观察—临摹—自主—熟练”的过程，此过程是书法技巧的基础，要求书写必须正确、快速、美观、清晰。视觉活动在书法训练中起着关键的作用，学生通过观察书写示范，能够在大脑中形成一个连贯性、整体性的示范运作形象。视觉形象的准确程度对后续模仿的准确程度具有决定性的作用，当学生观察书法示范时，要注意示范的每个细节，包括笔画的粗细、书写的流畅性、字形的规范等，其在学生的大脑中形成一个模板，成为他们后续书写时的参考。随着练习的进行，学生逐渐从观察过程中转化为自主书写。他们会尝试模仿示范，将视觉形象转化为运动觉，从而开始自主书写。在此阶段，学生需要不断地练习和反复书写，以提高他们的熟练度和技能水平。

2. 书写技巧动型化

通常情况下，书写动作具有很强的连贯性，一个动作常常会引发下一个动作。当书写的基本单位能够达到自动化程度时，可以说书写技巧动型化已经实现。虽然书写过程中会有起伏，但基本的书写动作已经变得自动化和高度熟练。只有当学生达到这一水平时，才能说他们掌握了基本的书写技巧。动型化书写不仅包括标点、字母等内容，还涵盖词汇、句子等不同层面。在进行词汇书写时，学生应该能够不用思考，由上一个字母的书写自动引发下一个字母的书写。同样地，在进行句子书写时，应该能够由上一个单词的书写自动引发下一个单词的书写，动型化书写技巧对提高书写速度非常有益。动型化书写的实现需要大量的练习和反复书写，学生通过反复进行练习，可以逐渐将书写动作内化为一种习惯性的行为，而无须经过每一步的有意识思考。自动化的书写技巧有效促进了书写速度的提高，有助于减轻学生在书写过程中的认知负担，使他们能够更流畅地表达思想和观点。

3. 联想性构思能力

联想性的构思能力在写作心理机制中占有重要地位，指人们能够反映出各种事物或现象之间关系的一种认知方式，包括对比关系、递进关系等。作为一种具体的思维方式，联想性的构思能力对于写作产生了潜移默化的影响。语言和思维间存在着紧密的联系，因为思维借助语言作为工具来表达。因此，在进行语言学习时，应将语言视为一种思维工具的使用方式，其不仅对英语写作有积极意义，还对提高语言的综合应用能力非常有帮助。因此，应将培养用英语进行联想的能力视为关键环节。学生通过联想性的构思，可以更深入地理解上下文之间的内在联系，将文章中的具体情节与已经掌握的词汇、句法知识等有机地联系在一起。这有助于提高英语写作能力，还可以促进思维能力在语言各个层面的进步。具体来说，联想性构思能力可以帮助学生在写作中更好地表达观点、思想和论据。通过将不同的观点和想法联系起来，他们可以更有逻辑地组织文章，使其更具说服力。此外，联想性构思还可以帮助学生在写作中使用多样的修辞手法和比喻，使文章更生动有趣。

4. 演进性的表达技能

演进性的表达技能指作者能够将言语连贯、想象层次以及思维定式等有机结合在一起，从而使写出的文章达到合理、清晰、快速的要求，培养学生的演进性表达技能对于提高他们的语言理解力、推理能力和表达能力非常有益。演进性的表达技能可使学生更好地组织他们的思维和观点，使文章在逻辑上更加连贯。他们可以通过逐步展开观点和论据，使读者能够清晰地理解他们的立场。演进性的表达技能还有助于提高文章的阅读流畅性，使读者能够更容易地跟随作者的思路。演进性的表达技能还鼓励学生在文章中运用多样的修辞手法和语法结构，从而丰富文章的表达方式，有助于提高文章的吸引力和表现力，使其更具文学价值。

（二）英语写作教学的意义

1. 利于激发学生学习兴趣

英语写作教学不仅旨在提升学生的写作能力，还应该致力于激发学生的学习兴趣。写作教学可以成为一个让学生获得美的享受的过程，教师的引导可以帮助学生将写作视为一种乐趣，从而消除他们对写作的害怕情感。在我国的英语教学中，写作作为练习和考试的重要组成部分，教师可以充分利用这个形式，让学生感受到写作的乐趣，进而激发他们的学习兴趣。通过及时创造有趣和有挑战性的写作任务，引导学生参与到写作过程中，让他们享受到表达自己思想和观点的乐趣。教师还可以鼓励学生尝试不同的写作风格和主题，让他们在写作中发现新的知识和见解，从而增强他们的学习动力。在写作教学中，教师的角色不仅是传授写作技巧，还包括激发学生的创造力和想象力。通过提供积极的反馈和鼓励，教师可以帮助学生建立自信，从而更积极地参与到写作活动中。

2. 利于提升学生学习能力

英语写作教学有助于培养学生的英语写作能力，还对提高学生的学习能力产生积极影响。写作既是一种使用英语的能力，也是一种学习英语的能力。因此，在英语教学中开展写作教学对学生的学习能力提高非常有益。对于英语学习者而言，要想确保记忆足够多的单词和句型，巩固课堂所学的知识，除纯粹的记忆，还应该注重写作。从心理学的角度看，写作是一种运动觉，它的记忆效果要比纯听觉和视觉记忆更加持久。写作的过程中，学生需要综合运用读和听的技能，因此可以说，写作是一项综合性的记忆活动。通过不断地进行写作练习，学生可以更深入地理解和记忆英语知识，从而提高他们的学习效率。教师在英语教学中应该从早期开始注重写作教学，培养学生的写作能力。当学生能够写得流利、准确和快速时，他们可以更轻松地表达自己的想法，理解和吸收新的知识，技能推动他们的英语写作水平的提高，还对整体学习能力的提高产生积极影响。

3. 利于促进学生口语与阅读能力发展

在英语写作教学过程中，教师通过系统的练习活动，如默写、抄写等，不断提高学生的写作速度，同时进行造句和作文练习，有助于学生养成合理用词的习惯，口头练习对学生口语能力的提高有很大帮助。在英语写作教学中，教师应重视引导学生进行写作和遣词造句。学生通过练习，可以逐渐提高写作的速度和质量，控制写作的时间和速度，因此能够对词汇、句法、段落结构以及整篇文章的结构进行不断调整和修正，从而提高写作的质量和准确性。经过大量的写作练习，学生会更加熟悉英语句子和篇章的结构，对题目与内容间的逻辑关系以及上下文之间的联系有更深刻的认识。口头练习能够使学生更自信地表达自己的想法和观点，从而提高口语能力。他们会积累更多的词汇和表达方式，使口语表达更加流利和准确，这对于日常交流和英语口语考试都非常有帮助。

（三）英语写作教学的基本原则

英语写作教学的原则源自写作教学实践活动之中，反过来服务于英语写作教学实践，其具有普遍性、抽象性以及可操作性。英语教师想要全面在英语写作教学过程中取得理想的效果，应遵循有关教学原则。

1. 多样性

在英语写作教学中，多样性原则涵盖两个关键层面，对于学生的写作能力提升具有重要意义。教师应引导学生采取多种多样的表达方式，包括多样化的词汇和句型的运用，以及不同的修辞手法和写作风格。引导学生尝试不同的表达方式，可以帮助他们扩展词汇量，提高语言表达的多样性。对于学生来说，既有助于弥补语言知识方面的不足，又有助于提高他们灵活运用语言的能力，并且多样性的表达方式能够使学生的作文更具吸引力和独特性。除传统的写作练习外，教师可以引导学生进行扩写、缩写、改写、仿写、情景作文等练习。结合不同形式的训练，帮助学生从不同角度和维度来理解和掌握写作技巧。例如，扩写和缩写练习有助于学生深入思考如何扩展或浓缩表达内容，改写练习可以让他们熟悉不同的句型和表达方式，仿写练习可以让他们学习借鉴他人的优秀作品，情景作文可以锻炼学生在不同情境下的写作能力。通过多样性的训练形式，学生可以更全面地掌握写作技巧，提高写作水平。

2. 主体性

在英语写作教学中，主体性原则强调了学生的主体地位和主动性，以及教师应该尊重学生的个体差异和学习需求。英语写作教学应始终明确学生的主体地位，教师应该将学生置于学习的核心位置，以学生为中心展开教学活动。只有通过激发学生的学习兴趣，提高他们的学习主动性，学生才能真正成为学习的主体，可以通过多种方式实现，其中包括小组讨论。在小组讨论中，教师可以采用不同的方式，如提问法、卷入式教学或学生互助的方式，以鼓励学生积极参与讨论，发表自己的观点，分享想法，并从中学习。同时，需要强调的是，学生主体参与并不意味着学生可以完全独立地进行写作。教师的角色仍然非常重要，教师应该注重学生在写作过程中的全过程参与，帮助学生拟定写作提纲，指导他们进行资料的收集和信息的处理，协助谋篇布局，引导初稿的修改与完善等，旨在培养学生的写作自主性，使他们在写作中发挥更大的主动性。

3. 综合性

英语写作教学不仅仅是单纯的写作活动，它应该与听、说、读三项基本技能相互结合，相互促进，体现综合性原则。在教学中，写作可以被看作听、说和阅读的后续活动，同时可以被视为对听、说和阅读材料的应用。综合性原则强调了不同语言技能之间的紧密联系，写作是一个综合性的语言活动，要求学生不仅能够表达自己的想法，还需要理解和运用听力、口语和阅读方面的知识和技能。通过将写作与其他技能结合起来，可以使写作课堂更加生动和有趣，同时有助于学生全面提高他们的语言能力。综合性原则还提供了丰富多样的教学机会，教师可以设计各种听、说、读和写的任务，让学生在不同语言技能间进行有机的切换和结合。多样性的教学方式有助于激发学生的学习兴趣，使他们更好地理解和运用英语。

4. 对比性

对比性原则要求教师将母语与英语间的特点和差异传授给学生，以建立坚实的写作基础。许多学生可能在中文写作方面表现出色，但在英语写作中，他们的英语解码和编码能力可能不够完善，容易将中文写作习惯机械地迁移到英语写作中，导致产生中式英语的现象。因此，教师在教学实践中应该善于进行英汉两种语言和文化的对比分析，引导学生了解这两种语言在构词、造句、谋篇以及思维方式等方面的差异。对比性教学可以使学生更好地理解英语与中文之间的异同之处，从而在写作时更好地运用地道的英语表达方式和思维方式。对比性原则的目标是帮助学生克服中式英语的问题，提高他们的写作质量。通过对母语和英语之间的对比分析，学生将更加自觉地使用英语思维，采用正确的语法和表达方式，从而有效地提升他们的英语写作能力。

第二节　基于认知语言学的英语阅读教学策略建设

一、认知语言学对英语阅读教学的启示

认知语言学对阅读的认知分析是基于阅读认知模式的建立，认知模式指对客观事物结构和演变过程的反映。在阅读中，认知模式用于揭示阅读活动中各要素间的相互关系和发展过程。鲁梅尔哈特的“相互作用”阅读模式是阅读的认知模式的经典代表，即“交互模式”。然而，在理解这一模式前，十分有必要了解与之相关的两个模式，即自下而上模式和自上而下模式。

（一）自下而上认知模式

自下而上模式，也被称为“信息加工模式”，起源于19世纪中期，是一种较为传统的阅读认知理解模式，自下而上模式强调阅读认知是通过逐层处理文本信息来实现的。自下而上模式强调阅读认知是一个信息加工的过程，阅读者从基本

的字母单位开始，逐渐处理词汇、句子，最终形成对整个文本的理解，此过程类似于将文本信息一层层地处理和解码。该模式认为阅读认知主要受文本驱动，阅读者的理解建立在文本提供的信息基础上的，他们通过识别和处理文本中的各个部分而构建整体理解。自下而上模式包括了从最基本的书写符号（字母）到更高级的词汇、句子甚至语义的加工过程，阅读者在阅读时会将有关层次的信息逐渐整合，以理解文本的意义。

自下而上模式明确强调了阅读认知的逐层加工和组织性质，此模式的关键特点在于从字母、词汇的解码出发，逐渐延伸到对文本意义的理解，形成一个有序层次的认知过程。对学生而言，要理解整个语篇，必须具备从低级到高级的语言基础知识，这意味着他们需要理解字母、词汇、句子、段落和语篇。字母是英语书写的基本单位，学生需要识别并理解每个字母的发音和形状。在掌握字母后，学生需要理解词汇，包括单词的拼写、意义和用法。通过组合词汇，学生可以理解句子的结构和含义，包括主语、谓语和宾语等要素。最终，学生需要将句子组织成段落，将段落组织成整个语篇，从而形成对文本意义的完整理解。

自下而上模式明确强调了阅读理解过程中的语言问题，特别是语言知识不足可能导致学生的阅读理解失败。这一认知模式鼓励传统的英语阅读教学方法，从字母、词汇、句子、段落到篇章的结构逐层进行，同时将语言知识的传授视为教学的主要任务。然而，这一模式也存在一些不足之处。它主要强调了信息加工在阅读认知理解中的作用，但没有充分探讨信息与信息之间的相互关系，可能导致学生仅在线性理解层面操作，而忽视了从语篇外获取的其他信息。阅读理解是一个综合性的过程，除语言知识，还涉及文本间联系、背景知识、推理能力等多个方面。因此，仅仅依靠自下而上模式可能无法全面培养学生的阅读理解能力。教育者需要综合运用不同的阅读教学方法，包括自上而下模式、文本分析、背景知识引导等，以帮助学生更好地理解和分析文本，提高阅读理解水平。

（二）自上而下认知模式

自上而下认知模式是一种在认知心理学基础上发展起来的阅读理解模式，与自下而上模式形成鲜明对比，强调了学生的已有知识对阅读理解的重要性。自上而下认知模式的核心思想是，学生在自身已有知识的基础上，运用预测、检验等认知手段理解阅读材料，使阅读成为一种有目的、有选择的活动。自上而下模式的出现可以追溯到著名的心理学家学者古德曼提出的观点，他将阅读比作一场猜字游戏，强调学生运用已有知识来降低对语篇语音符号和书面符号的依赖。在自上而下认知模式中，学生会对语篇中的词汇、语法进行预测，并运用已有知识解读语篇的意义。这是一种学生驱动的认知模式，强调了学生在阅读中的主动性和个体差异。在阅读时，学生会从字形读音、语法、语义三个层面进行抽样，其中字形读音通常来自书面符号，而语法和语义信息则来自学生自身的语言能力。学生会根据自己的预测有选择性地处理这些信息，如果预测得当，信息会被证实，学生可以进行新的预测。如果预测错误，学生需要对之前的预测进行修正。自上而下模式的认知理解过程主要包括概念能力、背景知识能力和处理决策能力。概念能力涉及对输入信息的整合，形成概念的能力；背景知识能力指学生所掌握的常识知识；处理决策能力指学生在阅读过程中使用的阅读技巧。这三种能力相互作用，共同影响着阅读理解的过程。

（三）交互认知模式

交互认知模式是一种阅读认知理解模式，由著名学者艾斯特霍德和卡雷尔于20世纪80年代提出。交互认知模式强调阅读认知理解的过程是学生运用各个层面的信息对文本进行重构的过程，而且具有双向性，融合了自下而上和自上而下两种模式的优势。交互模式包含学生与语篇的相互作用和较高层次技能与较低层次技能的相互作用两个关键层面的内容。在学生与语篇的相互作用层面上，学生与阅读材料进行积极互动。他们使用自下而上的认知模式理解词汇和语法结构，同时运用自上而下的认知模式构建整个文本的意义，相互作用使学生能够更全面地理解和运用语篇中的信息。在较高层次技能与较低层次技能的相互作用层面上，不同层次的语言技能相互协同工作。自下而上的模式侧重于词汇和语法等基础技能，而自上而下的模式则强调文本理解和运用的高级技能。交互模式将两种技能融合在一起，使学生能够更灵活地处理阅读材料，既关注细节又理解整体。交互认知模式的重要性在于它将两种认知模式的精华结合起来，使阅读理解更加全面和实用。在实际的阅读理解过程中，学生需要同时运用自下而上和自上而下的认知模式，根据需要灵活切换，以便更好地理解和运用文本中的信息。

交互认知模式可以看作对自下而上和自上而下两种认知模式的完善和修正。在阅读过程中，单纯强调自下而上模式会导致学生难以建立与文本之间的联系，阅读困难增加；而只注重自上而下模式，即使学生具有丰富的背景知识，也难以理解文本中的词汇和语法。因此，教师可以将两种模式有机结合起来，引导学生在阅读过程中进行综合认知活动。学生既需要关注文本中的细节，理解词汇和语法等基础知识，也需要运用背景知识和自上而下的认知模式来构建整个文本的意义。综合认知活动可以帮助学生更全面、更深入地理解阅读材料，提高阅读理解的效率和准确性。教学实践中可能会出现以某一模式为主导的情况，这取决于学生的需求和阅读材料的性质。然而，教师不能忽视另一模式的作用。

二、认知语言学在英语阅读教学中的实际应用

（一）选择恰当的英语阅读材料

认知语言学认为，语言输入的过程应符合理解性、数量性以及趣味性的原则。英语阅读教学是一种较为重要的输入形式，所以将认知语言学的有关原则应用于英语阅读教学活动中，能够取得事半功倍的效果。

1　趣味性

教师在选择阅读材料时应秉持着兴趣性的原则，即根据学生的认知情况和语言水平选择合适的材料。当学生对阅读材料感兴趣时，他们更有可能投入更多的注意力和精力，积极参与阅读过程。兴趣能够激发学生的学习动力，让他们更愿意去探索和理解文本中的内容。当学生对某个主题或话题感兴趣时，他们会更主动地去掌握相关的词汇和知识，因为他们迫切想要理解和深入探讨这个主题。积极性和主动性有助于提高阅读理解能力，因为学生更倾向于深入思考、提出问题、寻找答案。兴趣也有助于培养学生的阅读习惯和养成长期阅读的习惯，当阅读变得有趣时，学生会更频繁地进行阅读，不仅限于教室内的任务，还会在课外积极寻找有趣的阅读材料。

2. 数量性

语言输入需要一定的数量为基本前提，主要是由于阅读材料通常包含多层次、多学科的知识，而学生认知语言水平的提高需要接触大量的语言材料和文本。因此，在英语阅读教学中，教师应坚持数量性原则，以帮助学生扩展他们的语言知识和词汇储备。学生需要反复接触不同类型的阅读材料，从而能够更好地理解和运用英语语言。此种反复的刺激有助于加深学生对词汇、语法和句子结构的理解，并且提高了他们的阅读技能。例如，教师可以提供多样化的阅读材料，涵盖不同主题和领域，让学生有机会接触各种类型的文本，从新闻报道到文学作品，从科学文章到历史资料。数量性原则有助于培养学生的阅读习惯，学生通过频繁接触阅读材料，可以逐渐养成每天阅读的习惯，不仅限于学校任务，还包括课外阅读。有助于他们积累更多的词汇和知识，提高综合认知能力，为今后的英语交际打下坚实的基础。

3. 理解性

教师的目标是提升学生的语言理解能力，语言理解能力的培养需要时间和努力，而阅读材料的选择是影响英语阅读教学效果的关键因素之一。在选择阅读材料时，教师应注重材料的理解性，选择与学生的认知特点和语言习得水平相匹配的材料。材料既不应该过于简单，以免学生失去兴趣和挑战性，也不应该太难，以免造成学生的挫折感。最好选择略高于学生整体认知水平的材料，从而激发学生的学习兴趣和挑战欲望。理解性强的阅读材料有助于学生逐渐建立对英语文本的深刻理解和分析能力，可以帮助学生培养阅读策略，如推测词义、理解上下文、抓住关键信息等。通过不断接触理解性强的材料，学生可以提高他们的阅读理解能力，逐渐独立理解和分析各种类型的英语文本。除此之外，理解性强的阅读材料还能够激发学生的挑战兴趣。挑战性的阅读材料可以激发学生的好奇心和求知欲，让他们乐于面对新的知识和难题。

（二）设定合理的阅读任务

在英语阅读教学中，设定清晰的目标和任务是提高教学效果的关键因素之一。认知语言学的认知监控理论强调学生需要自主地调节和监控自己的阅读过程，但学生在不同的语言阶段对自身的学习情况了解程度不同，因此教师的角色显得尤为重要，需要帮助学生设立明确的目标和任务。任务的设定有助于学生更好地了解他们的学习进度。学生通过明确的任务，可以清晰地知道自己需要达到什么样的阅读水平和能力，从而更好地规划自己的学习过程。当学生完成一个任务并达到目标时，他们会对自己的能力和成就充满信心，进而激发他们更大的学习兴趣和积极性。阅读是一个循序渐进的过程，因此，教师应该根据学生所处的不同阶段设置不同的学习目标和任务。在初级阶段，目标可以是提高词汇量和基本阅读技能；在中级和高级阶段，目标可以逐渐升级，包括理解复杂文本、分析文章结构、抓住关键信息等。通过逐步增加任务的难度，学生可以在不断挑战中提高自己的阅读能力，并稳固地增长知识和技能。

（三）采用策略教学法

从认知语言学的角度看，阅读是学生与文本相互作用的过程。此过程充满主观性，要求学生从自身思维出发以理解文本的逻辑，从而提高对整个阅读文本的理解。因此，培养学生的理解能力和应用能力在英语阅读教学中具有极为重要的意义。阅读理解的过程是一个科学分析的过程，学生需要运用特定的阅读技巧来提升对阅读材料的理解。在这方面，认知语言学的相关理论对阅读策略的选择产生了重要影响。具体而言，可以结合阅读前策略、阅读中策略以及阅读后策略展开分析。

1. 阅读前策略

认知语言学认为，人类的语言思维结构通常依赖于人的认知经验，所以，阅读理解的过程中渗透了许多学生的经验，从而提醒广大教师应该在英语教学的过程中，着重对学生的主观思维能力进行训练，在英语阅读活动开始前，教师可以通过以下方式让学生对阅读文本形成基本印象。

（1）了解文章背景。因为英汉两个不同的文化和思维方式存在明显的差异，学生在阅读英语材料时需要具备一定的背景知识。因此，教师在教学前应该先引导学生收集和整理与文章背景文化相关的知识，以为正式的阅读打下基础。了解文章背景有助于学生更好地理解文本中的文化背景、习惯和传统，从而更深入地理解文章的内容和意义。文化背景知识可以涵盖历史、社会、文学、宗教等多个方面，它们都可能在文本中占有重要作用。教师可以引导学生通过阅读相关资料、查找在线资源、讨论等方式获取背景知识，有关的准备工作可以帮助学生在阅读时更加自信和有针对性，从而提高他们的阅读理解能力。

（2）预测文章内容。学生在拿到阅读材料之后，并不是立即开始阅读，可以先进行内容的预测。教师可以引导学生使用这一策略，通过阅读材料的类型、题目、首尾句等线索进行预测，从而让学生对文本内容有一个大致的猜测。例如，如果题目是“Earthquake”，学生可以预测这是一篇科普性文章，可能会讲述地震的起因、过程和危害，甚至可能提到一些在历史上著名的大地震事件，这有助于学生在阅读过程中建立起对文章的背景认知，使他们更有针对性地阅读，关注与预测相符的内容。

（3）激活相关主观知识。学生的阅读理解建立在他们的认知水平和主观知识之上，因此在阅读时调动相关主观知识非常重要，可以帮助学生加深对文章的理解。教师在教授阅读之前，可以引导学生激活他们自身的主观图式和背景知识。例如，如果要阅读关于 Halloween（万圣节）的文章，学生可以在阅读前了解这个节日的日期、起源、相关活动等方面的信息。他们可以通过阅读相关的书籍、查找在线资料，甚至观看图片和视频来增加对这一主题的了解。

（4）速读教学策略。在阅读开始之前，教师可以引导学生进行速读，有助于他们快速了解文章的大致内容和结构。同时，教师可以通过提问的方式与学生互动，讨论速读的方法和技巧，以提高学生的阅读效率。速读是阅读前的准备阶段，目的是帮助学生建立对文章的整体印象，抓住关键信息。通过快速浏览文章的标题、副标题、首段和末段，学生可以获得有关文章主题和组织结构的基本信息，有助于他们在阅读正文时更有针对性地寻找关键信息，提高阅读速度和理解能力。教师在速读教学中可以提供一些实用的技巧，例如，如何快速识别关键词汇、如何利用标点符号和段落结构来理解文章逻辑等。

2. 阅读中策略

学生在阅读过程中应主动调节和监控自己的意识和思维，以更好地理解阅读材料。学生需要认知阅读材料的本质，理解文章的主题、目的和结构，通过深入思考和分析，学生可以更好地把握文章的逻辑关系，理解作者的意图，并在阅读过程中形成清晰的思维框架。学生应该具备足够的文化背景知识，因为英语阅读材料可能涉及不同文化和背景的内容。了解相关的文化知识可以帮助学生更好地理解文章中的隐含信息和文化背景，从而提高阅读的深度和广度。培养学生的语篇预测能力是重中之重，学生通过阅读材料的标题、副标题、首段和末段来预测文章的内容和发展方向，有关能力的培养有助于他们在阅读过程中更有针对性地寻找信息，从而提高阅读的效率和准确性。

3. 阅读后策略

阅读后策略包括自我评估和自我监控两个方面，有助于学生更好地掌握阅读技巧和提高阅读能力。自我评估是学生对自己的阅读水平和学习进度进行科学评估的过程，自我评估可以使学生了解自己的阅读偏好、强项和需要改进的方面，有助于他们更有针对性地选择阅读材料和制订学习计划。例如，学生可以评估自己在阅读不同类型文章时的表现，确定自己的阅读水平，以便选择适合自己水平的材料。自我监控是学生在阅读后对阅读错误和理解不透彻的地方进行改正和发现的过程，学生应该积极记录和总结在阅读过程中遇到的问题，并寻求相关资料或教师的帮助来解决这些问题。自我监控有助于学生不断提高阅读技巧和解决阅读难题的能力。自我评估和自我监控不仅可以提高学生的阅读主观能动性，还有助于培养良好的阅读习惯。通过不断地自我反思和改进，学生可以更清晰地了解自己的阅读进展，并积极主动地参与阅读学习，进一步使学生更好地应对不同类型的阅读材料，提高英语阅读的有效性和效率。

第三节　基于认知语言学的英语写作教学策略构建

一、体裁教学法

人们认为，体裁教学法在写作中的应用有助于学生建立完整、正确的图式，从而能够更好地推测新的事实和应对不同类型的文章。体裁教学法着重于教导学生认识不同体裁文章的特点、篇章结构以及它们对交际目的的贡献，帮助学生在脑海中形成相应的图式。体裁教学法的优势在于，一旦学生掌握了某一体裁的写作结构，他们在未来遇到同类体裁的写作任务时，能够根据图式结构更轻松地组织和表达自己的思想。因此，体裁教学法广泛应用于不同类型文章的写作教学中，包括记叙文、议论文、说明文等。具体来说，体裁教学法可用于分析学生在考试中常遇到的三类作文类型：情景作文（记叙文）。情景作文实际上属于记叙文的一种，包括建议信、告知信、抱怨信等，在此类型的写作中，学生需要根据具体情境来叙述事件或提出建议，这需要他们了解记叙文的特点和结构。图表作文实际上属于说明文，通常要求学生根据提供的图表信息进行说明和归纳，最后得出结论。体裁教学法有助于学生理解说明文的写作要求，包括如何有效地解释图表数据和提出合理的结论。提纲作文实际上属于议论文的一种，具有多种类型。体裁教学法能使学生学会不同类型的议论文写作技巧，包括对立观点、比较观点、解决问题和提出建议等。

在写作教学中，体裁教学法容易导致学生写作呈现相似之处，形成“千篇一律”的现象，不利于培养创造性思维。然而，在写作教学的初期采用这一方法却具有显著的优势。通过体裁教学法，学生能够系统学习各类文体的结构和特点，从而建立起对写作的基本认知。有助于提高学生的写作信心，使他们在初始阶段更加从容地应对写作任务。尽管体裁教学法存在一定的局限性，但在合适的时机和场景下运用，可以为学生打下坚实的写作基础，为进一步发展创造性思维奠定基础。

二、策略教学法

当学生在英语写作过程中遇到特定载体、题材的文章时，自然而然就能够联想到此类文章的写作风格以及开展方式。所以，英语写作教学的过程中教授学生一定的认知写作策略，对于提升学生英语写作能力十分有效。

（一）构思策略

构思是展开写作活动的基础，贯穿于写作的始终，对于写作来说较为关键，常见的构思策略有以下几种：

1. 五官启发式

五官启发式是一种引导思考的方法，通过观察、聆听、嗅闻、品味和触摸等感知方式搜寻与主题相关的信息。在写作过程中，虽然五官启发式提到了多个感知方面，但并非必须全部涉及，而是可以根据具体情况进行选择。五官启发式为作者提供了多样的感知角度，使得作品更加生动和具体。通过选择性地运用五官启发式，作家能够更灵活地表达想法，将读者引入更具体、细致的体验。因此，五官启发式在写作中的运用，能够拓展思维广度，并有助于创造更具感染力和丰富层次的文学作品。

2. 思维成串式

思绪成串式是一种写作思维整理的方法，其主要是将文章主题置于纸张中央，用一个圆圈标注，并围绕主题写下与之相关的关键字，同样以圆圈标注。接下来，通过对所列关键字的归纳总结，最终确定整篇文章的写作思路。思绪成串式方法有助于作者在写作前系统地整理和构建思路，使得文章结构更为清晰和有条理。通过圆圈的连线，作者可以直观地看到各个关键字之间的关联，从而更好地展开文章内容。思绪成串式为写作者提供了一种直观的思考工具，有助于确保文章在逻辑上有层次感，更容易引导读者理解和接受作者的观点。

3. 自由写作式

自由写作式是一种灵活的构思方式，强调在看到文章题目后即刻开始思考，并将脑海中涌现的各种观点记录下来。自由写作式方法突破了传统的叙述框架，允许思路完全展开，不受限制地记录所有想法。在记录完观点后，作者再回过头来阅读所写内容，从中筛选出对写作有用的信息，将其余的信息删除。自由写作式创作方式使得思路的扩展与写作框架的形成相辅相成，为作者提供了更大的创作自由度，使得想法能够更自然地流露出来。虽然自由写作式方式可能导致杂乱的初稿，但通过筛选和整理，作者能够找到最精练、最有力的论述，从而打磨出一篇更为生动且具有深度的文章。

（二）开篇策略

1. 故事引入

故事引入是一种引人入胜的写作开篇方式，通过在文章一开始描写引人入胜的故事情节，巧妙地将读者吸引至文章的核心。故事引入手法极易抓住学生的目光，激发他们对文章的浓厚阅读兴趣。通过讲述引人入胜的故事，作者不仅能够打破学生对于枯燥文章的刻板印象，还能够在开篇就引发读者的好奇心和共鸣。故事引入不仅令文章更具生动性，也为学生提供了更轻松愉悦的阅读体验，使他们更愿意深入探究文章的内容，从而更好地理解和吸收所传达的信息。

2. 下定义

下定义的目的在于为学生提供明确的解释，以帮助他们更好地理解特定概念或事物。下定义方法通过清晰而简洁的定义，对知识的准确定义，使学习变得更加明晰和有针对性。下定义的方式能够促使学生迅速抓住关键概念，建立起对所学知识的牢固理解基础，促使他们更加深入地探索相关主题。

3. 开门见山

开门见山是一种直截了当的写作开篇方式，即在文章一开始就清晰地点明主题、明确观点和看法。开门见山的方法在现代社会尤为常见。开门见山的优势在于能够迅速引导读者进入文章的核心思想，减少了信息的模糊性，使读者能够立即理解作者的立场。这种直截了当的写作风格有助于激发读者的兴趣，使他们更愿意深入了解和思考作者所阐述的主题。

（三）展开策略

1. 按照因果关系展开

按因果关系展开的写作策略有三种形式。首先，文章可以同时分析原因和结果，常见于说明文，通过深入剖析关系，阐释事物的本质。其次，可以按结果展开，先揭示结果，再叙述其原因，使读者在了解结论的同时逐渐理解其成因。最后，按原因展开，即先描述结果，然后详细叙述其根本原因，引导读者逐步深入了解问题的根源。这三种形式灵活运用，既能使文章结构更加清晰，又有助于读者更全面地理解事物的发展和演变，因果关系展开的写作策略有助于为读者呈现一个更为完整和深刻的认知视角。

2. 按照过程展开

按过程展开，是依循事件发展次第展开的手法，常在记叙文中运用。通过按过程展开的方式，文字得以沿着时间脉络，清晰描绘事物演变。按过程展开的写作手法让读者如同亲临其境，可感受每一步的发展，深刻理解事件的内在逻辑。

（四）结尾策略

1. 警示式

警示式结尾策略是在文章结尾处根据文中的论点解释问题的严重性，旨在引起读者的重视和深思。警示式结尾不仅巧妙地总结了前文内容，更在最后呼吁读者认识到问题的严峻性，激发了对解决问题的思考。这种结尾策略通过向读者发出警告，使文章更具说服力和启示性。

2. 展望式

展望式结尾策略通过在文章结尾表达对未来的期望，增强了文章的感染力。展望式结尾不仅使文章更具积极向上的情感，也引导读者对未来发展保持乐观态度，激发共鸣。通过展望未来，文章在结尾处留下积极而鼓舞人心的印象。

3. 总结式

总结式结尾通过对全文进行概括，揭示主题，加深读者印象，巧妙总结了文章主旨。总结式结尾使读者在结束时再次回顾文章要点，对主题有更深刻的理解。

（五）修改策略

在完成写作初稿之后，学生还需要面对初稿加工润色，即修改，从而使文章更加完整，具体可从以下方面着手：

1. 主题方面

文章主题是其关键要素，即便其他方面表现再出色，若主题偏离，也难以被称为优秀文章。在审查主题时，需要关注文章的语气和时态，确保一致性，以保持整体连贯性。确保文章内容与主题密切相关，避免偏离核心议题。主题句应当明确，能够清晰概括文章的中心思想。文章内容需符合题目要求，以确保整体完整性。主题应在全文中得到充分展开，确保文章在逻辑上统一而完整。通过仔细检查有关方面，可以有效避免主题方面的错误，确保文章在表达上更为准确和有力。

2. 段落方面

审查文章段落是确保文章结构合理、表达流畅的关键步骤，需要关注文章过渡词的运用，确保它们在句与句、段与段之间的使用得当，以促使文章的逻辑连贯。检查文章段落之间是否具有良好的衔接，确保整体结构紧凑一致。关注段落内的材料是否充实，确保每个段落都有足够的信息和论据支撑，以增强文章的说服力。审查文章段落的展开是否流畅，确保叙述或论证的逻辑顺序自然而清晰。这样一来，可以发现和修正文章段落方面的问题，使文章在组织结构上更为紧凑，表达更为流畅。

3. 语法方面

在学生写作中，语法方面的错误是最常见的问题之一，因此对这方面的错误进行仔细检查至关重要。应确保文章中的单词拼写无误，从而提升文章的专业程度。关注标点符号的正确运用，确保句子结构清晰，表达准确。检查文章中是否存在语法错误，包括主谓一致、时态一致等方面的问题，以确保语法的准确性。审查文章的句意表达，保证表达清晰、流畅，读者能够准确理解作者的观点。通过在有关方面进行仔细检查，可以有效减少语法错误对文章质量的影响，使得文章在语法方面更为规范、清晰，从而提升整体写作水平。如此一来，确保文章在语法使用上更为准确，提高读者对文章内容的理解和接受度。

第七章　英语翻译与文化教学中的认知语言学应用策略

第一节　英语翻译与文化教学研究

一、英语翻译教学概述

（一）英语翻译的基本知识

想要更好地进行英语翻译，应先了解与英语翻译有关的知识，进而更好地把握英语翻译教学的方向。

1. 翻译的含义

（1）符号学视角下的翻译界定。19 世纪末 20 世纪初，翻译研究引入符号学，使翻译不再被简单地视为语义的转换，而被赋予更广泛的意义。符号学研究者将文化背景和语境看作影响信息传递的主要因素，将翻译定义为涉及全人类交际系统的交流活动。翻译是一项跨文化交际活动，是通过符号的转换实现意义再生的过程，翻译作为一种文化交流的手段，不仅仅是语言层面上的转换，更是对意义的再创造的任务。可将翻译分为广义和狭义，广义的翻译称为“符际翻译”，强调了对“基本信息”的转换。这一概念的广泛外延包括本族语言与非本族语言、方言与民族共同语、方言与方言、古语与现代语，甚至语言与非语言（符号、数码、体态语等）之间的信息转换。狭义的翻译，即“语际翻译”，指不同语言之间的翻译，如英译汉、汉译英、法译英等，使得翻译的范畴不再受限于语义的转换，而是将其对象扩展到言语符号，覆盖了人类的整个交际系统。翻译不仅仅发生在不同语言之间，还包括了语言变体间的翻译，以及语言与其他交际符号的转换。对语言学研究起到了推动作用，使得翻译不再是一种简单的语义对等，而是更为复杂和多维的符号转换过程。然而，这种对翻译概念的界定虽然拓宽了研究视野，也在一定程度上受到了语言学定义的束缚，翻译作为符号的转换，在很大程度上继承了语言学定义中转换和对等的思想。因此，符号学维度下的翻译界定既是对翻译研究的拓展，又在某种程度上受到传统语言学观念的制约。

（2）文化学维度下的翻译界定。传统观点通常将翻译的根本任务简化为语言分析和文本对照，而文化学维度下的翻译界定认识到翻译实际上涉及两种语言所承载的文化。这一概念建立在符号学的基础上，将文化交际理论引入翻译研究领域，为对翻译现象的深入理解提供了更为丰富的框架。翻译是两个语言社会之间的交际过程和工具，其目的在于促进本语言社会的政治、经济和文化进步。翻译的任务是将原作中包含的现实世界的逻辑映像或艺术映像完好无损地移植到另一种语言中。由此可见，翻译具有社会功能，可将其定位在更广泛的文化交流和推动社会进步的层面。翻译是将具有某一文化背景的发送者用某种语言所表达的内容尽可能充分而有效地传达给具有另一种文化背景的接收者，将注意力从译品和翻译过程的研究转向了整个翻译行为，可将翻译活动视为一种跨文化交际的活动。翻译的社会功能得到了强调，不再仅限于语言和文字的转换，而成为促进文化交流和理解的桥梁。因此，文化学维度下的翻译界定不仅拓展了对翻译的认知范畴，也使翻译研究更贴近实际社会需求。由此可见，翻译不再是简单的语言工具，而是具有深刻文化内涵的交际行为，对社会和文化的影响不可忽视。

2. 翻译单位的含义

什么是翻译单位，这是一个引人深思的问题，一个关乎翻译实践和研究的核心议题。与写作不同的是，在翻译中，正确选择是源语语篇和译语中可利用资源的结果，同时受制于源语文本和译语的可利用资源，这凸显了翻译在语言选择上的复杂性，引导人们关注正确性问题。在正确性问题的探讨中，翻译理论家和翻译实践者不仅关心正确性的达成，还遇到了另一个问题：何种长度的话语才是最佳翻译实践和分析的单位？换言之，什么样的话语长度最适合作为翻译的操作单位，成为翻译单位概念下的一个核心问题？语言与语言之间的差异是翻译存在的前提，这种差异既体现在语言思维上，也体现在语法或语言结构的层面上。传统的语言学根据语义的承载单位将语言分为音位、语素、词短语、小句、句子等层面，随着语篇语言学的发展，语篇被加入作为第七个层面，因为语篇本身也是一个语义单位。引出了一个关键问题：在这七个层面中，哪一个层面上的操作最为有效，可以成为翻译的最佳单位？翻译首先需要进行语言分析，而译者语言分析单位的选择也即翻译单位的选择。翻译单位可以包括整个语篇、段落、句子、小句、词组、词、语素和标点符号，意译倾向于以句子作为单位，而直译更倾向于以词为单位。从句子语言学的层面看，句子是不可缺少的用于交际的语法单位，同时是基本的动态交际单位。句子的作用在于提供一个校正过的、可分析的逻辑信息和一个明确的形式边界。在功能层面的分析中，句子构成了一个相对完整的信息结构，句子属性有助于划分整体句子语篇的认知基础和功能基础。从语篇语言学的角度看，句子是最小的完整语篇单位，低于句子的语言单位在句子的句法结构中找不到适当的位置时，其语义和句法潜势就不具备任何语篇意义。

3. 常见的翻译分类

翻译作为一种广泛应用的语言交流方式，在其常见分类中呈现出多样性。通常情况下，人们提到的翻译主要指笔译。为了更好地理解翻译，本部分将重点结合笔译的常见分类进行具体分析，主要涉及语言等级、翻译层次和所译文本内容题材的分类。语言的“等级”指词素、词、短语或意群、小句或句子，基于语言等级的不同，笔译可以进一步分为逐词翻译、直译和意译。逐词翻译建立在单词级的等值关系上，直译介于逐字翻译和意译之间，而意译强调在上下级之间可以自由变动，甚至超越句子的层次。此种分类关注了翻译过程中对语言等级的处理，体现了翻译的灵活性和多样性。翻译涉及语法、词汇、语音和词形等几大层次，根据翻译层次的不同，翻译可以分为完全翻译和有限翻译。完全翻译指源语的语法和词汇被等值的译语的语法和词汇所替换，而有限翻译指源语的文本材料仅在一个层次上被等值的译语文本材料所替换。这一分类关注了翻译的深度和广度，体现了对不同层次处理的需求。根据所译文本内容题材的不同，翻译可分为文学翻译和实用翻译两大类型。文学类翻译涉及小说、戏剧、诗歌、散文等文学作品的翻译，强调情感内容、修辞特征以及文体风格的传达。实用类翻译涉及科技资料、政论文体、法律文体、商务或其他资料的翻译，注重实际内容的表达。

4. 常见的翻译思维方式

（1）视点调整法。视点调整法指在翻译过程中根据源语文化和目标语文化的不同，调整叙述或描述事物时的视点。在汉语文化中，人们通常将视点集中在动作的发出者，导致主动语态的频率远高于被动语态。相比之下，在西方文化中，客观思维更为常见，人们习惯将视点聚焦在行为的结果或承受者方面。因此，在翻译中，需要进行视点的调整，以符合目标语文化的思维方式和表达习惯，有助于确保翻译更贴近目标语文化的表达方式，避免文化差异造成的理解障碍。

（2）有声思维分析方法。有声思维分析方法是一种在心理学领域与内省法相关的技术，在相关的实验中，受试者通常被分配相应的翻译任务，要求他们表达大脑中发生的思维活动。其口头表达被记录下来，可以通过录音或录像转化为有声思维材料，最终从多个视角对这些材料进行分析。有声思维分析方法的应用可以深入挖掘翻译过程中的认知活动。研究者通过分析有声思维材料，从不同视角了解翻译者在思考和决策时的心理过程，从而提升了对翻译过程的解释力和描述力，有助于进一步提高对翻译理论的理解。通过有声思维分析，人们可以更全面地把握翻译者在任务执行中的心理活动，揭示出潜在的认知策略和决策机制。为翻译研究提供了一种深入剖析翻译过程的工具，有助于揭示翻译者在不同任务和语境下的认知加工方式，从而推动翻译理论的发展。

（3）重心调整法。英语句子通常采用前重心，即将语义重心置于句子开头，而汉语句子大多为后重心，将语义重心放在句尾。西方民族更倾向于“由一到多”的表达方式，强调句子开头的重要性；相比之下，东方民族更倾向于“从众归一”的思维方式，通常将句子的次要语义置于首位，将句子重心置于句尾。在翻译过程中，需要根据源语和目标语的文化差异对句子重心进行调整，以使翻译更符合目标语的思维方式和语言表达习惯。

（二）英语翻译教学的意义

通常情况下，英语翻译教学都是在学生除翻译之外的其他语言能力积累到一定的程度后，才得以顺利开展的教学活动与过程，英语翻译教学的最终目的在于对学生语言综合能力高级技能的培养。具体来说，英语翻译教学的意义主要体现在以下几点：

1. 提升学生英汉语言修养

在实践翻译活动之中，译者必须确保译文在内容、风格等方面与原文一致，这要求译者具备深厚的英语和汉语功底。译者需要拥有深入的英语和汉语基础，理解原文是翻译过程的首要任务，因此对语言的深刻理解对于译者至关重要。语言功底的高低直接关系到译文的准确性和流畅度。不同的文体具有不同的语言风格和特色，了解并识别其中的差异是创造恰当译文的关键。例如，在翻译科普文章时，应力求译文精练、简洁，避免使用生硬晦涩的表达，以确保读者容易理解，这需要译者具备对不同文体的敏感性和适应能力。通过参与翻译实践，学生可以不断提高自身的英汉语言素养。

2. 利于巩固学生综合语言能力

翻译涉及两种语言之间的转换，学生在翻译实践中不仅能够运用之前学到的知识，而且能够更深入地理解和巩固语法、词汇、语篇等方面的知识。在进行笔译教学时，学生需要思考如何将一种语言的信息转化为另一种语言，促使他们更加细致地理解两种语言的结构和表达方式。口译教学也起到重要作用，既锻炼学生的听力、口语能力，又提升了他们的交际技能。通过口译实践，学生在不同语境中能够更灵活地运用语言，提高了沟通的效果。总体而言，翻译教学的目的在于培养学生的翻译能力，而翻译能力是综合语言能力的重要组成部分。因此，翻译教学有助于巩固学生的综合语言能力。

3. 迎合社会对翻译人才需求的形势

随着社会发展和经济全球化的加速，英语作为国际通用语言在跨文化交际中的重要性不断凸显，导致社会对英语人才的需求发生了显著变化。在此背景下，翻译作为促进国际交流与合作的桥梁尤为重要。不同时期社会对英语人才的要求存在差异，而近年来，由于全球化的快速发展，各国间的交流与合作呈现出日益频繁的趋势，使得英语翻译成为连接不同文化的纽带，直接关系到国际交流与合作的顺利进行。因此，社会对高素质的翻译人才的需求变得更为迫切。这种需求不仅包括对语言功底的要求，还强调翻译者必须具备流利、准确的翻译能力，以确保信息在跨文化背景下的精准传递。

（三）英语翻译教学的原则

1. 注重实践原则

翻译教学的实践原则是确保学生通过参与翻译实践，将理论知识应用于实际，从而全面提升其翻译能力。为此，教师应致力于为学生提供丰富的翻译实践机会，例如，让学生参与真实的社会翻译项目，激发学生的学习动机。社会翻译实践往往与学生的理论知识存在一定的距离，可以激发学生的求知欲和学习热情。学生亲身参与实际项目，将面临更真实、更复杂的翻译情境，促使他们不断拓展自己的知识边界，提高解决问题的能力。提早让学生体验社会实践，有助于为毕业后的就业做一些理论和实践上的准备。通过参与真实项目，学生不仅能够积累实际翻译经验，还能更好地了解翻译行业的要求和特点，为未来的职业发展奠定基础。社会实践不仅仅关乎翻译技能的培养，更是一个多方面融合的体系，包括人格培养和学习能力等方面的全面提升。因此，注重实践原则是翻译教学中不可或缺的一环，通过实际参与，学生能够更好地理解和应用所学知识。

2. 确保训练材料多样化原则

教师在进行翻译教学时，应坚持确保训练材料丰富、多样的原则。该原则的制定是为了迎合社会对全面发展人才的需求，更是为了适应翻译行业多元化的发展趋势。在此背景下，确保翻译练习材料的多样性和系统性显得尤为重要。社会的不断发展对翻译人才提出了更高的要求，因此，翻译教学需要贴合社会需求，培养具有多方面素养的学生。翻译教学中的材料应该涵盖多种文体类型，包括应用文体、广告文体、新闻文体、法律文体、文学文体等。每种文体的练习应呈现出阶段性，学生应该逐步学习，不可同时涉猎多种文体，而应在完成一种文体学习后再学习其他类型。教师在教学过程中有责任对每一种中英文文体的功能和特点进行详细介绍，以便让学生深入了解，并在实践中加以注意，阶梯式的学习方式可以帮助学生建立对各种文体的敏感性和适应性。翻译教学中，文体练习并非孤立进行，应该将翻译中常见的问题与文体的练习有机结合起来。同时，解决翻译问题与文体语篇练习的结合，有助于提高学生的综合应用能力，使翻译教学取得更好的效果。

3. 循序渐进原则

循序渐进原则体现了由浅入深、有序推进的规律，特别适用于翻译教学的复杂性和学科特点。在教学过程中，循序渐进原则主要体现在以下方面：针对原文语言本身，应遵循由浅入深的原则。学生在翻译学习中需要逐步掌握词汇、句子结构等基础知识，而不宜急于求成。教师应该通过逐步深入的教学方式，帮助学生建立扎实的语言基础，从而更好地理解和应用翻译技能。对于篇章内容的选择，应该始于学生最熟悉的层面，选择熟悉的内容有助于学生更好地理解和应用所学知识。逐渐增加难度，使学生在学习中感到挑战，但又能够应对，从而提高学习的积极性和主动性。对于题材的选择，应该着手于学生最了解的层面。尤其对于外语专业高年级的学生，他们可能已经具备较强的语言表达能力，但在翻译方面还需要逐步培养。在初期的教学中，教师应该选择学生熟悉且感兴趣的题材，以引起学生的兴趣，并避免因难度过大而引发畏难情绪。过早引入复杂的翻译技巧可能会使学生感到沮丧，影响学习积极性。

4. 教书与育人相结合的原则

翻译教学不仅仅是技能的传授，更应该是教书与育人相结合的过程。针对高校学生这一相对成熟的阶段，学生除掌握翻译技能外，还需要道德和审美的熏陶。教师在翻译教学中应该在技能培养的同时，注重培养学生的情感、审美和精神追求。教师不应简单地进行空洞的道德和审美说教，而要将这些内容与翻译技能相融合。通过教学能够促使学生提高翻译的实际操作能力，并培养其自身的道德观念和审美情感。综合性的培养有助于学生更全面地理解翻译的本质，并在实践中更好地应用所学。只有充分了解学生，才能更好地满足他们对知识的渴望，通过将教学与育人有效结合，教师能够激发学生的学习动机和兴趣，使学生更积极地参与到翻译教学中。只有在教学与育人相结合的教学模式下，翻译教学才能事半功倍，取得更好的教育效果。

二、英语文化教学概述

（一）语言与文化之间的关系

1. 语言结构与文化结构之间的关系

语言结构与文化结构之间存在密切的关系，深刻影响着语言的理解、表达和使用。语言结构作为一个系统的书写符号和语音符号系统，是语言的基本要素，通过其书写符号和语音符号，实现了语言的交际过程。在理解语言结构时，需要透彻了解特定语言的书写符号和语音符号，并对文化结构进行全面的了解。语言结构的理解是对语言的基础认识，如果对某种语言的结构了解不透彻，将难以准确辨认其书写符号和语音符号，更无法获取相应的语义。例如，对法语的语言结构不熟悉，就难以理解法语字母组合所表达的语义。即便完全掌握了某一语言的结构符号系统，也不一定能完全理解该语言符号的意义。因此，为了完全理解、表达和掌握某一语言的语义，还应对语言的文化结构进行全面了解并加以掌握。

在语言交际过程中，“义素”作为语义的基本单位，通过文化结构表示语义。在某一语言中，义素和词位的关系基本上具有稳定性，反映了文化与语言的密切关系。但值得注意的是，义素和词位之间并非总是存在绝对对应的关系，不同社会群体和地区的文化行为也会对义素和词位的对应关系产生影响。具体来说，语言的文化结构涵盖了使用该语言的民族和人们的生活方式，包括地理环境、价值观念、宗教信仰、寓言神话、文学艺术等方面的内容。例如，在英语语言中，使用“uncle”可以表示伯、叔、舅、姨父、姑父等，而“grandson”可以表示外孙子、孙子等语义，此种语言结构的稳定性和义素与词位的关系，使语言成为理解文化的关键。

语言与文化的关系不仅表现在语言结构上，还体现在语言的规律性、语言的独特性以及语言的共性等方面。在历史上，语言与种族存在密切联系，具有共同祖先的后代往往使用具有共同特征的语言。民族文化对语言的选择也起到决定性作用，共同民族文化背景下的人们通常具有相似的生活方式，如基于共同经济结构、地理环境、心理素质以及社会制度。因此，语言和文化不仅具有共有的特征，而且人类具备习得语言机制的能力是由遗传基因所决定的。同时，语言能力和语言结构之间存在紧密的关系。语言能力指人们所共有的、与动物的语言习得能力有别的能力，而语言结构是建立在不同文化和不同种族上的不同的语言结构。具有相应语言能力的人们需要生活在共同的语言文化环境中才能习得该语言。若离开这种环境，语言的习得就无法实现。因此，要掌握一种语言，就应生活在这种语言文化环境下，先了解和认识这种语言的文化。语言的无限生成能力也是基于人们所处的文化生活环境下对语言话语的不断创造，语言的发展和演变与文化的变迁密切相关，语言不仅是对现象和物体的指代，也是人类对文化结构理解的表达。在语言的创造中，人们通过对文化的认知和理解，赋予语言以不同的表达形式，使其具备丰富的表现力。

2. 语言差异与文化差异之间的关系

近年来，语言学家对语言差异和文化差异间的关系进行了深入研究，特别关注语言结构和文化结构之间的交织。这方面的探讨由著名的人类语言学家萨丕尔和沃尔夫（Sapir–Whorf）等提出的语言相对论假说引领，该假说认为语言不仅仅是一种沟通工具，更是反映了社会文化的重要载体。语言间的差异不仅表现在语音、文字和语法等方面，还在思维方式、生活方式和文化世界观等层面显著体现。语言的结构包括词汇、语音和语法等多个方面，与使用该语言的社会集团的文化密切相关。语言结构的变化和发展受到文化结构的影响，不同时代和不同文化背景下的文化结构差异使得语言发生着持续的演变。人类社会的进步和科技的发展推动了不同民族和文化之间的交往，从而产生了语音符号和书写符号的转换，即口译和笔译。在语言结构的转换中，文化结构起到了关键的作用，通过文化结构产生语义指代。然而，如果文化的交流不能顺应整体的发展步伐，则可能导致语义指代不准确，出现指代事物空缺的现象。文化的交流有时甚至先于语言的交流，例如，西餐进入中国之前，对“色拉”和“热狗”等食物的名词在中国人中并不为人熟知。同样，在计算机辅助设计（CAD）引入中国时，汉语中并没有相应的词汇，只能先用英文名称代替，然后在语言的实践中创造新的汉语词汇，逐渐形成了“计算机辅助设计”这一专业术语，表明语言与文化是相互交织、相辅相成的。

语言在传递文化信息和价值观念中起到了媒介的作用，而文化深刻地影响着语言的发展和使用。由于不同语言间的文化背景不同，语言的使用呈现出多方面的差异。文化差异在交际过程中表现得尤为明显，包括恭维语、致谢语、称谓语、问候语、禁忌语、祝福语以及角色用语等方面，主要源于不同文化背景下的人们对于交际模式和价值观念的不同理解。在交际过程中，人们往往受制于母语文化的影响，将母语文化的交际模式运用于实际交往中，使不同语境下的人们在语言风格和交际策略方面展现出或多或少的不同。进一步地，说明语言和文化是相辅相成的，它们相互影响，塑造了个体和社会的认知方式、价值观念和行为准则。

（二）文化教学的意义

1. 文化教学是应用语言展开交流的基础

文化教学是语言交际的关键，因为语言能力虽然是交际的基础，但仅仅具备语言能力并不能确保具备良好的交际能力。在英语教育的发展过程中，越来越多的人认识到学习英语不仅仅包括掌握语音、词汇和语法知识，还必须深入了解与英语相关的国家和民族的历史文化传统、社会风俗习惯等。语言的学习不应该仅仅停留在表面层面，而应该涵盖其所处文化的方方面面。了解英语国家的历史文化传统，掌握社会风俗习惯等内容，是真正掌握语言精髓的关键。只有通过对文化的深入学习，学生才能更好地理解和运用英语进行交际。文化教学的目标是确保学习者不仅能够用准确的语法和词汇表达自己，还能够理解和适应英语文化的特点。这样的学习过程有助于学生与具有英语文化背景的人进行更加顺畅的交流和沟通。文化教学使语言学习更为全面，为学生提供了更丰富的语境，帮助他们更好地融入和理解目标语言所代表的文化。

2. 文化教学是英语教学改革及发展的客观需要

传统的英语教学过度强调语言知识和语法形式，忽视了不同文化对交际的深刻影响，阻碍了学生英语综合应用能力的培养和提高，因为语言本身就是文化的载体，无法脱离文化进行有效的交际。没有文化教育，学生很难具备敏感的跨文化意识和良好的跨文化交际能力。在新的英语课程标准中，培养文化意识已被确定为英语教学的重要目标。全国范围内的英语教学改革已经展开，教学目标、理念、方法和评价方式都发生了巨大的变化。人们逐渐认识到，学习英语不仅是掌握语言本身，更是接触和认识英语文化的过程。

文化因素一直隐含在英语学习的过程中，即使是优秀的语言学习者，如果缺乏相关的文化知识，他们对周围世界的理解也可能受到限制。因此，英语学习不仅是思维方式的拓展，还会对学生的价值观念、人格结构等产生深远影响。

语言不同则意味着文化背景的差异，说不同语言、来自不同文化背景的人，其思维方式、价值观念、人格等都具有不同的特点。因此，英语学习不仅是一种语言能力的培养，更是一种跨文化的人文体验。在英语教学中加强文化教学，不仅有助于强化学生的英语语言基本功，还有助于培养学生的学习积极性。英语教师在教学中应有意识地传授英语国家的文化知识，增强学生对英汉文化差异的敏感性，使他们逐步具备文化比较能力，以便更好地提高文化素质并在语言交际中得体地表达自己。通过文化教学，学生可以更全面地理解英语，从而更好地适应不同的交际场景。

（三）文化教学的原则

1. 阶段性

阶段性原则强调充分考虑学生的英语水平、认知能力和心理状况，遵循由浅入深、由简到繁、由表及里的教学原则。具体而言，教师应首先从浅层次的文化内容入手，确保学生在这个阶段能够轻松理解和接受。随着学生文化知识的积累，教学逐步转向深层次的文化教育，帮助学生更深层次地理解和接受文化内涵。渐进式的教学方法有助于避免信息过载，使学生能够逐步建立对文化内容的整体认知。

2. 适度性

适度性原则在英语文化教学中主要涉及教材的适度性和教学方法的适度性。教材的适度性要求教学内容应以主流文化为主，教师在选择文化内容时应考虑到主流文化的代表性，使学生能够更好地理解和融入目标语言的文化环境。适度性原则要求根据教学任务和学生的接受能力，在内容的深度和广度上作出合理的选择，避免过于深入或过于宽泛的文化教学影响到整体语言教学的质量。适度性原则还关注教学方法的适度性，教师在文化教学中应采用能够激发学生自主学习的探究式或研究式学习方法，有助于培养学生的学习兴趣，激发他们对文化知识的主动探究欲望，可引导学生主动参与学习，增强学生的学习动机和深层次的文化理解。在课时的安排方面，适度性原则也需要得到体现。过于深入或过于宽泛的文化教学都可能占用过多的课堂时间，从而影响整体语言教学质量。因此，教师在文化教学中应适度穿插或讲解文化知识，确保在不影响语言教学任务的前提下，有针对性地引入文化内容。

3. 交际性

交际性原则着重于培养学生在实际跨文化语境中的交际能力，在教学内容的选择上，应注重文化词汇，着眼于词汇中蕴含的目的语文化的部分语义。教师在文化教学中要关注那些直接反映文化特征的词汇，以便学生更好地理解和运用这些词汇，提升在跨文化交际中的语言能力。此外，交际性原则还强调语言交际中容易引起文化误解和冲突的文化知识的传授。教师应该侧重教授学生在实际交际中可能涉及的文化差异，帮助他们理解和适应不同文化的交际规则及习惯。注重文化交际的教学方式有助于学生更好地应对跨文化环境中的语言挑战，减少可能出现的交际障碍。

4. 普遍性

由于英语是世界上被广泛使用的语言，不同国家和民族在语言文化方面都有其独特之处。因此，在教学中必须遵循一个普遍性原则，以确保学生学到的是英语国家共有的文化知识和模式。普遍性原则强调教授具有广泛影响力、典型的民族文化，而非某个地域或个别文化现象。教师应关注代表性、通用的文化元素，使学生更全面地了解英语国家的文化特征。通过这样的教学方式，学生可以更好地适应不同英语国家之间的文化差异，为未来跨文化交际提供坚实的基础。在培养学生的跨文化交际能力方面，普遍性原则有助于建立共同的文化认知，使学生更好地理解和尊重英语国家之间的语言文化共通之处。

第二节　英语翻译教学中的认知语言学应用策略

一、认知语言学对英语翻译教学的启示

（一）语言能力与认知能力相关

认知语言学强调语言能力和认知能力间存在紧密关系，将语言视为人类认知世界的产物和认知活动的工具，此观点凸显了语言与思维之间的相互影响，强调了它们之间密不可分的关系。语言作为认知的表达方式，反映了人们对世界的认知方式和思维模式。人们能够通过语言表达、共享和组织自己的思想。例如，人们在形容漂亮女孩时使用与脸蛋相关的词汇，而不是与手或头发相关的词汇。这种选择反映了人们对外貌认知的方式，揭示了语言与认知之间的紧密联系。认知语言学认为语言能力并非孤立存在，而是建立在认知能力的基础上。人们通过对事物的认知形成对应的语言表达方式，从而实现对外界的沟通和理解。相互依存关系使语言能力成为认知的一种延伸和表达形式，为人类思维活动提供了工具。语言能力的形成和发展与认知过程密切相关，在学习语言的过程中，个体通过认知活动逐渐掌握语法规则、词汇和语义等语言要素。语言的学习和使用都需要运用认知能力，包括记忆、理解、推理等方面的认知过程。认知语言学认为语言能力并非凭空产生，而是基于认知能力的前提，该观点强调了语言与认知的相互渗透，语言的发展是认知发展的一部分。通过语言的学习和使用，个体不仅提升了自己的语言能力，同时促进了认知能力的发展。

（二）句法并非一种自足范畴

认知语言学在研究句法时与形式语言学的观点产生了有趣的争议，其中乔姆斯基的“句法自足”观点引起了广泛关注。此观点揭示了人类语言能力的本源，然而，认知语言学认为句法并非一种自足范畴，而与词汇、语义和语用等多个层面密切相关。认知语言学认为句法不能独立于其他语言要素存在，包括词汇、语

义和语用。在实际语言使用中，诸多层面交织在一起，没有明确的界线。句法、语义和语用三者之间的关系是复杂而紧密的，认知语言学认为，处理句法不能忽略语用推测和认知因素。在理解和生成句子时，人们不仅考虑语法结构，还考虑词汇的语义含义和语境中的实际情境。形式语言学和认知语言学在对待句法的态度上存在差异，形式语言学倾向于使用数理逻辑等形式化方法，试图形式化描述句法和生成过程。认知语言学主张综合各个语用和认知因素处理句法问题，强调语法是人类认知自然的产物，是人类认知逐步深化的反映。人类语言的形成和演化是紧密联系于认知的发展的，在自然环境中，人们通过对自然的认知和改造逐渐形成语法结构。语法的系统化和固定化离不开语言的演变过程，其中虚词的形成和实词的虚化推动了语法的发展。这表明人类语言的演变是与人类对自然认知不断深化的过程相辅相成的。

（三）语言属于非离散范畴

认知语言学的观点指出，语言中的各种范畴并非离散的，而是存在一种模糊性和非明显的边界，与传统的形式语言学和传统语言学长期以来持有的离散范畴观存在分歧。在很长一段时间里，学者认为各个范畴都有着自己独特的内在特征，只有符合这些特征的元素才能被归类为该范畴的成员。然而，实际上，语言具有一定的模糊性，这主要源于现实世界本身的模糊性。以“黑”和“白”为例，两者是相对的概念，它们之间存在一个过渡带，任何两点都可以被看作“黑”“白”。这并不是一种绝对的关系，而是相对的关系。类似地，在定义“鸟”的范畴时，人们很难给出确切的定义，即哪些动物属于鸟类，哪些不是。人们只能鉴定“鸟”这一范畴内的典型成员，并将其作为参照系，而其他的动物则根据其与典型成员的相似度而被归类为“鸟”的非典型成员。非离散范畴的认知反映在语言中，导致语言的非离散范畴化。在语言中，某一范畴的边界很难被清晰地划定，而且同一范畴内的元素间可能存在不同程度的相似性。以“鸟”为例，其中的典型成员可能被认可为“鹰”或“麻雀”，而非典型成员如“鸵鸟”和“企鹅”可能被看作相对较差的样本。此外，即便在“鸟”的范畴内，不同种类的鸟也可能存在等级之别，形成了一个非常灵活而复杂的范畴系统。

二、认知语言学在英语翻译教学中的实践应用

（一）重视学生认知能力的训练

认知语言学的翻译教学注重培养学生的认知能力，强调通过认知图式的启发，让学生在翻译活动中更好地运用认知能力。为了实现这一目标，教师在教学中需关注两个方面：传授与认知图式相关的知识，教导学生实践认知图式方法的能力。教师需要向学生传授与认知图式相关的知识，同时教导学生相应的认知过程的方法，让学生了解认知图式的概念、作用以及与翻译活动的关联。学生需要学会将图式应用于信息处理，并能够形成具体的图式，以更好地理解翻译内容，帮助记忆和处理信息，培养对图式的认知能力。学生需要实践运用认知图式方法的能力，在学习新知识时，应结合大脑中已存储的固有图式，以加快学习速度，优化掌握新知识的技巧。同样地，学生需要在实际翻译材料时运用以往的知识框架体系，依托头脑中的认知图式进行信息加工和处理，以更好地理解和预测翻译材料，从而提升翻译效果。以一个概念隐喻为例，对于“Money is liquid”这一表达，学生可以通过运用认知图式，将水的特性映射到金钱的概念上，形成“金钱是流水”的隐喻。在具体翻译时，学生可以通过源领域的认知图式和推理模式，理解这一隐喻的含义，并将其转化为相关的翻译表达，如“liquid assets”（流动资产）等。结合认知图式的实践方法，可使学生更好地理解和运用概念隐喻，进而提升他们的翻译水平。

（二）结合翻译教学与内容增加认知培训

在进行翻译教学时，教师需要结合课堂内容增加相关的认知培训，以培养学生在实际翻译过程中的认知能力。此过程包括帮助学生通过心理认知方法增强对翻译材料的理解能力，建立丰富多彩的认知图式，并指导学生通过认知法进行决断、预测，以及利用特定文化认知模型进行重构，最终实现准确、生动、信、达、雅的翻译。教师应引导学生通过心理认知方法不断提升理解笔译材料的能力，通过对心理认知策略的培训，使学生能够更好地理解源语文本，为最终的翻译准备充分。通过深化对源语的理解，学生能够更好地把握语境，从而更好地翻译成目

的语。教师应协助学生建立丰富多彩的认知图式，其是学生在处理翻译任务时的认知工具，能够使学生更好地理解语篇、保持上下文的连贯性。心理认知策略的培训使学生具备更强大的认知工具，可帮助他们在翻译中更灵活地运用不同的认知图式。

在具体的翻译实践中，教师应引导学生通过认知法对相关翻译内容进行决断，并运用图式结构进行有效的预测。学生需要学会如何在处理翻译任务时，利用已有的认知图式进行推理和预测，以更好地解决翻译过程中的问题。教师还应引导学生运用特定文化认知模型对目的语篇进行重构，确保翻译结果更好地适应目标文化。例如，在英汉翻译实践中，学生经常会遇到修饰功能以及认知思维方式的隐喻现象。这些隐喻现象在语言理解上常常带来困难，因此教师需要教导学生如何理解句中隐喻性的单词以及隐喻所导致的语义差异。通过培养对隐喻的理解，学生能够更准确地表达源语的精髓，提升翻译质量。

（三）把握口译材料的意义与内涵

在口译教学中，应注重训练学生对语篇、语块的整体理解，有助于更好地把握口译材料的意义及内涵。教师在实践中倡导“加强自上而下的认知理解过程训练，引导学生逐步克服以词汇为中心的听解方法，代之以句法结构为单位的、自上而下的听力训练”，以此理念为基础，通过一个具体例子的分析，进一步探讨如何有效地进行口译教学。口译的首要步骤是理解口译材料，然后对相关信息进行处理，并最终选择适当的语言进行翻译。例如，“At present，Xiamen University has 61 sections contained in 26 departments”中提到“厦门大学有 61 个专业，还包括有 21 个系”，其中关键信息是“专业”和“系”的逻辑关系，即线性序主从逻辑关联。在这个例子中，学生需要在整句话的信息基础上找出关键词，分析关键词前后的逻辑关系，而不仅仅是线性序列。学生通常会进行翻译：“今天，厦门大学有 61 个专业，还包括有 21 个系。”这里，“contained”所固有的语言逻辑是从属或者是被统领的关系。原译在翻译时没有意识到“专业”与“系”不是线性序并列逻辑关联，而是线性序主从逻辑关联。并没有从 Xiamen University（厦门大学）预设下文的 departments（系）与 sections（专业）的逻辑序列，从而导致了误译。改译则正好弥补了这一不足："今天，厦门大学有21个系，可开出61个专业。"因此，口译者在处理口译材料时需要运用相应的认知方法。具体而言，认知法有助于在短时间内实现有效的记忆口译信息。教师在口译教学中应教授学生具体的认知法，培养他们对材料语篇的整体理解，涉及从句法结构出发，使口译者在短时间内形成对口译信息的牢固记忆，以便更有效地进行加工处理，最终呈现流畅、准确的译文。

第三节 英语文化教学中的认知语言学应用策略

一、认知语言学对英语文化教学的启示

（一）关注文化差别与认知

文化与认知的紧密关系是认知学领域一个备受关注的课题，研究人员对西方学校教育文化结构对科学认知行为的标准和策略进行了深入分析。加德纳教授是哈佛大学的著名心理学家，他花费多年研究了人类认知能力的发展。他将不同文化群体间的认知差异归因于对问题解决的解释和合适解决问题方法价值的不同，涉及文化工具和技术方面的具体习俗和类型。在文化与认知的研究中，文化差异被视为一个不可忽视的前提。正是因为存在着丰富多彩的文化，世界才能保持多样性，避免趋向于单调和停滞不前。人类社会中丰富多样的习俗、语言和文字使得文化呈现出多元化的趋势。文化的传承深深植根于各个民族，并在各民族中得以丰富、充实和发展。世界上几大文明古国的文化，如古巴比伦文化、古埃及文化、古印度文化以及中华文化，共同创造了不同文明的辉煌。文化差异不仅体现在具体的习俗、语言和文字中，还涉及人们对问题的认知方式、解释方式以及问题解决的方法论。每个文化都有其独特的价值体系和认知模式。研究文化与认知的关系可以使人们更好地理解不同文化群体在思维和问题解决上的独特之处，为促进跨文化交流和理解提供深刻的见解。

文化与认知领域的文化差异不仅仅是简单的差异，更代表了文化所承载的丰

富信息。将文化差异作为研究的着眼点和切入点，能够更有效地理解和把握大脑思维活动的个性。因此，在进行文化教学时，需要引导学生深入了解本民族的文化，还应培养学生对异国文化的理解。人类文明在不同的文化中渗透，有效地见证了经济、政治、制度等诸多方面的差异。伴随着人类认知思维活动的不断延伸和发展，文化成为人类认识自然、改造自然能力的重要反映。人类对未知事物和新知的渴望，对生活质量追求完美以及对生存自由的要求，进一步反映了社会生产力水平和社会形态更替等人类进步的方向。

作为教育工作者，理解和把握受教育者的知识背景至关重要，因为知识背景对科学理念和研究成果有着深远的影响。然而，当在具体教学中结合某一单一文化群体时，对语言与文化的解释容易受限于隐含的文化历史，一组完全相同文化教育的人的思维活动可以使他们意识到与其他文化组织的人类活动的差异。因此，在教学中，教育工作者不仅需要考察和分析不同文化中物质质量对文化价值的影响，还应密切关注文化差异在学习中可能产生的影响，包括语言习惯、思维方式、学习风格等方面的差异。通过理解和尊重学生的文化背景，教育工作者可以更好地调整教学策略，使教学更贴近学生的认知习惯，提高教学效果。在跨文化教学中，教育工作者需要关注和引导学生认识文化之间的共通性和差异性。开展跨文化对比，能够促使学生更全面地了解不同文化的语境和语言使用规范，拓展学生的国际视野，提高他们的跨文化沟通能力。

（二）关注文化趋同与认知

文化趋同性在不同文化间拉近了人们的关系和距离感，此现象为基于认知语言学理论的英语教学提供了有益的启示。在教学中，应以包容、开放的心态关注文化趋同与认知的相互关系，促使学生更好地了解、掌握和学习异国文化。这种理念在学术界得到广泛认可，许多学者对其表示赞赏和支持。关注文化趋同与认知，教育工作者能够培养学生对不同文化的敏感性和理解力，帮助他们更好地适应多元文化的语境，有助于打破文化壁垒，促进跨文化交流，使英语学习更具深度和广度。

二、认知语言学在英语文化教学中的应用

（一）鼓励学生体验英语文化教育活动

引导学生亲自体验文化教育活动是一种有效的英语教学法，旨在通过学生亲身参与文化体验，促使他们获取文化知识，培养积极的文化态度，并逐渐形成文化能力。在英语教学中，体验法主要包括直接体验和间接体验两大类型。直接体验法要求学生直接与外国文化接触，通过亲身经历获取对文化的认知，可以通过多种方式实现，如学习有关外国文化的课文、参加外国文化知识讲座、与外国人交流、观看外国电影等，使学生更深刻地了解并体验外国文化，有助于提高他们的跨文化交际能力，使其具备更深层次的文化认知。间接体验法则通过将文化知识融入语言教学活动，让学生在不知不觉中接触并了解外国文化。间接体验法的教学内容通常隐含在语言教学活动中，对学生语言能力的要求相对较低，更适合小学或中学的文化教学。学生可以通过阅读相关文本、参与语言游戏等活动，潜移默化地了解和感受外国文化，为他们建立对文化背景的认知奠定基础。这两种体验法在英语文化教学中都具有重要意义，直接体验法注重学生的实地感知和参与，激发了学生的浓厚兴趣，使他们更加深入地理解和体验外国文化。间接体验法则更为隐蔽，通过融入日常教学，使学生在轻松的语境中逐渐了解文化知识。综合运用两种方法，可以更全面地培养学生的跨文化意识和能力，使英语文化教学更为生动有趣、富有深度。

（二）引导学生在实践活动中掌握英语文化知识

引导学生在实践中学习文化知识是一种富有成效的教学方法，旨在通过学生的亲身参与和实践，使其在文化交往中获得认知、形成文化能力和态度。在大学英语文化教学中，教师可以采用多种方式引导学生参与实践学习文化知识，从而提升他们的文化意识和交际能力。教师可以通过设置特定的交际文化氛围来创造一个真实的英语语言环境，如组织课堂活动，模拟日常生活场景，包括购物、旅行、社交等，让学生在实践中感受并运用文化知识。实际体验能够使学生更加深入地理解文化，还培养了他们在实际语境中运用英语的能力。教师借助现代化教

学手段如多媒体计算机技术、电视和幻灯等，可以播放丰富的外语视听资料，为学生提供更为直观的文化认知和体验。在此过程中，学生观看真实场景的视频、听取地道口音的语音材料，能够更全面地了解目标文化，加深对文化的感知。推荐难度适宜的阅读文本是培养学生对英语文化了解的有效途径，学生通过阅读能够深入挖掘文本背后的文化内涵，进一步扩展自己的文化视野。

参考文献

[1] 崔洪静 . 英语语言学与教学方法研究［M］. 南昌：江西美术出版社，2021.

[2] 史宝辉，李芝，黄国华 . 面向国际视野的大学外语教改研究［M］. 北京：中国人民大学出版社，2022.

[3] 陆丹云，刘博怡，赵冉 . 系统功能语言学视野下的写作教育研究［M］. 南京：南京大学出版社，2022.

[4] 尹静 . 新时期高校英语教师实践性知识的理论与应用［M］. 南京：南京大学出版社，2019.

[5] 王建华 . 口译过程认知研究［M］. 北京：中国人民大学出版社，2019.

[6] 梅明玉 . 英汉语言对比分析与翻译［M］. 杭州：浙江大学出版社，2017.

[7] 李然，戴卫平 . 语言与认知 · 语用实验研究［M］. 北京：世界图书出版公司，2015.

[8] 何静静 .《翻译：跨语言和文化的交流》（第 3—4 章）英汉翻译实践报告［D］. 安徽理工大学博士学位论文，2023.

[9] 王禹铮 . 语用能力与情感因素相关性研究［D］. 北方工业大学博士学位论文，2023.

[10] 王嘉祺 . 二语动机自我系统、自我效能感和学业成绩的关系研究［D］. 北方工业大学博士学位论文，2023.

[11] 杨丽 . 英语写作焦虑对自我调节学习的影响及二语学习动机的中介作用［D］. 南昌大学博士学位论文，2023.

[12] 陆雨鑫 . 多模态英语词汇教学效果实证研究［D］. 阜阳师范大学博士学位论文，2023.

[13] 杨依婷 . 复杂动态系统理论视域下中国二语学习者能动性投入变化的回溯研究［D］. 南昌大学博士学位论文，2023.

[14] 叶佳滢 . 英文背景声音对中文和英文阅读的影响［D］. 天津师范大学博士学位论文，2023.

[15] 戴若林 . 中国英语二语学习者词汇识别的形音依赖［D］. 天津师范大学博士学位论文，2023.

[16] 宋瑶 . 认知语言学视角下的高校英语教学模式——评《认知语言学理论视角下英语教学新向度研究》［J］. 中国教育学刊，2023（11）：136.

[17] 周子栋，伏飞雄 . 从认知语言学看隐喻、比拟的陌生化内涵［J］. 西南科技大学学报（哲

学社会科学版），2023，40（4）：45-50.
［18］彭佩兰．以语言学为导向的高校英语教学方法论探索——评《语言学视阈下的英语教学多维研究》［J］．中国高校科技，2023（7）：107.
［19］文宇．基于认知语言学翻译观的译者主体性研究［J］．海外英语，2023（12）：40-42+61.
［20］贾光茂．认知语言学视角下的思辨英语教学［J］．外语教学理论与实践，2023（3）：49-57.
［21］孙毅，周锦锦．认知转喻能力在对外汉语词汇教学中的效用研究［J］．华文教学与研究，2022（3）：30-38.
［22］李瑞芳．认知语言学理论下英语词汇习得应用研究［J］．吕梁学院学报，2021，11（6）：84-86.
［23］胡小红．基于语言学视角的二语习得过程中介语的石化现象思考［J］．吉林广播电视大学学报，2020（5）：133-134+156.
［24］程静．认知语言学视角下的英语阅读技法研究［J］．才智，2019（18）：83.
［25］唐文丽．交际翻译理论视角下英语字幕翻译人才培养［N］．中国电影报，2023-10-25（011）.
［26］郑超．文化安全视角下的大学英语教学思考［N］．中国文化报，2023-08-11（003）.
［27］肖德铭．构式思维：认知翻译学的新增长点［N］．中国社会科学报，2023-04-04（003）.
［28］叶狂．语言与语言基因：孰先孰后［N］．中国社会科学报，2023-03-14（006）.
［29］吴峰．跨文化交际背景下大学英语教学创新探索［N］．中国文化报，2022-12-23（003）.
［30］张译心，班晓悦．认知语言学发展呈现新趋势［N］．中国社会科学报，2022-10-12（001）.
［31］王忻．认知・偏误・对比［N］．中国社会科学报，2016-09-13（007）.